# 港町浦賀の幕末・近代

## 海防と国内貿易の要衝

大豆生田 稔 編

東西の浦賀を結ぶ渡し船（横須賀市観光課提供）

清文堂

コラム1にとりあげた鈴木長吉の子孫の三澤家に残された資料（三澤晨子氏蔵、横浜開港資料館保管）のなかで、もっとも興味深い資料は観光丸（スンピン号）の図面である。この船は長崎海軍伝習所に配備された船で、幕府の人びとがはじめて洋式蒸気軍艦の操船などの訓練を受けた船であった。長崎海軍伝習所への派遣当時、鈴木は観光丸の帆柱や舵などの船具、およびそれらがどのように船体に取り付けられているのかを詳細に記録したが、この図面は観光丸の構造を具体的に記した資料として大変珍しいものと思われる。鈴木が描いた「観光丸見取之図」と題された簿冊は六一丁から成り、すべてを紹介するわけにはいかないが、以下の見開き六点（①観光丸の舳、②やり出しの構造と部品（その1）、③やり出しの構造と部品（その2）、④やり出しの構造と部品（その3）、⑤船の部品（その1）、⑥船の部品（その2）を写真で紹介したいと思う。

図面に描かれた船具や部品のそれぞれには、鈴木がオランダ人教官から聞いたと思われる船具や部品の名前がカタカナで記され、取り付け方などが詳しく記されている。たとえば、②の写真には「やり出し」（舳から前に突き出した帆柱）のことが、カタカナで「コロイフホート」と注記されている。また、④では舳に付けられたマストのことが「ホッケラー」と記されている。さらに、④の右頁上段には部品の取り付け方が、文章で「ヤリ出シのバールトは如図ノ、ワクニ鉄ノ丸キ輪金ヲトメ、此上ニヲークを造リテ貫キ〆ムレバ輪金締よりて動かす、又、是ニ足かかりのものを付り」と詳述されている。やや意味の取りにくい部分もあるが、このほかのすべての船具や部品にも詳しい説明が付され、図面の一枚一枚から鈴木が西洋式の造船技術を学び取りたいという熱い思いが伝わってくる。

（西川　武臣）

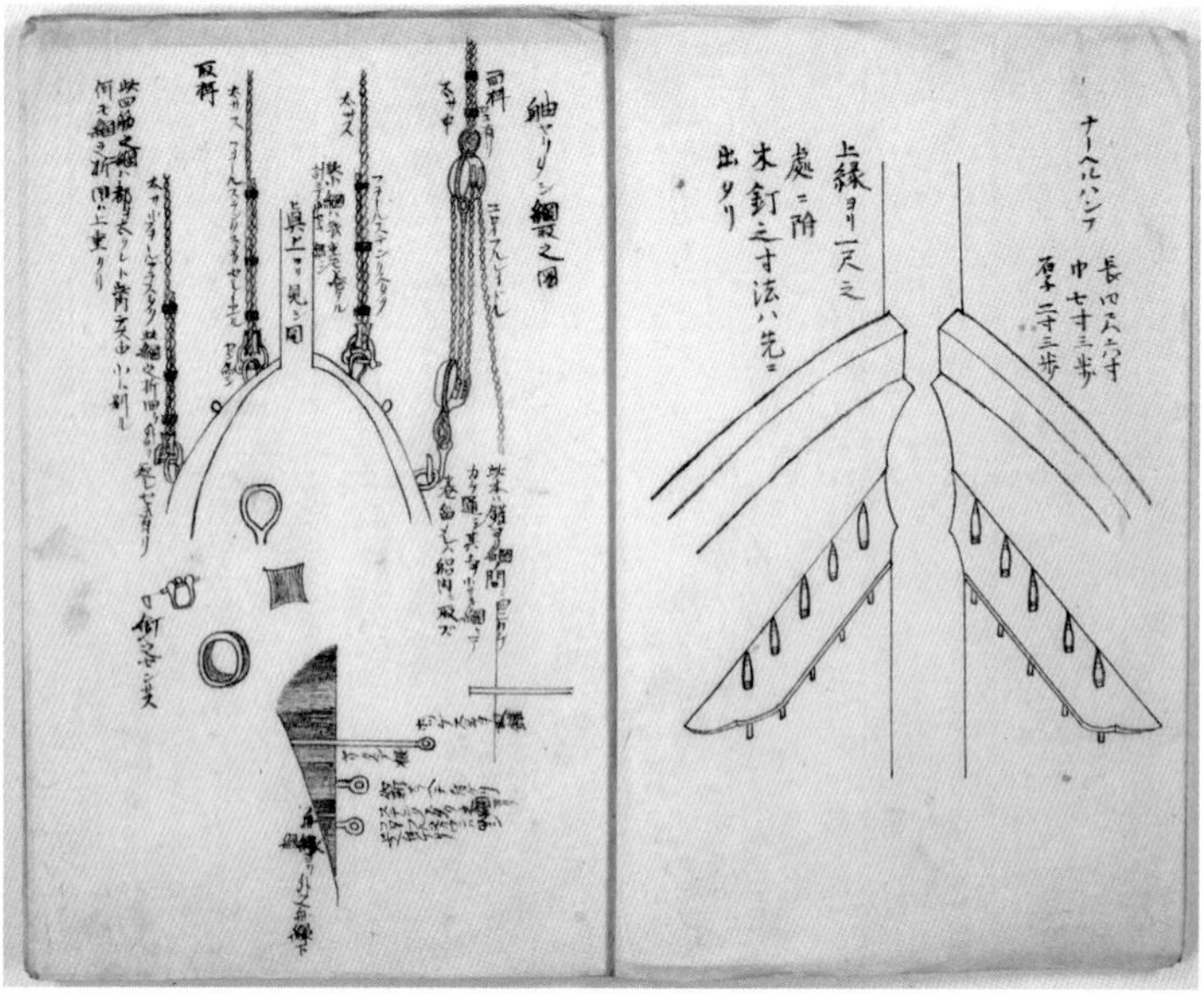

① 観光丸の舳

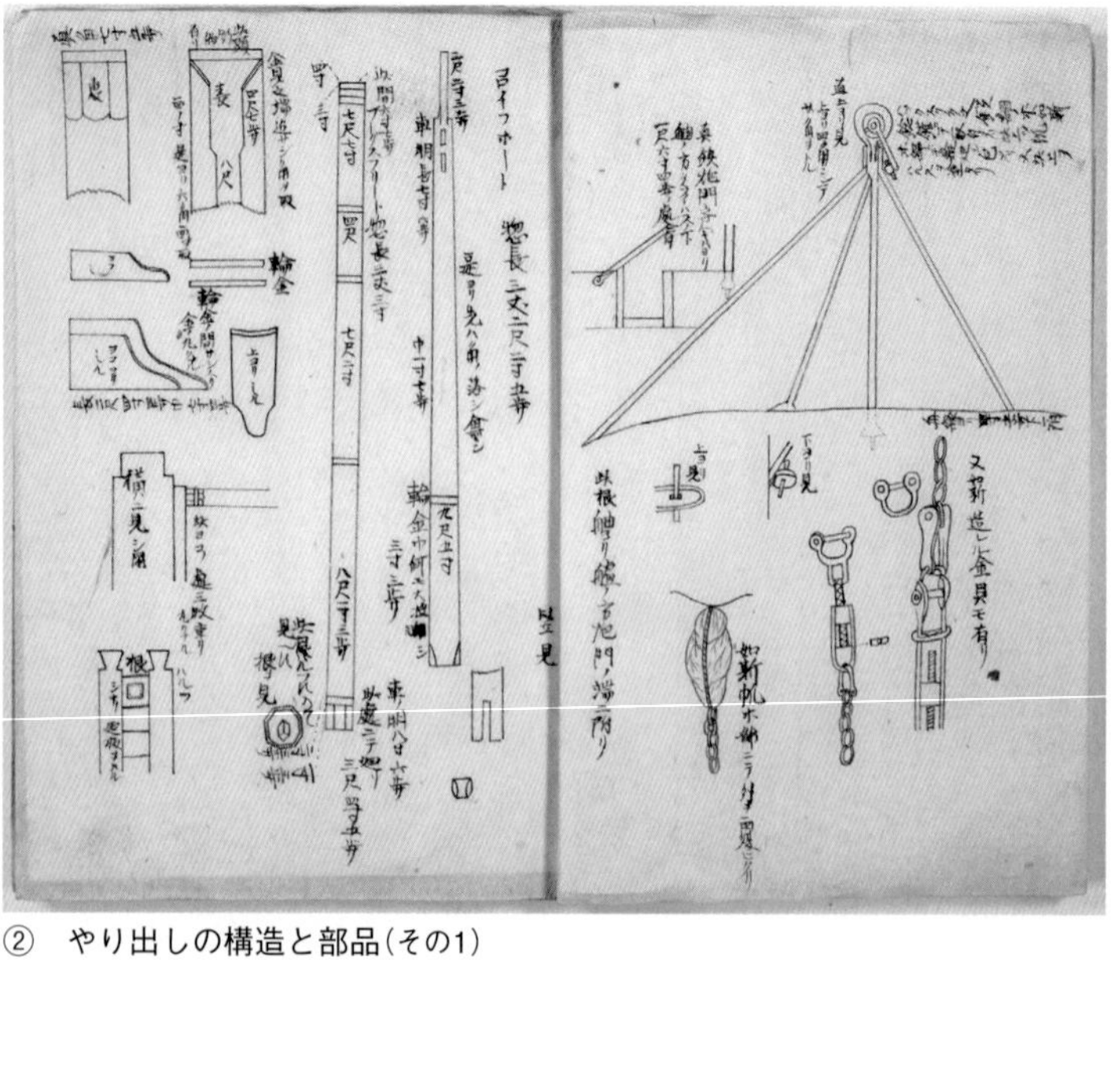

② やり出しの構造と部品(その1)

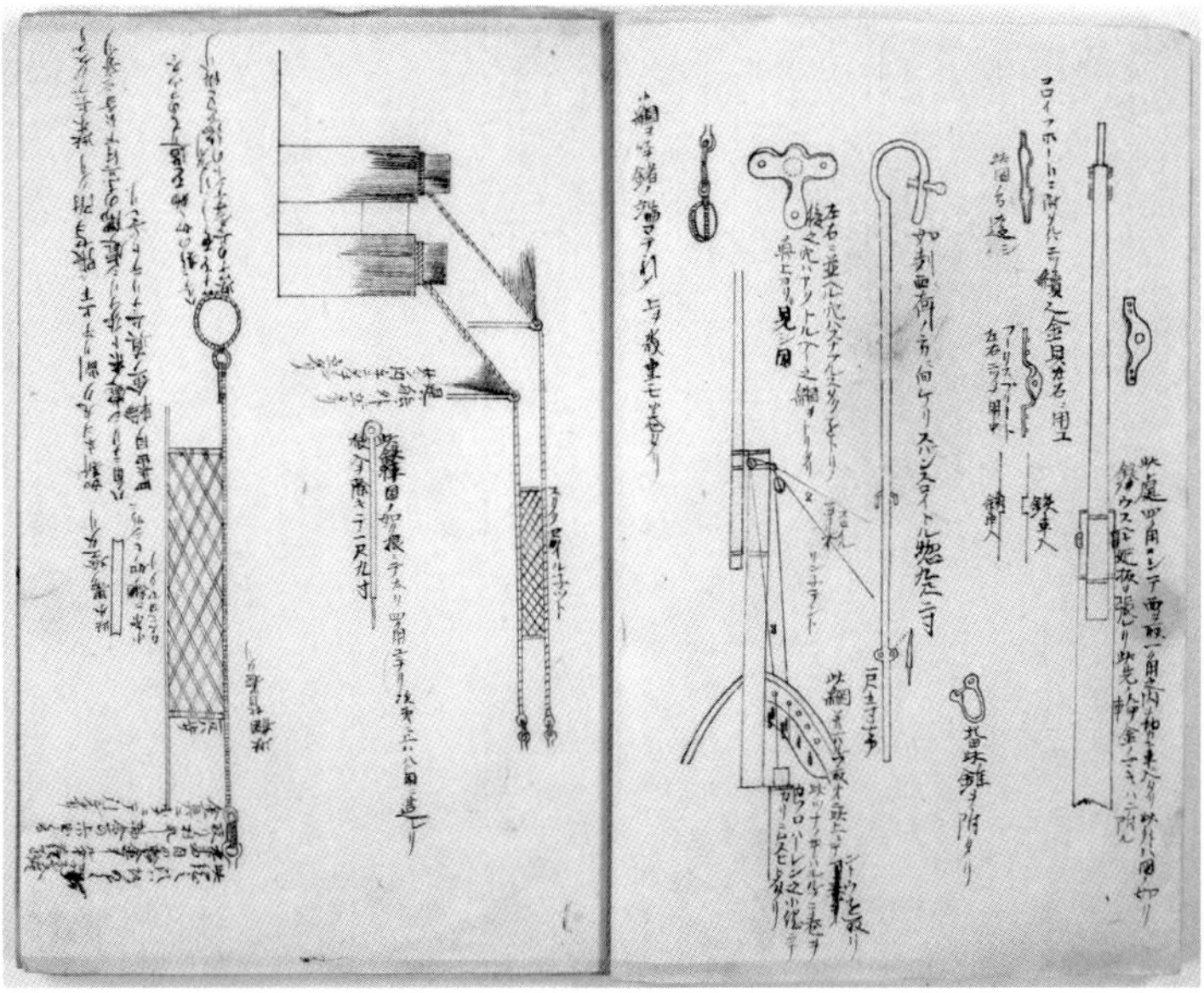

③　やり出しの構造と部品（その2）

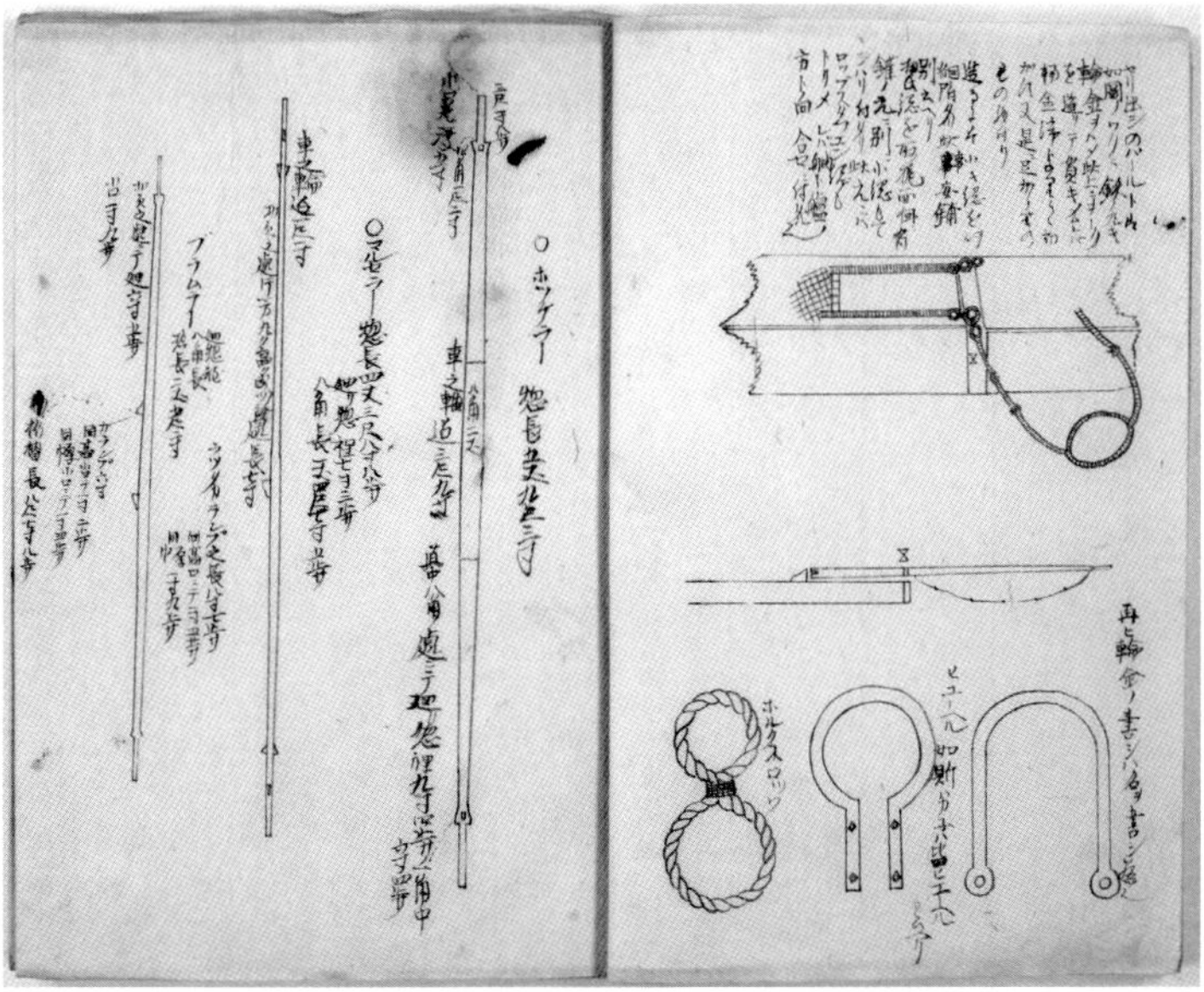

④　やり出しの構造と部品（その3）

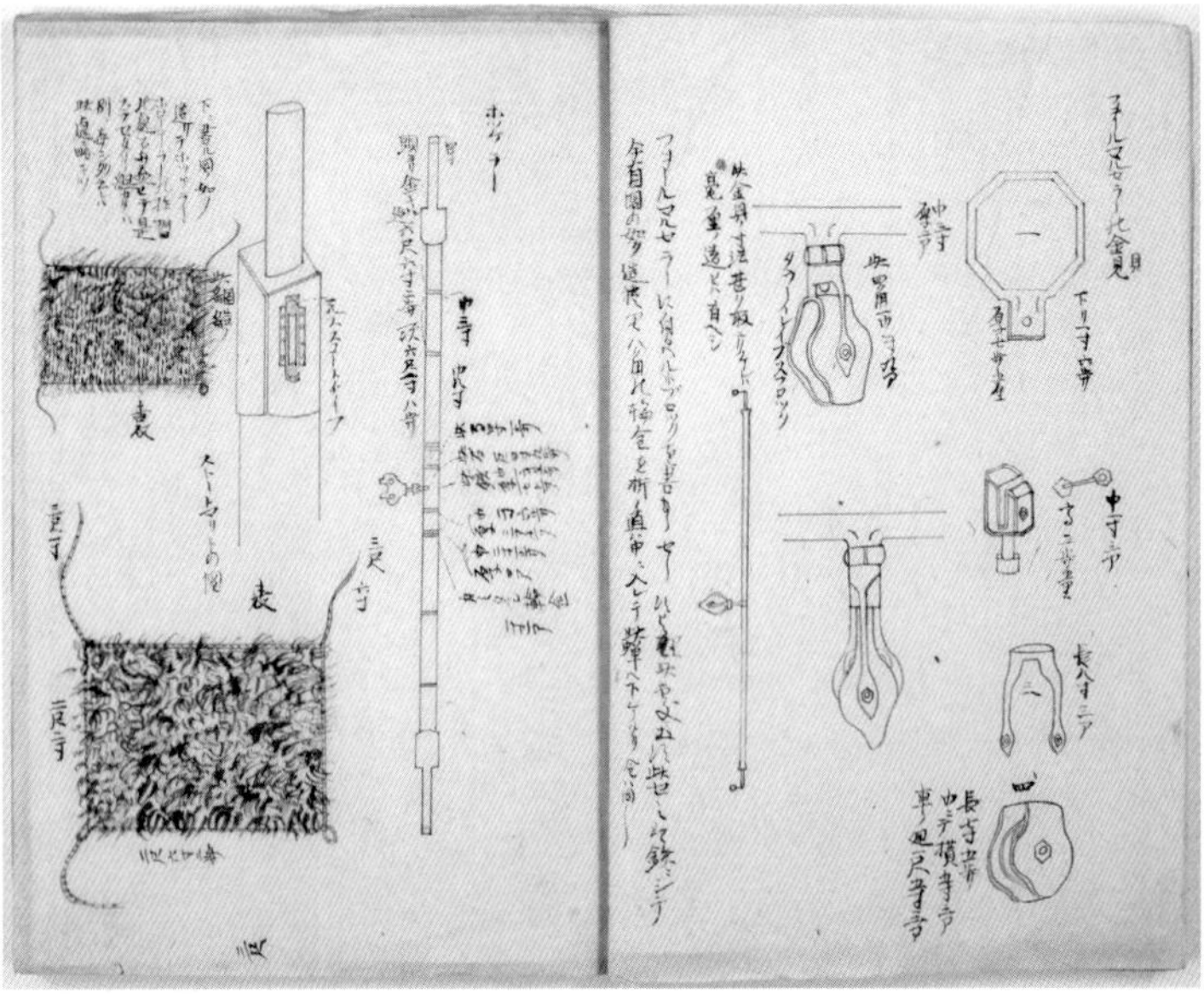

⑤　船の部品（その1）

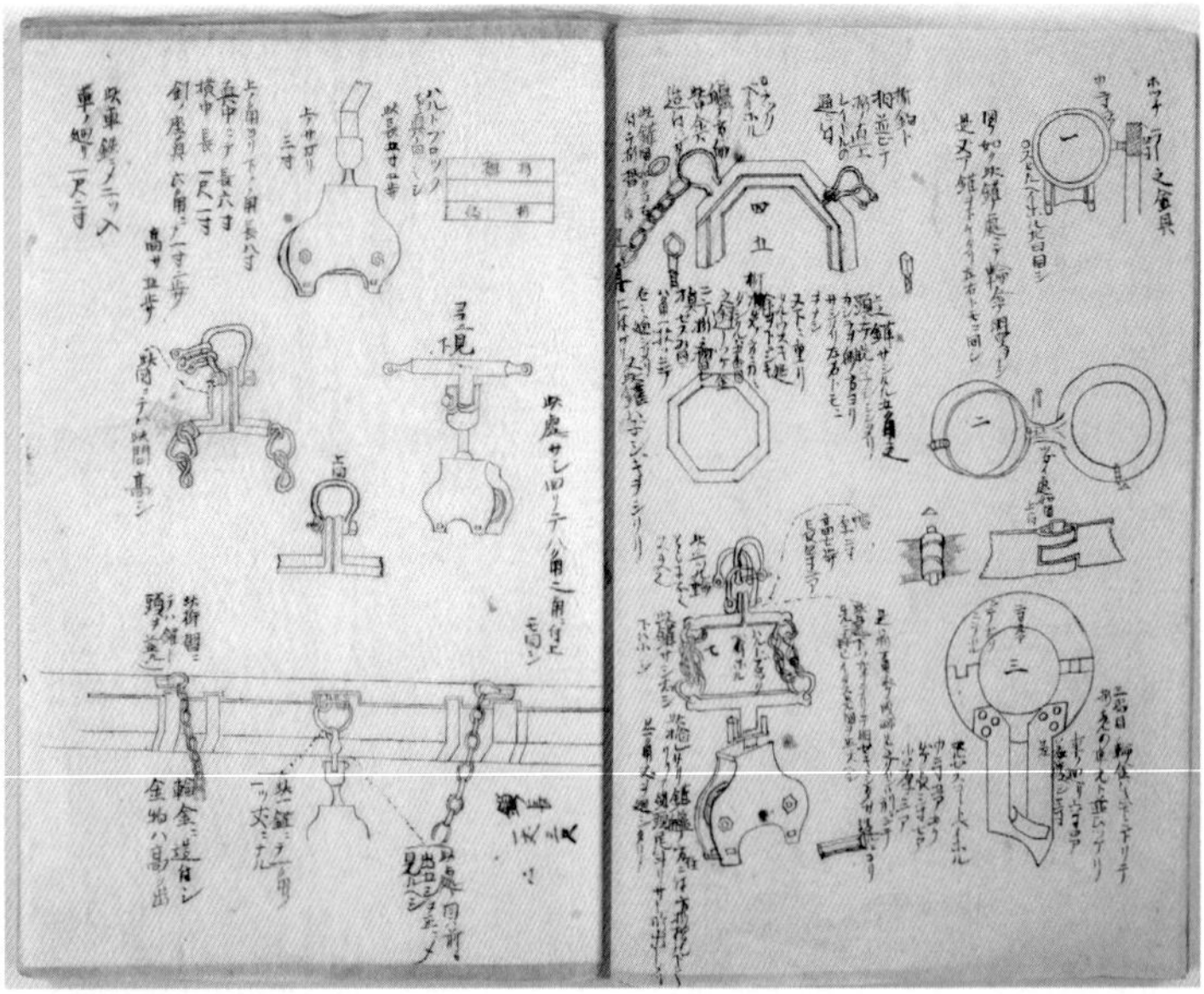

⑥　船の部品（その2）

# 港町浦賀の幕末・近代——海防と国内貿易の要衝——

目次

## 第二部　国内貿易と商業

目　次

装幀／寺村　隆史

# 序　章　浦賀港の変容―幕末から近代へ―

大豆生田稔

## はじめに

三浦半島の先端に位置する浦賀は三浦郡に属し、一六九二年(元禄五)からは東浦賀と西浦賀の二村に分かれた。一八七〇年(明治三)に両村は合併して浦賀村となり、七六年には浦賀町になった。浦賀町の成立時に、それぞれ冠に浦賀を付した一八町が成立する。その後、一八八九年の町村合併により、隣接する大津村・走水村・鴨居村を合併して新たに浦賀町となった。さらに、戦時下の一九四三年(昭和一八)には横須賀市に編入されて現在に至っている。

本書の課題は、幕末から近代、さらに現代に至る浦賀の町や港について、海防や、国内貿易・商業の拠点であった港町の特質を、浦賀港や、浦賀の地域と関わらせて解明することにある。本書はこの課題に、多様な視点から接近する七編の論文と関係史料の紹介、および八つのコラムによって構成されている。

近年、海を媒介として内陸や海外の諸地域に繋がる港町の特性をふまえ、時代や地域をこえて海港の歴史研究が活発である。[1] 地理的にみて、浦賀はまず、太平洋という外洋に接する海港であった。一九世紀に入ると、「鎖国」のもとで外国船がしばしば来航し、軍艦・商船・捕鯨船を通じて海外と接触するようになった。

また、浦賀は、江戸を最奥部とする内湾（「東京湾」）[2]の入口に位置する港町でもあった。浦賀水道一帯を江戸防衛の拠点として固めることの意義は、すでに林子平が一八世紀末に、「当時長崎に厳重に石火矢の備有りて、却て、安房・相模の海港に其備なし、此事甚不審」（『海国兵談』）と指摘したとおりである。浦賀はその地理的な位置から、江戸を守る海防の拠点として軍事的・政治的な重要性を高めた。

さらに浦賀は、巨大都市江戸の需要をまかなう諸商品を移入し、また江戸周辺地域の諸産物を移出する国内貿易の要衝となった。浦賀には、遠隔産地との取引や、房総からの干鰯の集荷を大規模に展開する有力商人が台頭し、活発化する商品流通の担い手として産地と需要地を縦横に結んだ。近世後期から幕末・明治初年は、その最盛期にあったといえる。

## 第一節　幕末の浦賀港

一七二〇年（享保五）に伊豆下田番所が廃止され、翌二一年には浦賀奉行所が設置されたが、これは、近海航路が整備され、また江戸地廻り経済が発達し、江戸に入る廻船が増加したことによる。江戸の物資需給を把握するため湾口で荷が統一的に調査され、また「海の関所」として女性や武器の出入がチェックされたのである。一九世紀をむかえて、経済的に、また政治的にも、浦賀の位置づけは高まった。[3]

一九世紀なかばに近づくと列国との接触は本格化し、外国船来航の脅威に直面することになる。とりわけ、一八四六年(弘化三)に来航したビッドル艦隊の軍事力は幕府に衝撃を与えた。三浦半島、およびその突端に位置する港町浦賀は、「海防の拠点」としての重要性を高めた。幕府や諸藩による防備体制が急遽形成され、浦賀とその周囲には台場が築かれ大砲が設置された。また、浦賀造船所においては、軍艦鳳凰丸の建造もはじまった。こうして五三年(嘉永六)には、ペリー艦隊が浦賀に来航することになる。浦賀沖に投錨した艦隊は浦賀湾内を測量し、ペリーらは六月九日、浦賀に近い久里浜に上陸した。

また、近世後期・幕末の浦賀港には、巨大な需要地である江戸をひかえて各地の産物が集散した。浦賀は国内貿易を中継する要衝として、商品流通の拡大を担う港町となった。一九世紀半ばから後半にかけて、浦賀の有力商人は伊勢湾地方や知多半島方面、関西・瀬戸内地方の商人や廻船業者と取引し、また各地の産物を江戸やその周辺地域に供給し、さらに関東の産物を遠方の需要地へ送り出すなど多様な取引を展開する。

## 第二節　明治期の変化

しかし、海防や国内貿易の拠点としての浦賀港の位置は、明治期に入ると変化していく。まず、横須賀が新たな海防の拠点として、幕末から明治期に軍港として整備された。一八六五年(慶応元)に設立された横須賀製鉄所は、新政府に接収され、横須賀造船所となって七二年(明治五)には海軍省の管轄になった。一方で、幕末の浦賀造船所は明治初年に廃止された。横須賀には八四年に鎮守府が設置され、海軍諸機関や軍港設備の整備が進む。横須賀造船所も、横須賀鎮守府のもとで、横須賀海軍工廠として再出発した。東京湾入口の帝都防衛は横須賀軍港が果たすことになり、軍事的拠点としての浦賀の位置は低下していく。

国内貿易の中継地として浦賀港が果たした機能も、浦賀奉行所が廃止され、商品流通に対する諸規制が明治初年に撤廃されると後退していく。近世来の浦賀港の主要な商品である米・酒・塩の取引はなお続いたが、次第にその数量は減少していった。このため、一八八〇年代～九〇年代(明治中期)になると、浦賀の商人たちは新たな対応を迫られることになった。浦賀における卸商の取引には、近世後期・幕末の枠組みが色濃く残ったが、商人たちは新たな経営を模索していく。取引形態や取引商品は多様化し、また株式投資も活発化した。その一方で、遠隔地との取引は後退しはじめ、商圏を縮小する商人もあった。ただし、商品流通の再編が進むなか、浦賀港は取引規模を縮小しながらも、近世後期以来の中継港・集散地としての性格をなお残しており、浦賀の商人たちの対応は多様であった。

しかし、二〇世紀に入る頃には、国内市場の再編により東京や横浜の占める位置が決定的に高まり、浦賀港の取引の衰退は明瞭になった。ここに、浦賀の商人たちは転機に直面するが、他方で、幕末の浦賀造船所跡に創立した浦賀船渠株式会社が操業を開始すると、浦賀港においては、新たに金属・機械など重工業関係の移出入商品が急増していく。

また浦賀の地域社会も、二〇世紀に入る頃から転機にさしかかった。ペリーの久里浜上陸からすでに半世紀が経過し、一九世紀半ばに高まった海防の拠点としての位置は横須賀に取って代わられた。また、近世以来の浦賀港の取引も変貌し衰退して、有力商人も淘汰された。かつて、海防や国内貿易の要衝であった浦賀の「地盤沈下」は、当時、浦賀町民の深く認識するところであったが、新たに「重工業化」への期待も生まれた。また、幕末の将軍家茂の来訪に続く一八八一年(明治一四)の明治天皇の行幸は、浦賀に、地域の「記憶」を新たに加えることになった。かつて海防の拠点として注目され、また遠隔地を結ぶ交易で栄えた浦賀は、次第に地域共通の認識として、「記憶」や「意識」のなかで語られるようになる。

## 第三節　本書の構成

本書は三部、八章から構成されている。第一部「幕末の海防」は、幕末の幕府・諸藩による防備体制の形成をさぐっている。第二部「国内貿易と商業」では、幕末・明治初年以降の浦賀港の出入港品の変化をふまえ、浦賀商人の取引活動と特質、明治後期における変貌が検討される。第三部「地域の記憶」は、海防や国内貿易の要衝であった浦賀の「歴史」や、明治天皇の行幸が、その後どのように「記憶」され「意識」されたか、地域の歴史認識やアイデンティティを考察している。また、各章に関連するテーマにより、八つのコラムが配置されている。各章の検討を多角的に補足するエピソードによって、課題への立体的な接近を試みる。

第一部は、幕末の浦賀に形成された海防体制、およびその地域社会との関わりを検討した論文と、当時の浦賀を伝える紀行文の紹介である。

第一章「ペリー来航前後の浦賀奉行所—造船技術と海防の近代化—」（西川武臣）は、「海防の拠点」となった浦賀において、その最前線に立つ浦賀奉行所の与力・同心に注目し、彼らの多様なはたらきを検討する。一九世紀に入ると外国船がたびたび浦賀に来航するようになり、浦賀奉行は洋式構造船の建造を願い出た。その場所は浦賀湾の最奥部であり、幕末には浦賀造船所、明治後期には浦賀船渠株式会社が設立され、のちに住友重機械工業に引き継がれた。和洋造船技術による鳳凰丸の建造には、鈴木長吉ら浦賀の船大工も加わった。奉行所与力・同心の指揮による試験航海には、浦賀周辺の漁民・船乗りが徴集され、その指導には、遠く塩飽《しわく》諸島から船乗りが集められたという。さらに、浦賀奉行所の与力・同心や幕臣・諸藩藩士らの間には、台場建設や火薬などの技術的ネットワークも形成された。こうして、一八五〇年代後半の安政年間には、幕府・諸藩の軍艦が東京湾に配備され、海防は実用的なものに近づき、浦賀は修理・薪水石炭補給など幕府軍艦の母港機能を果たしたとする。

第二章「一八五三、五四年(嘉永六、七)、中山元成の浦賀行―史料紹介―」(上山和雄)は、下総国猿島郡辺田村の豪農中山元成の紀行文「浦賀記行」、「江都目録」の紹介である。ともに、ペリー来航前後の浦賀や三浦半島各地の様子を伝えている。中山は猿島郡内屈指の豪農で、製茶手作り経営を大規模に営み、関宿藩による江戸藩邸の茶会所設立にも関わったという。また、河田廸斎を師とする中山は、林家一門に連なる儒生でもあった。河田は全権林復斎とともに日米和親条約の起草にあたっており、中山は、師を通じてペリー来航前後の諸事を知ることになった。紀行文の要点は、①中山の人的なネットワーク、②アメリカの軍事力、海防担当諸藩の動向、台場や備砲設備への関心、③金沢から三崎に至る三浦半島各地の景観や人びとの様子である。第一章にみた鳳凰丸の建造現場を海上から観察し、台場や大砲についての専門的な知識を披瀝し、また浦賀や周辺地域の緊張を伝えている。中山は横浜開港とともに茶の売込を開始するが、のちに貿易からは撤退し、茶業の経営や奨励政策を担うようになる。

第一部には、二つのコラムを配している。コラム1「鳳凰丸を建造した船大工と観光丸(スンピン号)」(西川)は、伊豆に生まれ浦賀で修業した船大工鈴木長吉を取りあげている。第一章・第二章に登場する鳳凰丸の建造にあたった長吉は、のちに長崎海軍伝習所に派遣され、次いで江戸築地の軍艦操練所の教官となり、一八六〇年(万延元)には咸臨丸に乗船して渡米した。長崎海軍伝習所時代には、練習船としてオランダから寄贈された軍艦観光丸の図面を作成しており、口絵の図版も含めてその一部が紹介されている。

また、コラム2「一八七二年(明治五)、東浦賀の『番号印鑑帳』」(上山)は、「番号印鑑簿」という史料から、明治初年の浦賀町の戸数や人口、職業・身分などの構成を、東西浦賀、および新井町・洲崎町・新町・大ヶ谷町・築地古町など町ごとの特徴を示しながら概観している。

第二部の四つの章は、幕末以来、近代の浦賀港で展開する国内貿易、および浦賀商人の商業活動をテーマとする。まず第三章で国内貿易の展開が概観され、次いで第四～六章で商人の取引のあり方、経営形態の特質や変化が検討される。特に、幕末から明治期にかけての経営の実態や変容について、多様なケースを実証的に解明している。

第三章「近代浦賀港の変容―一八八〇年代～一九三〇年代の出入港品―」(大豆生田稔)は、明治前期から一九三〇年代に至る浦賀港の出入港品目の構成、出入港量・額の変化を時期区分しながら、さらに横須賀港と比較しながら概観する。この間、人口の急増による横須賀の需要拡大は、横須賀港の出入港を増加させ、浦賀港の機能を侵食していく。八〇年代から日露戦争前後まで、なお浦賀港は集散地的機能を維持していたが、米・酒・塩など近世来の主要商品の取引は、八〇年代にはすでに減少傾向にあった。さらにその傾向は、横須賀港の台頭や横須賀駅の開業などにより、日露戦後に顕著となる。一九〇〇年前後の国内市場の再編は、東京や横浜を商品流通の一大拠点として台頭させたが、浦賀港の集散地的な機能は失われていった。ただし、明治末に浦賀船渠が操業を開始すると、金属・機械などが急増し、その傾向は第一次大戦後に一層顕著となって重工業港化が進んだ。しかし、市民生活に必要な諸物資の移入は、鉄道輸送の増加とともに横須賀港が浦賀港を包摂し、商港としての地位を確立していく。

第四章「明治期浦賀の『売場』取引と社会」(伊藤久志)は、浦賀の卸商の仕入活動がいかなる組織のもとで展開したか、その集団的・組織的な側面についての検討である。一八世紀前半に公認された水揚商人は、天保期に設けられた荷物改所の枠組みのもとで仲間取引を展開したが、その明治期における変貌の過程が、淡路屋加藤家の経営分析により解明される。維新後浦賀は廻船改めの特権を失い、また東西浦賀両村は合併して東浦賀の干鰯商いの特権も廃された。しかし、卸商や仲買人による仲間取引はなお活発であり、品目別の「掛銀」賦課も存続して、地域の公共的施設の維持にあてられたという。仕入方法は仲間取引に限られず多様化したが、集団的取引の枠組みと、それを取り巻く「社会」は明治期にも実質的に受け継がれたのである。しかしそれは、鉄道輸送の本格化や塩専売制の実施などにより、日露戦後の時期に姿を消すことになった。

第五章「東浦賀における干鰯問屋の経営変容—湯浅屋橋本家を中心として—」(加藤晴美)は、東浦賀の干鰯問屋湯浅屋橋本家の経営分析を通じて、近代における浦賀干鰯問屋の経営転換を考察している。同家は、近世後期から関東産干鰯を直接仕入れるほか、魚肥や大豆などを伊勢湾方面に中継した。遠隔地の商人や廻船業者と取引し、また関東では干鰯などの販売を営むなど、広域にわたる物資の集散を担う中堅の問屋であった。しかし、明治初期には遠隔地取引が後退し、代わって、第四章にみた、浦賀商人からの仲間取引による仕入が主軸になっていく。また九十九里の干鰯集荷権を失い、鰯魚肥集荷が限定されるなど取引は不安定となる。さらに一八八〇年代には、日常生活に必要な売薬・薬種などを東京日本橋・深川の商人から仕入れるようになり、それを浦賀や近隣に小売りする商売へと転じていく。物資集散から、「地元密着型」商売への転換であり、浦賀商人は明治半ば以降、このような転身を迫られるようになったのである。

第六章「明治期における西浦賀商家の経営と浦賀町—廻船との関わりを中心に—」(吉村雅美)は、西浦賀の有力な水揚商人である万屋宮井家の経営が、明治期にいかに維持され、また変容を遂げたかを、廻船業の継続と経営の多様化、浦賀の有力商人との関係のなかにさぐっている。塩の買積を主とする宮井家の経営は、一九〇〇年前後から多様な商品の運賃積へと変化するが、これは経営を安定させ、商圏の拡大を可能にした。また、新たにはじまる株式投資は多大な利益を生み、浦賀商人たちとの協議・協同による株の運用もあった。浦賀の有力商人たちは、第四章が検討した商会所（売場）に集会し、浦賀の商業、塩業や銀行などについて、また近世来の港浚渫など公共的な課題についても話し合ったという。さらに彼らの社会的・文化的な活動にも考察を広げている。

第二部の四つのコラムのうち、コラム3「房総との交流」（大豆生田）は、浦賀と対岸房総の交流を、いくつかの側面からえがいている。まず、内房の君津郡・安房郡方面からは南瓜・枇杷・醤油などが浦賀に入港した。東京湾内は多様な商品が往来し、対岸の房総からもたらされる物資も豊富であった。また、旅客も湾内を往復し、東京湾汽船などによる定期航路も発達した。湾内沿岸に鉄道が敷設されても水上交通はなおさかんで、房総や三浦半島は観光地・避暑地として知られた。さらに、観光航路は伊豆や大島方面にも伸びていく。一九三〇年代半ばの浦賀は、湘南電鉄と大島航路の接点として、また対岸を結ぶ竹岡航路の発着地として内湾交通の要路に位置していた。

浦賀の商家に残る資料から、文化的な領域の検討を試みたのがコラム4「明治後期の浦賀歌壇と小出粲」（伊藤）である。浦賀の歌人として知られる西野前知《さきとも》が死去したのは一八九四年（明治二七）のことであるが、その後も浦賀歌壇は存続したとする。西野の師、小出粲《つばら》が主催する東京梔蔭社の『くちなしの露』には、なお、浦賀の歌人たちの作品が掲載され、また浦賀には浦賀梔蔭社が存在し、小出の影響のもとで活動を続けていた。「加藤家文書」のなかには、『くちなしの露』が多く残されており、また浦賀梔蔭社の「月次兼題」や、小出からの書簡なども確認される。ところが、一九〇八年に小出が死去すると、その後は同家文書に関係資料は見られなくなる。浦賀の国内貿易や商人たちが転機に直面した明治末は、浦賀歌壇が終焉をむかえる時期でもあったといえよう。

コラム5「東浦賀の景観と干鰯場」（加藤）は、第五章で分析した湯浅屋橋本家が店をかまえる東浦賀の地理的な俯瞰と、一九世紀半ば、天保年間に設置された干鰯場の紹介である。浦賀の開発は東浦賀の岬の突端にある新井町からはじまり、港が繁栄するにしたがい湾奥に向かって進んだ。干鰯の取引がさかんになると、干鰯は東浦賀の海岸一帯いたるところに荷揚げされ、やがて、天保期になると湾奥が埋め立てられて干鰯場が設置された。そこには取引の場である「売場」も設けられた。干鰯取引で繁栄する東浦賀特有の景観といえよう。

コラム6「石が結ぶ浦賀商人のネットワーク—宮井清左衛門と奇石収集—」（吉村）は、コラム4と同様に、浦賀商人の文化的側面として、万屋宮井清左衛門の奇石収集を紹介する。奇石趣味はすでに近世の知識人間に流行しており、宮井は「石蔵老人」と号して「風流ニ余念ナク」、全国各地や海外からも珍石・奇石を収集し、来客に見せたという。その日記には石についての記事も多い。西浦賀の有力商人大黒屋臼井儀兵衛も、愛宕山に建てる中島三郎助招魂碑の石を、支店がある宮城県の石巻から取り寄せており、浦賀の商家は石の収集に関わりが深いという。


第三部は、一八八一年の明治天皇の行幸と、浦賀の人たちとの接触が、どのような「記憶」として地域に受け継がれたか、また、幕末・明治初年の海防や港の繁栄が、明治末以降どのように地域の「歴史」として書き記されたか、という関心による二編の論考である。

まず、第七章「一八八一年（明治一四）浦賀・横須賀行幸をめぐる地域の記録と記憶」（椿田有希子）は、一八八一年五月、明治天皇をむかえる浦賀や横須賀の様子を新聞記事などから跡づけ、何度も行われた「網漁天覧」に着目する。それは、地域の自主的な行事として宮内省は関与せず、一八年前の一八六三年（文久三）、将軍家茂の浦賀寄港の際に上覧した網漁を先例とするものであった。しかしこの「天覧」は、その後間もない時期には「淡泊」に記録されるにとどまり、地域とのつながりは、休息所となった西岸小学校の建物（「御座所」）に象徴されるようになった。しかし、建物は次第に老朽化する。一九二三年（大正一二）の関東大震災で大破し取り壊される頃から、西岸小学校に代わる地域のアイデンティティの拠り所として、八一年行幸の記憶が掘り起こされていく。それは、浦賀の人びとによる「網漁天覧」であり、彼らと天皇との接触であった。記憶は再認識され補強され、さらに公的なものへと昇華して確立・定着するに至ったとする。

第八章「地域意識の形成と歴史編さん事業―浦賀を事例に―」（中村崇高）では、一九一〇年代はじめ、および一九七〇年代における、「歴史の街」としての浦賀の「地域意識」が考察される。第一部、第二部にみた海防の拠点としての浦賀、および幕末・明治初年の国内貿易を担った浦賀港や浦賀商人の営みは、新たな対応を繰り返しながらも、明治末に至り大きく後退した。明治末の一九一〇年前後には、近代の幕開けに立ち会った「浦賀の民」は年老い、浦賀港の移出入は後退し、浦賀商人は衰え変貌した。すでに幕末から半世紀が過ぎて「昔日の繁栄」は失われたが、その記憶は地域共通の「歴史」となり、「地域意識」として認識され、浦賀の「案内記」や「郷土誌」に書き記されるようになった。さらにこの頃、浦賀船渠が操業をはじめると、「造船の街」としての再起が期待されるようになる（浦賀港の「重工業化」は第三章でも検討される）。ところで、戦後の一九七〇年代に、この「地域意識」は公民館活動のなかで再確認されることになる。公民館設立二〇周年にあたり浦賀公民館は、明治末に形成された「歴史の街」という「地域意識」を前面に掲げた。幕末以来の浦賀の「歴史」にゆかりのある古老を交え、郷土誌研究グループの活動を通じて、古文書の整理や解説、歴史映像の作成など、新たな形の記念事業を展開するのである。

続いて、コラム7「浦賀久比里町の宗円寺における農事講習会」（大豆生田）は、第三部の趣旨からはやや外れるが、農業技術の普及を目的とする農事講習会を取りあげる。浦賀町の市街周囲の丘陵には農地が広がっていた。神奈川県では一八九〇年代に、郡農会や県農会が組織され、また県や郡には農事試験場が設置された。三浦郡や浦賀町にも農会が組織される。農会や農事試験場は、実際に農業に携わる農家を対象に、各地に講師を派遣して講習会を開催した。講習会では、農学に基づく農事改良が平易に説かれた。筆写され、地域に残された講習会のテキストは、当時、宗円寺で行われた講習の内容を伝えている。

コラム8「二冊の『神奈川県誌』」(中村)は、それぞれ一八九九年(明治三二)、一九一三年(大正二)に、同じタイトルで刊行された『神奈川県誌』に着目する。神奈川県域を対象とする郷土誌としては最初のものである。いずれも、新たに定められた「県」の領域を対象とするが、性格は異なっていた。小幡宗海編の前者は明治初年の『皇国地誌』の形式を踏襲して、沿革・戸口・地勢・名所・旧跡などの事項を郡や町村ごとに並記するが、神奈川県編の後者は県勢全体を編集時点の視点から、県庁所在地横浜に重点を置いて、また歴史的な観点もふまえて概観したものであった。同じ『県誌』でも両者の歴史叙述は大きく異なっており、浦賀町についての叙述からも、それがうかがえるという。

**注**

(1) 例えば、深沢克己『海港と文明―近世フランスの港町』(山川出版社、二〇〇二年)、歴史学研究会編『シリーズ港町の世界史1港町と海域世界』、『同2港町のトポグラフィ』、『同3港町に生きる』(青木書店、二〇〇五〜〇六年)、稲吉晃『海港の政治史―明治から戦後へ』(名古屋大学出版会、二〇一四年)、仁木宏・綿貫友子編『中世日本海の流通と港町』(清文堂出版、二〇一五年)などがある。

(2) 近世期において現在の東京湾は、「内海」・「内湾」・「江戸内海」・「江戸内湾」・「江戸前」などと呼ばれており、「江戸湾」という記述はない。ただし、ペリー艦隊公式記録には「Yedo Bay」などと記されており、交渉した浦賀奉行所の与力らが「江戸湾」という言葉を使った可能性はあるとされる(横須賀市編『新横須賀市史　通史編　近世』二〇一一年、一九八～一九九頁)。本書では、近世期の東京湾をあえて「江戸湾」とせず、「東京湾」という表記で統一した。

(3)　以下、前掲『新横須賀市史　通史編　近世』第三～五、九、一三、一四章、同『横須賀市史　通史編　近現代』(二〇一四年)、および本書の各章による。

## 凡　例

一、年代表記は西暦を原則とし、適宜元号を補った。一八七二年(明治五)一二月の太陽暦導入以前の月日は旧暦である。また、太陽暦・大陰暦間の年末・年始の年のずれについては、太陰暦の年を優先した。例えば、日露和親条約の調印日(月日まで西暦で表記すると一八五五年二月七日)は、一八五四年(安政元)一二月二一日と表記している。

さらに、「天保年間」など同一元号の期間の西暦表記は、(一八三〇～四四年)のように、改元による始期・末期の年をそれぞれ西暦で示した。

二、引用史料中の〔　〕内は、引用者による注記である。引用史料は常用漢字を使用し、適宜読点を補った。

三、刊行された資料集などの史料番号には、〈　〉を付した。

# 第一部　幕末の海防

# 第一章　ペリー来航前後の浦賀奉行所—造船技術と海防の近代化—

西川　武臣

## はじめに

浦賀奉行所は、一七二〇年(享保五)に、現在の横須賀市浦賀に設置された幕府の遠国奉行所である。遠国奉行所は幕府の重要な直轄地に置かれたが、浦賀に遠国奉行所が設置されたのは、この頃から江戸を中心とする地域の経済が活性化し、各地から江戸に入る物資が急増したためで、江戸での物価統制を行うために、東京湾に入る廻船荷物の種類や量を浦賀奉行所で調査するためであった。同時に浦賀奉行所では、江戸に向かう廻船の荷物のなかに武器が入っていないか、東京湾の外に出る廻船に女性が乗っていないかも検査され、この奉行所は「海の関所」としての役割を果たした。

浦賀奉行所が「海の関所」としてだけでなく「海防の拠点」としても活動するようになったのは一九世紀に入ってからで、西洋諸国の船が相次いで日本近海に来航するようになったため、この奉行所は東京湾を守るための拠点としても機能するようになった。この時、海防の最前線に立ったのは奉行所の与力・同心であり、これ以後、彼らは海岸防衛から近代的な軍艦建造、さらには外国船との交渉、幕府海軍の育成にまで活躍するようになった。本章ではこうした歴史を実証的に紹介する。ところで外国船が頻繁に東京湾に来航するようになった一九世紀前半から幕府が倒壊した一八六八年(慶応四)までの間、浦賀奉行をつとめた旗本の人数は三〇人以上に達する。また、幕末期の与力の人数は、もっとも多い時で二〇人以上、同心は一〇〇人以上に達した。そのすべてを紹介するわけにはいかないが、本章では主要な人物についてはその事跡を紹介していきたい。

浦賀奉行所は遠国奉行所として海防や外交に大きな役割を果したため、地域の研究者の注目を集め、いくつかの史料集や研究書が刊行された。史料集としては一九六〇年代から七〇年代にかけて横須賀史学研究会が『浦賀奉行所関係史料』と題した史料集を五冊刊行した[1]。また、横須賀開国史研究会が二〇〇二年に刊行した『幕末浦賀軍艦建造記』や横須賀市が二〇〇六年と二〇〇七年に刊行した『新横須賀市史　資料編　近世Ⅰ・Ⅱ』にも関係史料が多数収録されている[2]。さらに、二〇一一年に刊行された同市史の通史編(近世)にも奉行所関係の叙述が収録されている。

研究書としては、一九七四年に高橋恭一氏が『浦賀奉行所』を刊行し、同奉行所の歴史を詳述した。また、近年、神谷大介氏が浦賀奉行所や幕府海軍の軍事技術について分析を加えた研究を相次いで刊行しているほか、西川武臣著『浦賀奉行所』も参考になる[3]。このほか、幕府の海防政策や海防強化にともなう地域農民の負担に関する個別論文がいくつかあるが、最後に掲げた注を見ていただきたい[4]。本章ではこれらの先行研究を参考にしながら考察を進めたい。

# 第一節　海防体制近代化への模索

## (一)相次ぐ外国船の来航

一九世紀に入って、最初に東京湾に来航した外国船は、イギリス商船のブラザーズ号であった[5]。来航の目的は日本商人との交易で、同船は一八一八年(文政元)五月一四日に浦賀沖に碇泊した。これに対し、幕府は浦賀奉行と東京湾の防衛にあたる会津藩・白河藩に出動を命じ、東京湾は著しい緊張に包まれた。一八日には、幕府がオランダ語通詞の馬場佐十郎を派遣し、日本が鎖国していることをブラザーズ号船長のピーター・ゴルドンに伝え、同船は二一日に東京湾を退去した。同船の碇泊はわずか四日間であったが、これ以後、続々と外国船の来航が続くことになった。ブラザーズ号に次いで東京湾に来航した外国船は、一八二二年(文政五)四月二九日に浦賀沖に碇を下ろしたイギリスの捕鯨船サラセン号であった。当時、日本近海には鯨を捕獲するためにアメリカやイギリスの捕鯨船が多数来航しており、こうした船のなかには日本の港への入港を求める船もあった。サラセン号もそうした船のひとつであり、同号は八日に不足した物資である水や薪、大根や鶏、魚や米の補給を受けて東京湾から退去した。

その後、一八三七年(天保八)六月二八日には、アメリカ商船のモリソン号が日本人漂流民の送還を目的に浦賀沖に来航し、浦賀奉行の太田資統が東京湾に面した高台に設置された平根山台場から同船を砲撃する有名な事件が発生した。砲撃は、幕府が一五年(文政八)に発令した「異国船打払令」(日本に接近する外国船を直ちに攻撃することを許可した法令)に基づいて行われ、事件後、法令の是非をめぐって、来航する外国船にどのように対処すべきが大きな政治問題になった。[6] この結果、四二年(天保一三)七月二三日に、幕府は「異国船打払令」を廃止し、渡来する外国船に対し、物資を補給することを決めた。これは日本の海防政策の大きな転換であり、これ以後、防衛にあたる奉行や大名は「外国船に御仁政を施すこと」(外国船に穏便に対応し、不足した物資などを供給すること)を求められることになった。

幕府の方針転換は、中国大陸で発生したアヘン戦争において、清国がイギリスに敗れたことが日本に伝えられたことが背景にあった。すなわち、幕府は、西洋諸国が清国同様に日本へも軍艦を派遣することを恐れ、西洋諸国との無用な摩擦を避けようとしたのである。事実、幕府が危惧したとおりに、一八四六年(弘化三)閏五月二七日には、アメリカ東インド艦隊のビッドル艦隊が東京湾に来航し、警備陣は同艦隊の軍事力の大きさに驚きの目を向けた。同艦隊の旗艦であったコロンバス号には七八〇名の兵士が乗り込み、同船は八六門もの大砲を備えていた。また、随行艦のヴィンセンス号にも一九〇名が乗り込み、二四門の大砲が備えられていた。その様子を「城のようだ」と記した記録もあり、商船や捕鯨船とは様子が違っていた。同艦隊の来航目的は日本に開国の意志があるかどうかを確認することであり、同艦隊は浦賀奉行所の与力から「日本が外国と通信や通商をしないこと」を通告され東京湾を退去したが、これをきっかけに幕府はより一層相次ぐ外国船の来航に危機感を強めることになった。[7]

一方、幕府が「外国船に御仁政を施すこと」を決めたことにより、その後、外国船への対応は穏便なものに変わったが、これにきっかけに西洋諸国は、交渉によって幕府の方針に変更を加えることができるかもしれないと考えるようになった。たとえば、一八四五年(弘化二)三月、アメリカの捕鯨船マンハタン号が浦賀に来航し、同船の船長のクーパーが日本人漂流民を引き渡したいと交渉したが、この時、老中の阿部正弘は漂流民の受取を長崎以外では行わないという従来の方針を大きく変え、浦賀での受け取りを決めた。当時の記録には阿部が「一時の権道」（事態を解決するために臨機応変に処置すること）で対応したとあり、日本人漂流民をわざわざ送り届けてくれた外国船を、さらに長崎に向かわせることは非礼な行為とした。[8]

こうした幕府の柔軟な対応は、日本を交渉によって開国に向かわせることができるかもしれないとの期待を西欧諸国に持たせることになったと思われる。事実、ペリーは日本へ来航するにあたって、人を介してクーパー船長に手紙を送り、漂流民送還の様子を尋ねたが、一八四五年に浦賀で行われた初の日米交渉は、その後のアメリカ合衆国の対日政策にもなんらかの影響を与えた可能性がある。[9]

## (二)洋式軍艦建造に向けて

ビッドル艦隊が退去してからわずか二一日後の一八四六年（弘化三）六月二八日、デンマークの軍艦ガラテア号が相模湾に来航した。同船の来航目的は日本沿岸の測量であったが、幕府は相次ぐ軍艦の江戸近海への来航に強い危機感を持った。そのため、老中の阿部正弘は善後策を協議するために勘定奉行・町奉行・寺社奉行を招集し、「異国船打払令」の復活についても話し合った。また、八月二〇日には阿部が海防掛目付の松平近韶に、現在の千葉県から静岡県にかけての海岸部を視察することを命じ、この時、松平は二回にわたって浦賀にも足を運んだ。視察は台場や陣屋などの海防拠点の実態を調査することであったが、浦賀では奉行所与力の中島清司と田中信吾との面会も行われ、東京湾の海防の強化についての諮問が行われた。一〇月一八日には松平から浦賀において洋式軍艦を建造できないかとの諮問があり、中島と田中は軍艦建造の可否について以下に掲

げる書面を松平に提出した。(10)

［史料一］

御軍船御造立之儀ニ付申上候書付

御軍船之儀、西洋州軍船之通御造立之思召ニ御座候得は、中々以、日本船大工共手ニ而は出来不仕、和蘭人江不被仰付候而は成就仕間敷、日本大船之儀、西洋船ニ比候而は甚麁略之ものニ御座候得共、職人凡三十人程宛取掛り精々差急候而も五ケ月も相掛り候様子ニ御座候間、西洋通り軍船造立候ニは和蘭船工多人数御雇無御座候而は出来仕間敷哉と奉存候

一、西洋通り御軍船出来仕候而も走り方其外進退取扱方之儀、日本水夫ニは出来不仕候ニ付、和蘭水夫御雇、尤、日本水主共差加修行も可為仕候得共、檣上之働等は容易相馴候儀相成り申間敷と奉存候

西洋船之儀は悉手数相掛り候様子ニ付、和蘭船工多人数不被召呼候而は出来仕間敷、就而は御造立御入用途も格外相嵩可申、且、出来仕候上、和蘭之水夫多人数定御雇被成置候儀等始終之御入用ニも相響、其上、異国同様之儀ニ相成候而は乍恐御外聞ニも相拘り候哉と奉存候間、西洋軍船之通り御造立之儀は御見合、日本船之形を以被仰付候方可然哉ニ奉存候

午十月

中島清司
田中信吾

中島と田中は、最初に西洋の軍艦と日本の軍船とを比較し、日本の船は西洋の軍艦にくらべて構造が簡単であるにもかかわらず、大船の場合、船大工三〇人が建造に携わっても一艘の船を完成させるのに五ヵ月もの期

間がかかるとしている。そのため、より構造が複雑な洋式軍艦を建造するためには、オランダから技術者を多数雇う必要があると述べ、オランダの技術を導入しない限り、洋式軍艦の建造は困難であるとした。また、洋式軍艦が建造できても日本の船乗りには洋式軍艦を運航させる技術を持った者がいないことを指摘し、こうした技術を日本の船乗りに学ばせるためにもオランダから船乗りを雇う必要があると述べた。さらに、財政困窮にある幕府には多額の費用をかけてオランダから技術者や船乗りを雇うことは困難であり、当面、和船の軍船を造ることが現実的であると述べた。

洋式軍艦の建造については、その後も幕府で活発な議論が行われ、特に一八四七年(弘化四)夏以降になると、老中の阿部正弘を中心に洋式軍艦の導入が再三にわたって検討された。それにともない浦賀奉行所においても洋式軍艦建造に向けて与力を中心に検討がはじまったが、四九年(嘉永二)閏四月にイギリス軍艦マリナー号が三崎沖に来航し、乗船した日本側の通詞がマリナー号の構造を聞き取ったことによって、浦賀奉行所での洋式軍艦建造計画は大きく進展することになった。この点について浦賀奉行の戸田氏栄と井戸弘道は、五三年(嘉永六)八月に老中阿部正弘に提出した上申書のなかで次のように述べている。[11]

[史料二]

浦賀表御備御代船御製造之儀猶又奉伺候書付

浦賀表御備船御製造之儀ニ付、先達被仰渡之趣を以、下田丸・蒼隼丸・日吉丸・千里丸、四艘分御代船御造立之儀奉伺候処、右御船より猶軍用軽弁之御舟出来候義ハ有之間敷哉、尤、異国船ニ不紛様之義御達之趣も有之候得共、右等ニ不拘、大筒打方自在ニ出来いたし、進退弁理之御船製造方も有之候ハヽ、早々勘弁仕取調可申上旨、此度被仰渡之趣承知奉畏、得と勘弁仕候処、是迄有来候諸廻船造方ニ而ハ大砲打方自在

ニ出来仕、進退弁理ニは難相成、異国舟之儀近来別而航海専ニ仕、船造弁理を極候上、殊更、軍艦ニ至候而ハ堅牢格別之儀ニ御座候間、右江対候御備船之事故、同様堅牢之製造方ニ仕立、帆繰方等ニ至迄都而彼れ江擬候製作ニ無御座候而は大砲打方自在ニ出来仕、進退弁理ヲ備候とハ難申上哉ニ奉存候ニ付、近年度々渡来仕候異国船見取絵図等熟覧仕、且、船造方之儀ハ酉年渡来之イキリス船ニ乗組居候日本通詞より通弁之者荒増承り置候由ニ付、彼是勘弁仕、別紙絵図面之通、水押より艫迄惣長拾八間、大砲拾挺据、檣弐本ニ仕、表遣出し檣共相仕付、帆数都合拾壱相掛候ハヽ、進退自在ニ走方出来可仕奉存、船大工共江申付候処、此度之儀ハ初而之儀ニ而御入用明細積り方出来仕兼候得共、壱艘分御入用凡四千三百両程も相掛可申哉之趣申立候、〔中略〕依之此段申上候、以上

丑八月　　戸田伊豆守
　　　　　井戸石見守

上申書で戸田と井戸は、一八五〇年（嘉永三）に発生した火災によって焼失した下田丸・蒼隼丸・日吉丸・千里丸の四艘（下田丸は半焼、残りの船は全焼）の「御備船」（外国船来航時に使用する警備艇）の代わりに新たな船を建造することを願い出ている。また、彼らは従来の和船では船上から大砲を発射することが難しいこと、「進退弁理」な機能を持った船（小廻りができる洋式軍艦）が必要であることを上申している。従来、洋式軍艦に似た船の建造は認められていなかったが、浦賀奉行は海防を強化するために新たな構造を持った船の建造を求めたのである。また、一八四六年（弘化三）一〇月一八日に、浦賀奉行所の与力であった中島と田中は洋式軍艦の建造が困難であると表明していたが、四九年（嘉永二）閏四月に三崎沖に来航したイギリス軍艦マリナー号の構造を調査した結果、独力で洋式軍艦を建造できるようになったと述べている。ここにおいて浦賀で洋式軍艦の

ような構造の船を建造することが決定し、新たな時代が幕を明けた。

ところで、幕府が新たな構造を持った船の建造に踏み切った背景には、老中の阿部正弘を中心とする幕閣が、相次ぐ外国軍艦の来航と乗組員の日本上陸に強い危機感を持ったことがあった。イギリス軍艦マリナー号の場合、三崎沖を退去したのち、伊豆大島や下田に向かい、同地では乗組員が上陸して測量を行う事件が発生した。こうした事態の発生に憂慮した老中の阿部は、一八四九年（嘉永二）一二月二八日、海防の強化を命じる口達（口頭による命令）を発し、この命令は大名・旗本・寺社を通じて全国に通達された。[12]

［史料三］

伊勢守殿御渡

口達之覚

此度被仰出候沿海警衛手当向之儀、各厚く被相心得、夫々可取計は勿論之事に候得共、触面にも有之通、近来異人共別而横行之及所業候儀も有之、其侭被差置候は、弥超過も可致、万一彼者共甚敷及不法候節も其儘被差置候様にては弥軽蔑致し覬覦之意をも可起、第一国威にも関り、御外聞も不宜候事に付、速厳重之取計方可被仰出哉に候得共、此末御国地沿海手当向之儀、手厚に無之候而は万一及戦闘候様之儀出来候節、不行届之儀無之共難申、依而厚く手当可有之旨被仰出候事に候、〔中略〕乍去、前にも如申、其備厳重に候迚も実用薄く入費は莫大相成、領内其為に及疲弊候様にては是又人気不和合之基にて候間、其等之辺をも被心付、手厚之備とて外聞のみに拘り内実は国内之困窮相成、其上却て実用薄き候様にては不宜間、只々外見に不拘、実用永久之備相立候様被心懸可然候、〔中略〕凡、日本国中にある所、貴賎上下となく、万一異賊共、御国威をも蔑にしたる不敬不法之働抔あらば誰かは是を憤らざらん、然らば則日本闔国之力を以、相拒み候趣意に相弁候は丶、諸侯は藩屏之任を不忘、御旗本の諸士・御家人等は御膝元之御奉公を心懸、百姓は百姓だけ、町人は町人だけ、銘々持寄、当然之筋を以、力を尽し其筋之御奉公致し候儀、是二百年来昇平之沢に浴し候御国恩を報ずる儀と厚く心懸候はゞ即総国之力を尽し候趣意に相当候間、沿海之儀、相互に一和之力を尽し可被申候

阿部はマリナー号をはじめとする外国船の行為が不当であり、近年、外国船の乗組員の行為が目に余るようになってきたことを指摘した。また、こうした情況が続けば、外国人が日本を軽蔑するようになり、「国威」にかかわるようなことも発生すると述べた。さらに、万一、戦闘が起こることも想定し、その準備を怠りなくするようにと命じた。しかし、海防費の増加によって国が疲弊することも苦慮しているとも述べ、こうした事態を避けるために「実用永久の備え」（費用をかけずに実用的で永続的な対策）を構築する必要があると述べた。この命令は武士だけでなく百姓や町人にも発せられ、「総国の力を尽し」と全国民の結集を求めた。浦賀奉行が洋式軍艦の建造を発意したのは、こうした阿部の意向に沿ったものであり、これ以後、浦賀で日本最初の洋式軍艦である鳳凰丸の建造が進められることになった。

## 第二節　洋式軍艦の導入

### (一)洋式軍艦鳳凰丸の建造

洋式軍艦の建造開始は一八五三年(嘉永六)年九月一九日で、航海に必要な装備を整える艤装の終了は翌年四月であった。また、艤装終了後、洋式軍艦は鳳凰丸と名付けられた。鳳凰丸の建造場所は浦賀の船大工重五郎の所有地(浦賀湊の一番奥の場所)で、この場所には明治時代以降も洋式軍艦の建造施設を引き継いで造船所が置かれた。さらに、この施設は最終的に住友重機械工業株式会社の浦賀艦船工場になったが、同工場は二〇〇三年に閉鎖されて現在に至っている。表1―1は鳳凰丸の概要を示したもので、同船は排水量六〇〇トン(推定)の三本のマストを持つ帆船であった。[13] 船体は長さ約三六メートル、幅約九メートルで、艀を四艘搭載した。船内には将官部屋一ヵ所、与力部屋四ヵ所、同心らの部屋三〇ヵ所が設けられ、将官部屋には三方に縦九七センチメートル、横六〇センチメートルの明かり取りのガラス窓が取り付けられた。

船体は、竜骨(船底の中央を船首から船尾まで貫通する材)に肋材(船腹に沿って人間の肋骨のように曲がった材)を組み合わせ、その上から外板や甲板を貼って建造された。和船では竜骨および肋材のように曲がった材を使用しなかったから、鳳凰丸は在来の和船とは大きく違った構造であった。ただし、西洋の船にくらべて肋材の数はかなり少なく、その代わりに和船を建造する際に用いられた外棚や内棚と呼ばれる構造物が船釘で強固に接合された。そういった意味で鳳凰丸は和洋の造船技術を併用したものといえる。そのため、のちに勝海舟や栗本鋤雲は鳳凰丸を「見た目を洋式にしただけの実用的ではない船である」と酷評したが、いずれにしても鳳凰丸が日本最初の洋式軍艦であったことは間違いない。

大砲の装備については、カノン砲一〇門を持ち、砲門は左右に五門ずつ設けられた。また、砲門として九〇センチメートル四方の窓を船腹に明け、砲弾を発射する際には厚さ三センチメートルの杉板の蓋を明けた。先述したように、一八五三年（嘉永六）八月に、浦賀奉行の戸田氏栄と井戸弘道は、従来の和船では船上から大砲を発射することが難しいと述べたが、こうした砲門を設けることによって船上からの砲弾の発射が可能になった。ところで、鳳凰丸建造に先立ち、戸田と井戸は、与力の香山栄左衛門・中島三郎助・佐々倉桐太郎、同心の斉藤太郎助・中田佳太夫・田中半右衛門・春山弁蔵・岩田平作・田中来助・浅野勇之助・大久保釭之助を「御船御製造御用掛」に、与力の田中信吾を「御船御普請御用掛」に任命した。また、コラムで紹介した鈴木長吉ら浦賀の船大工が、与力や同心の指示を受けて鳳凰丸の建造にあたることになった。

このように八月から九月にかけて、鳳凰丸建造に向けての体制が作られたが、同時に建造場所についても整備が進められた。「浦賀史料」第五（慶應義塾大学図書館蔵）によれば、建造場所は「会所」と呼ばれ、「会所」の周りには幔幕がめぐらされた。また、「会所」の入口には船大工らに対する六ヵ条から成る規則書（史料四）が掲げられた。規則書には関係者以外の入場を禁止することや「会所」で働く船大工や肉体労働者が腰に関係者であることを示した鑑札を下げることが記

**表1-1　鳳凰丸の概要**

| | |
|---|---|
| 排水量 | 600トン（推定） |
| 全長・全幅 | 全長約36メートル、全幅約9メートル |
| 装　備 | 7.5貫目カノン砲4門、3貫目カノン砲6門 |
| 乗組員の部屋 | 将官部屋1、与力部屋4、同心などの部屋30など |
| マ　ス　ト | 3本（3檣バーク型帆船） |
| 起工・艤装完了 | 嘉永6年（1853）9月起工、安政元年（1854）4月艤装完了 |

出典：慶應義塾大学図書館蔵「浦賀史料」第五ほか。

され、建造が一般には公開されなかったことが分かる。また、火災を防ぐために煙管をくわえて仕事をすることを禁止すること、飲酒と喧嘩口論を禁止すること、就業や昼飯・晩飯の時間を太鼓や拍子木で知らせること、日の出から手元が見えなくなるまで働くことなどが記された。

［史料四］

定

一、第一火之用心太切ニ仕、御用場所江くわへきせる堅仕間敷事
一、惣而御場所掛之者外、猥ニ出入仕間敷候、若無拠用事等有之節ハ其子細会所へ相届差図受可申事
一、諸職人・人足腰札相渡申候、御場所引候節ハ会所へ差出候事
一、御場所ニおいて喧嘩口論不仕様堅相慎可申事
　附、御場所内ニおいて酒一切無用たるへく事
一、取懸り、昼飯・夕飯並御場所引候節ハ太鼓或ハ拍子木打可申事
一、早朝より取懸り、手元相見候迄ハ相仕舞申間敷事
右之条々堅相守可申候、以上
　九月廿九日

鳳凰丸の艤装が終わったのは一八五四年（嘉永七）四月で、五月一一日には試験航海が行われた。ルートは房総半島の洲ノ崎沖まで行って浦賀に戻るというものであり、五月五日には試験航海の乗組員が発表された。指揮を取ったのは与力の中島三郎助と佐々倉桐太郎で、カノン砲の管理役として与力の堀芳次郎と朝夷捷次郎

表1-2　鳳凰丸乗組の与力と同心(1855年〈安政2〉)

| 役　職 | 名　前 |
|---|---|
| 与　力 | 中島三郎助・佐々倉桐太郎・樋田多々郎・朝夷健次郎・岡田増太郎・細渕新之丞・松村源八郎 |
| 同心組頭 | 福西源兵衛・臼井進平 |
| 同　心 | 土屋栄五郎・柴田伸助・田中半右衛門・土屋忠次郎・春山弁蔵・吉村弘衛門・小原勇次郎・福西啓蔵・岩田平作・田中来助・小野甚蔵・河野四郎左衛門・金沢種米之助・秋山透・春山鉱平・田浦福太郎・浅野源四郎・直井彦七・金沢元吉・土屋喜久助・後藤親八・寺田彦次郎・岩田巳之助・込山織之介・浜口興右衛門・中田辰蔵 |

出典：表1-1に同じ。

が、小銃などの管理役として与力の松村源八郎と細渕新之丞が、船中機械の管理役として与力の岡田増太郎が任命された。与力は「将校」であり、与力の下に「下士官」として二名の同心組頭と二六名の同心が配置された(表1―2)。また、足軽一五名、医師一名、船大工四名、鉄砲師二名も鳳凰丸に配属された。

さらに、浦賀奉行は、役知(幕府から浦賀奉行の役料として与えられた村)と預所(浦賀奉行が管轄する幕府領の村)の奉行所周辺の村々一四ヵ村から三〇名の漁民や船乗りを徴発した。これに加えて、岡山県と香川県にはさまれた瀬戸内海に位置する塩飽《しわく》諸島の船乗り三〇名も乗船を命じられ、鳳凰丸には総勢六〇名の船乗り(「水兵」)が配置されることになった。はたして浦賀から遠く離れた塩飽諸島の人びとが徴発された理由は分からないが、塩飽諸島が水上交通の要衝として栄えた地域であったことが背景にあったと思われる。すなわち浦賀奉行は操船技術に馴れている塩飽諸島の住民を鳳凰丸の船乗りとして徴用し、「水兵」として活用しようとしたのである。この点について、浦賀奉行の戸田と井戸は、一八五三年(嘉永六)一一月に記した上申書のなかで次のように述べている。[14]

〔史料五〕

此度、御軍艦御打建ニ付、追々模様付承候処、右は乗組人数共船中規則

第一ニ而法則相立不申候而ハ御用ニ相立兼候故、右作法等取調中ニ而近日可申上等奉存候、然ル処、乗組水主不速ニ而行届兼、当節、浦賀ニ御扶持被下候船頭七人、水主六拾人、掃部頭御預所内、水夫五拾壱人有之候処、手近之者ニ無之候而ハ調練も相届兼、且、外御船々へも有之、人数引足不申、依之勘弁仕候処、讃岐国塩飽七島は大坂町奉行支配所ニ而右は豊臣太閤時代、朝鮮陣之水夫相勤候故、無役・無年貢ニ而只今以連綿と七嶋派勢いたし、水夫渡世之もの凡五百人余も有之、土着仕候由、何れも東海廻り船乗渡世相馴候者ニ御座候由、右之内、先三拾人ツヽ、浦賀表江壱ケ年詰御用相勤候様被成下候様仕度、左候得ハ有来水夫之者と申合、御軍艦之方へ差遣ひ申度、右御船も海上浮囲之儀ニ而平生調練も仕候事故、塩飽之者ハ船中ニ相住セ、詰中ハ並之通粮米被下、一ケ年交代之節少し御手当被下置候ハヽ可然と奉存候、右之御仕法ニ相成候て此上御軍艦御打建次第、同所より水夫御呼下、御用為相勤候ハヽ、御差支之儀無之、且、内海相働候水夫共とは格別御用ニも可相成哉と奉存候、尤、土地之者相混シ差遣候事故、支配違候而ハ行届兼候儀も可有之と奉存候間、可相成ハ右塩飽七嶋水夫之儀ハ大坂町奉行、浦賀奉行両支配ニ被仰付候様仕度、此段も為御用弁奉願候、依之此段申上候、以上

上申書によれば、塩飽諸島の船乗りは、豊臣秀吉の朝鮮出兵に際して従軍を命じられたとある。また、そうした伝統は江戸時代にも続き、鳳凰丸建造当時、塩飽諸島には五〇〇人以上もの廻船業を生業とする人が住んでいた。さらに、塩飽諸島の船乗りは朝鮮出兵の由緒を持っていることから、幕府からも「無役・無年貢」（夫役も年貢も負担しないこと）の特権を認められ、特別な船乗り集団として認められていた。そのため浦賀奉行は高い操船技術を持っていると知られていた塩飽諸島の船乗りを徴発したことになる。もっとも塩飽諸島の船乗りが、この段階で洋式軍艦の帆走技術を持っていたとは考えにくいが、彼らは三浦半島で徴発された漁民や

船乗りを指導する人びととして期待されたようである。また、当時、塩飽諸島は大坂町奉行に支配されていたが、浦賀奉行は彼らを徴発するにあたって徴発した人びとを大坂町奉行と浦賀奉行の「両支配」にしたいと述べている。最終的に船頭役四名を含む塩飽諸島の船乗り三〇名が大坂を出発したのは一八五四年(嘉永七)三月二六日で、彼らは四月一一日に浦賀に到着した。こうして鳳凰丸の乗組員が揃い、その後、東京湾での操船訓練やカノン砲の射撃訓練が繰り返された。

## (二)鳳凰丸が完成して

鳳凰丸の完成は幕府でも大きな話題になり、一八五五年(安政二)二月三〇日には老中阿部正弘ら幕閣による鳳凰丸の視察が行われた。この時、鳳凰丸が浦賀を出港したのは二月二七日で、同船には表1―2に掲げた与力・同心組頭・同心のほか、一二人の足軽、徴発された人びとから選抜された四三人の船乗り、船大工四人、鉄砲師二人、医師一人、与力小者七人の総勢一〇四人の乗組員が乗船した。乗組員が浦賀奉行所に揃ったのは同日の早朝で、その後、彼らは浦賀奉行の松平信武とともに鳳凰丸に乗船した。浦賀の出港は午前七時頃で、午後一時頃には現在の東京都大田区の沖に碇泊した。二八日には老中・若年寄らの視察に先立ち大目付・勘定奉行・目付が鳳凰丸を訪れ、与力の中島と佐々倉が出迎えた。こうして老中の視察に際しての段取りが決められ、当日は老中と若年寄を船内の控所へ案内し、茶と煙草盆を与力が給仕することになった。また、老中らの質問には中島と佐々倉が答えること、その後、船内と船外を案内することが決められた(15)。

二九日には老中以下の視察メンバーが発表され(表1―3)、阿部正弘・久世広周・内藤信親の三人の老中、鳥居忠挙・遠藤胤統・本庄道貫の三人の若年寄、井戸弘道・筒井政憲の二人の大目付のほか、側衆・勘定奉

**表1-3　鳳凰丸を視察した幕府役人**

| 役　職 | 名　前 |
|---|---|
| 老　中 | 阿部正弘・久世広周・内藤信親 |
| 若年寄 | 鳥居忠挙・遠藤胤続・本庄道貫 |
| 側　衆 | 本郷泰固・平岡道弘・平岡頼啓 |
| 大目付 | 井戸弘道・筒井政憲 |
| 勘定奉行 | 松平近直 |
| 目　付 | 鵜殿長鋭 |
| 箱館奉行 | 堀利熙 |
| 勘定吟味役 | 村垣範忠（範正）・岡田忠養 |
| 二丸留守居 | 下曽根金三郎 |

出典：表1-1に同じ。

行・目付・箱館奉行・二丸留守居らが列席することになった。また、当日のスケジュールも発表され、老中や若年寄が午前七時過ぎに屋敷を出発し、品川の東禅寺に集合ののち、小舟で鳳凰丸を訪れることが知らされた。三〇日の視察当日、鳳凰丸は鈴ヶ森沖に碇泊し、この地点で老中をむかえた。乗船に際しては与力・同心・足軽、その他の乗組員が平伏して出迎え、江戸詰めの浦賀奉行土岐朝昌が老中らを控所へ案内した。船内の案内終了後は小銃の訓練が披露され、中島らの指揮で与力や同心が小銃を発射した。その後、老中と若年寄は小舟に乗り換え、鳳凰丸の帆走を小舟から眺め、カノン砲による空砲発射を確認して視察は終了した。

　ところで、幕閣による鳳凰丸の視察が行われた時期は、幕府がアメリカ合衆国・イギリス・ロシアと相次いで和親条約を結んだ直後の時期にあたる[16]。言葉をかえるならば、幕府が日本の国際化に向けて大きく外交方針を転換させた時期に鳳凰丸の視察が行われたと言ってもよい。外交方針の転換は、ペリー提督がアメリカ東インド艦隊の四艘の軍艦を率いて東京湾に姿を現した一八五三年（嘉永六）六月三日にはじまった。この日の夜にペリー艦隊の来航を知った老中の阿部正弘は直ちに幕閣を江戸城に招集し、対応策の協議に入った。対応策が決まったのは翌日で、阿部はペリー艦隊との戦闘をできるだけ避けること（「穏便専要」）を決め、この方針を警備にあたる代官や諸大名・旗本に通知した[17]。こうした方針が決められた背景には、巨大な軍事力を持つアメリカ合衆国の軍艦を恐れたことがあり、この方針に基づき幕府はアメリカ大統領の将軍に宛てた親書を受け取り、さらに翌年には日米和親条約を締結していった。

当初、幕府は、西洋諸国に対し条約を結べば戦争になる可能性は少ないと考えていたものの、万一の場合に備えて国防の強化は急務であり、そうした政策の一環として鳳凰丸の建造が行われた。また、東京湾では品川沖に台場を築造することが決められ、八月二八日には、伊豆韮山の代官江川英龍が台場築造の責任者に命じられた。一方、ペリー艦隊が来航する少し前から東京湾の海防体制も大きく変わっていった。最初に行われたのは東京湾の警備にあたる藩の増強で、幕府は一八四七年（弘化四）に、三浦半島の海防を強化するため、従来から警備にあたっていた川越藩に加えて彦根藩にも警備を命じた。また、対岸の房総半島では忍藩に加えて会津藩が警備にあたることになった[18]。さらに、諸藩による台場の築造も行われ、ペリー来航直前の三浦半島では彦根藩が千駄ケ崎台場・荒崎台場・剣崎台場を、川越藩が猿島台場を築造した。

これに加えて、この頃から幕府の海防掛の役割が大きく変わり、彼らが海防についての政策を立案し、実施するようになった。海防掛とは、一七九二年（寛政四）に設置された役職で、ロシアのラクスマンが通商を求めて来航した際に、老中の松平定信が対応を検討するために海防掛に任じられたのが最初であった。当初は常設の役職ではなかったが、一八四五年（弘化二）に、老中の阿部正弘・牧野忠雅、若年寄の大岡忠固・本多忠徳が海防掛に任命された時から常設の役職になった。海防掛の老中や若年寄は配下の海防掛をつとめる勘定奉行や目付に、国防問題について諮問し政策決定の参考にした。また、海防掛の役割も老中や若年寄の諮問機関からしだいに実務的なものに変わり、五一年（嘉永四）初頭には、海防掛に対し大森（東京都大田区）に大砲の調練場を設置することが命じられた。こうして海防掛は幕府の国防政策に大きな位置を占めるようになり、特にペリー艦隊が来航した前後の時期になると、開明的な幕臣が続々と海防掛に抜擢され、彼らの意見が幕政をリードするようになった。

この時期に海防掛に任命された幕臣には、のちに日露和親条約締結の際に日本側全権をつとめた川路聖謨、品川台場を設計した江川英龍、のちに外国奉行として活躍した目付の永井尚志や岩瀬忠震、天保の改革を行った老中の水野忠邦の弟の跡部良弼などがいた。はたして鳳凰丸を建造した浦賀奉行所の与力や同心と海防掛の役人がどのような関係にあったのかは分からないが、一八五五年(安政二)二月二〇日に、老中の阿部正弘は、浦賀奉行・長崎奉行・下田奉行・箱館奉行に対し、海防掛と国防や外国人の応接についての問題を協議するように命じているから、[19] 海防掛は外国人と接触する機会の多い遠国奉行所にも大きな影響力を持ったと思われる。また、海防掛との協議結果は、松平信武と土岐朝昌の二人の浦賀奉行から与力や同心にも伝えられたことは間違いない。

ところで、浦賀で鳳凰丸が建造された直後に伊豆の戸田村(静岡県沼津市)でも一艘の洋式帆船が建造された。この帆船は、ロシア人の指導で日本人の船大工が建造したもので、指導にあたったロシア人は日本と和親条約を結ぶために下田に来日したロシア使節のプチャーチン一行であった。ロシア人が戸田村で洋式帆船を建造することになったのは、来日に際して乗ってきたディアナ号が、一八五四年(嘉永七)一一月四日に下田を襲った津波で大きな損傷を受け、その後、沈没したためであった。船を失ったプチャーチン一行は、帰国に用いるための洋式帆船を建造することを幕府に願い出、戸田村での建造が許可された。建造は暮からはじまり、約三ヵ月間で六〇人乗り程度の帆船ヘダ号が完成した。建造後、浦賀奉行の松平信武は、与力の中島三郎助・佐々倉桐太郎らを戸田村に派遣し、同船を見学することを命じたが、[20] 鳳凰丸やヘダ号の建造によって、日本での洋式帆船建造の歴史が幕を明け、浦賀奉行所の与力らがその中心的な役割を担っていくことになった。

## 第三節　新たな時代の担い手

### (一)海防の近代化をめぐるネットワークの形成

浦賀奉行所では、ペリー艦隊来航の前後から鳳凰丸が建造されるなど装備の西洋化が進んだが、同時に軍事技術の西洋化も急速に行われた。この点については神谷大介氏が詳しく紹介しているが、浦賀奉行所で西洋流砲術(高島流)の調練がはじまったのは一八四九年(嘉永二)六月からで、その後、浦賀奉行所での砲術調練は高島流を軸に行われるようになったという[21]。この時、幕府が砲術師範として浦賀に派遣したのは高島秋帆(長崎出身の砲術家で、西洋砲術を日本に広めた人物)の直弟子であった下曽根信敦で、彼はペリー来航直前まで定期的に浦賀に赴き、与力や同心の指導にあたった。また、下曽根の弟子であった内田弥太郎も浦賀に同行した[22]。

神谷氏は下曽根から高島流の教授を受けた与力や同心についても分析し、その人数が六五人に達していることを明らかにした。そうであるならば、浦賀奉行所に配属された与力・同心の半数以上が高島流の砲術を習っていたことになる[23]。ところで、下曽根の弟子は浦賀奉行所の与力や同心だけでなく、その他の幕臣や諸藩の藩士のなかにも下曽根から高島流砲術を学ぶ者が多くいた。はたして浦賀奉行所の与力や同心が、他のグループとどのように交流したのかについては分からない点が多いが、こうした人びとのなかにはペリー艦隊来航後、連携して軍事技術の近代化や海防の近代化について積極的に発言するような人も現れた。また、浦賀奉行所の人びとも、こうした世の中の動きに影響を受けたと考えられ、ここでは西洋流の砲術を下曽根から学んだ人びとや関係者が、この時期にどのような活動をしているのかを一、二紹介したい。

ペリー艦隊が来航した前後の時期に高島流の砲術を取り入れた藩はいくつもあるが、信濃国（長野県佐久市）に陣屋を持った岩村田藩もそのひとつであった。岩村田藩は一万五〇〇〇石の譜代小藩で、幕末の当主内藤正縄は、天保改革を推進した老中の水野忠邦の実弟であった。また、この時期の同藩は嫡子の正義を中心に高島流の砲術に取り組み、一八五二年（嘉永五）から家臣の田中万治を下曽根に入門させている。[24]また、内藤正義が海防の近代化などについて記した建白書（史料六）を幕府に提出したのは、五三年（嘉永六）七月で、この建白書は、ペリーが持参したアメリカ大統領フィルモアの国書にどのように対応するのかについて、幕府が広く意見を求めたことに応じたものであった。[25]

［史料六］

書翰之趣、得と拝見仕候処、誠ニ御一大事と乍申、被遊方により御国長久之基と奉存候、其次第、左ニ奉申上候

一、彼之振舞、礼を以、穏便に御座候事

凡、物之習、彼を知り己を知るは第一之義にて申上候迄も無之候得共、書簡の趣にては御国地之様子明白に呑込居、彼若シ不意に近海へ乗入、乱暴仕候節ハ中々御膝元大変、一先は大敗と相成、人民数多の命むたに失ひ、たまたま逃れ候者も物の用には難立、如何ニも当惑の至りに御座候、然を穏便に申込候事故、如何様ニも御取計ひ可有御座と奉存候

一、交易年間を切り試み候事

御国地久鋪結構なる太平の御代にて幾重にも忠義を尽し候心底にハ候得共、実地をふミ不申、彼ハ専ら実地に馴をり、只今いかに思召候ても行届申間敷、なましなる事仕出し、却而後れを取候ては重々の御恥辱と奉存候、夫よりハ先数年間何程と定之高を極、於長崎表交易被仰付、事を延し置、其内に御備向厳重ニ仕、とくと整候上は十分の御取計ひ御座候て武国の光りを顕ハし申度候、乍併、近来は砲術大ニ開け彼は殊に長し居、是へ対し御手当無之てハ不叶事と奉存候、夫に付てハ御台場の処肝要に御座候、破裂玉打懸候節之凌き方委敷認取候書物、幸ひに所持仕居候間、乍恐奉呈上、尤、右之儀委敷人物ハ小普請組松平美作守支配勝麟太郎と申仁ニ御座候、可相成ハ御尋御座候様仕度候

〔中略〕

一、火薬之義甚払底に御座候、乍恐大筒壱挺ニ付、合薬千貫目無之候ては御手薄に御座候、前々申上候御台場壱ケ所ニ大筒七十挺と定メ、合薬七万貫目ツヽに御座候迚も天然之硝石のミにては参り不申、人造之法被仰出、諸国一円に製造仕候様ニ仕度候、昨年、於徳丸原少々打試候所、薬品之善悪ニて大ニ相違仕候、呉々も精制の品に仕度ものニ御座候

丑七月　　　　　　　　　　内藤金之丞

ここでは内藤の建白書から主要な提案部分である三つの箇条を抜粋して示したが、内藤はペリー艦隊の来航に際し、老中の阿部正弘が示した「穏便専要」（艦隊との衝突を避けること）という方針を支持することを表明し、そのためにはアメリカ大統領の国書に記された、日本が期間を限ってアメリカ合衆国との貿易を試みることを認めるべきであると主張している。また、海防の強化については、西洋的な台場を築造すること、火薬の品質を高めること、人工硝石の増産が必要であると述べた。興味深い点は台場の築造に関し、小普請組の勝麟

太郎（勝海舟）から話を聞くべきであると述べている点で、内藤と勝が関係を持っていたことがうかがえる。事実、この時期に勝が提出した幕府への建白書でも内藤と同じ提案（貿易の開始や人工硝石の増産）があり、両者が連携して建白書を提出した可能性もある。また、勝は横浜開港後の一八五九年（安政六）に、神奈川台場（横浜港の一角に築造された台場）を設計するが、この台場は内藤が提案したような西洋の築城法を取り入れたものであった。

さらに、火薬の品質改良について、内藤はさまざまな火薬を製造し、一八五二年（嘉永五）に徳丸ケ原（東京都板橋区）で発射実験を行ったと述べている。また、火薬の原料のひとつである硝石を人工的に作ることを提案し、国内では天然の硝石がほとんど取れないため人工硝石の増産が急務であるとした。(26) 建白書からは、これ以上のことは分からないが、岩村田藩の領地であった長野県上田市生田（江戸時代の信濃国小県郡飯沼村）には、硝石や火薬に関する記録（史料七）が残されている。(27) この記録は、飯沼村に住む松田玄冲という人物が黒色火薬と硝石（白焔硝）を藩に納入することを請け負ったことを記したものであった。史料から玄冲が従来から火薬や硝石を扱っていたことがうかがわれるが、岩村田藩は納入させた火薬や硝石を大砲の発射実験に使用したと思われる。

［史料七］

奉差上御請書之事

一、鉄砲薬　　百三斤　　但シ弐百目入

一、白焔硝　　七拾貫目

右之品、御沙汰有之迄、売方停止被仰付承知奉畏候、然ル上ハ仮令少々之小売ニ而も決而致間敷候、御入

用之節は何時ニ而も無相違差上可申候、依之御請書奉差上候処相違無御座候、以上

嘉永六年六月十三日

御領分飯沼村　玄冲

親類組合兼　善兵衛

御役所様

火薬の原料は硝石・硫黄・木炭の三つであったが、先述したようにペリー来航後、硝石の増産がもっとも大きな課題になった。また、火薬の品質改良も問題になり、こうした点についての研究が、砲術家や火薬研究者によって急速に進められた。たとえば、玄冲とともに岩村田藩の指示にしたがって火薬や硝石の集荷に従事した中居撰之助という人物は、一八五五年（安政二）に、『集要砲薬新書』と題した火薬の製法を記した本を出版している。中居は上野国吾妻郡中居村（群馬県嬬恋村）の名主の家に生まれ、当時、火薬研究者として広く知られた人物であった。彼の本には火薬の原料である硝石・硫黄・木炭をどのような比率で混ぜるのかが記され、それぞれの原料の材質についても具体的に記された。また、火薬を製造するには、原料を石臼に入れ、搗き混ぜる必要があったが、この時に使用する石臼の形態や水車を使って杵を動かす際の注意点が詳述された。さらに、火薬製造には発火の危険が付きまとったが、火薬が発火する時の匂いについても述べられた。火薬の保存については、西洋での保存方法が示され、保存庫に設置すべき避雷針が図入りで紹介された。

このように『集要砲薬新書』は実用的なものであり、当時の砲術家が求めるような本であったが、興味深い点は西洋砲術の第一人者である高島秋帆が序文を書いている点である。当時、高島は伊豆韮山に代官所を持つ江川英龍の手付であったが、江川は一八五三年（嘉永六）六月に海防掛に任命されていた。そのため、この頃から高島は江川を通じて海防の強化と貿易の開始を求める建白書を相次いで幕府に提出した。高島はそのなかで

火薬の保存についても触れ、日本でもオランダのように硝石を備蓄すべきであると述べた。高島と中居が知り合った経緯は分からないが、高島は『集要砲薬新書』の序文で、この本が火薬製造に従事する者の必読の書と紹介している。海防の最前線にいた浦賀奉行所の与力や同心が、高島・内藤・中居と交流していたことを示す史料は管見の限りでは発見されていないが、浦賀奉行所の人びとが意識するしないにかかわらず、海防の強化を求める人びとのネットワークのなかにいたことは間違いない。また、中居は、横浜開港後に中居屋重兵衛と改名し、生糸貿易商として開港直後の生糸貿易に大きな位置を占めたが、その際、岩瀬忠震や永井尚志らの外国奉行とも頻繁に連絡を取っていた。詳しい考察は別稿に譲るが[28]、中居が貿易に進出できた背景にはそれまでに作られた人びとのネットワークがあったことは間違いない。

## (二)東京湾の「軍港化」が進むなかで

浦賀で鳳凰丸の建造がはじまった頃、老中の阿部正弘はオランダから蒸気軍艦を購入することを検討しはじめ、海防の近代化を一層進めることを決定した。こうして阿部から指示を受けた長崎奉行の水野忠徳は、一八五三年(嘉永六)八月下旬から長崎のオランダ商館長ドンケル・クルチウスと交渉を開始し、その後、オランダ政府は、五〇年に建造された蒸気船スンピン号を、バタビア(現ジャカルタ)から長崎に回航し幕府に献上することを決定した。また、この時、オランダが長崎に派遣した海軍のファビュス中佐は、蒸気軍艦を維持するためには組織と人が必要であると述べ、オランダが日本海軍を創設するための教師団を派遣することを提案した。こうして五五年(安政二)一〇月、長崎においてオランダが献上した蒸気軍艦スンピン号(のちに観光丸と改名)を使って、オランダ人教師団二二名による日本人への訓練が始まった。長崎海軍伝習所の開設である。

**表1-4　長崎海軍伝習所に派遣された浦賀奉行所関係の人びと**

| 派遣時期 | 名前 |
|---|---|
| 第1期伝習生 | 中島三郎助・佐々倉桐太郎(以上、与力)、土屋忠次郎・浜口興右衛門・岩田平作・飯田敬之助・春山弁蔵・山本金次郎・金沢種米之助(以上、同心)、鈴木長吉・熊蔵(以上、船大工)、渡辺長蔵(中島三郎助若党) |
| 第2期伝習生 | 岡田井蔵(与力の弟) |
| 第3期伝習生 | 合原操蔵・朝夷捷次郎(以上、与力)、柴田真一郎(同心) |

出典：海舟全集刊行会編『海舟全集　第八巻　海軍歴史』(改造社、1928年)。

長崎で伝習所の開設準備が進められていた頃、幕府は伝習生の人選を行ったが、この時、将来の艦長候補生は旗本から選ばれ、勘定格徒目付の永持亨次郎、小十人組の矢田堀景蔵、小普請組の勝麟太郎が選出された。次いで、士官候補生は浦賀奉行所の与力、伊豆韮山に代官所を持つ江川英敏(英龍の長男)の手代、鉄砲方の井上左太夫と田付四郎兵衛の与力から選出された。下士官候補生には浦賀奉行所の同心、長崎の地役人、鉄砲方の同心が選ばれ、水兵には鳳凰丸の建造に携わった船大工(鈴木長吉と熊蔵)や塩飽諸島の船乗りが選ばれた。表1―4に長崎海軍伝習所に赴いた浦賀奉行所の人びとを示したが、彼らは第一期から第三期の三回にわたって長崎に派遣された。第一期伝習生を例に取れば、伝習生の総勢は一〇〇人を超えたが、浦賀奉行所の関係者がその中核を占めた。また、高島流砲術を学んだ韮山代官所の人びとも加えれば、高島秋帆の直弟子や孫弟子が大きな位置を占めていたことになる。

次に、オランダ人教師団が教えた科目については、士官候補生には航海・造船・数学・砲術・船具・蒸気・オランダ語の七科目を習得することが課せられた。また、下士官や水兵には、それぞれの担当に応じて蒸気船の操船や武器の操作などが教授された[29]。船大工には蒸気船の構造を知ることが命じられ、船大工の鈴木長吉は観光丸の船具を詳細に描いた図面を残している(口絵i～iv頁、コラム1参照)。また、士官候補生や下士官は「士官としての心得」や「水夫の取り締まり方」が教授された。こうして幕府海軍の基礎が作られていったが、一八五七年(安政四)春になると、幕府は恒久的な海軍要員の育成は江戸で行いたいと考えるようになった。そのため、幕府は長崎海軍伝習所を閉鎖し、新たに江戸築地に軍艦操練所(当初は軍艦教授所と呼称)を設置することを決定した。

この点について神谷大介氏は、(一)一八五六年(安政三)一〇月下旬頃から幕府が海外へ伝習生を派遣することを模索しはじめたこと、(二)築地の軍艦操練場で学ぶ人びとを海外に派遣したいと考えるようになったことが長崎海軍伝習所閉鎖の背景にあったと述べた。[30] そうした指摘は興味深いが、そもそも幕府は「首都」である江戸の前面に広がる東京湾の海防をどのように充実させるかに苦慮しており、この頃、多くの洋式軍艦や洋式の練習船を東京湾に配備することを計画していた。また、そうした船を運用する拠点のひとつとして築地の軍艦操練所を活用しようとしていたようにも考えられる。こうして、この時期に国内では洋式軍艦や洋式帆船の建造が相次いで行われるようになり、完成した船の多くが東京湾に配備された。

たとえば、薩摩藩では、幕府が諸藩に対し大型軍艦の建造を解禁した一八五三年(嘉永六)九月以前に洋式軍艦の建造に着手し、五四年(安政元)一二月には昇平丸(推定排水量三七〇トン)と名づけられた洋式軍艦を竣工させた。この船は翌年八月に、東京湾に回航されたのちに幕府に献納されたが、その後、幕府は薩摩藩に昇平丸同様の洋式軍艦を建造することを命じ、五六年には大元丸と鳳瑞丸の二隻の洋式軍艦が鹿児島から東京湾に回航された。[31] 一方、伊豆の戸田村では、ヘダ号の建造後も幕府の指示で同型の洋式帆船の建造が続けられた。五五年(安政二)四月八日、勘定奉行の川路聖謨は、勘定吟味役に宛てた手紙のなかで、老中の阿部正弘がヘダ号と同型の船を建造するようにと命じたことを伝え、この船が軍艦ではないものの「至極便利之船」(性能が良く、操船しやすい船)との評価を加えている。[32] また、この形の船は五六年に「君沢形」と名付けられ、同年初頭までに六艘の「君沢形」の帆船が東京湾に配備された。さらに、幕府は水戸藩に対しても洋式軍艦の建造を指示し、五四年(嘉永七)一月から江戸の隅田川河口で洋式軍艦の建造がはじまった。その後、同船は横浜村(横浜市中区)の海岸で艤装され、翌年九月には前の水戸藩主であった徳川斉昭が横浜村において同船を視察している。[33]

「君沢形」についても老中の視察が行われ、一八五四年（嘉永七）五月には老中が乗船し、品川沖から本牧・野島（以上、横浜市）沖を経由して猿島（横須賀市）辺りまで航海する計画が立てられた[34]。また、同年七月二一日に、老中は三番頭（幕府の武官である大番・書院番・小姓組の番頭）に対し、昇平丸と「君沢形」を使って番士に調練をさせることを指示し（史料八）、彼らに操船や大砲発射の訓練を行うことを命じた。また、番士の家臣（手付之者）についても時々に乗船させ、測量などを習熟させるようにと命じている[35]。一方、軍艦操練所においても幕臣らの調練が進められ、五七年（安政四）以降、幕府は旗本や御家人、彼らの子どもや兄弟から伝習希望者を募った。また、大名や旗本の家臣の内、優秀な者には軍艦操練所での伝習が許可された。伝習内容は「測量・算術・造船・蒸気機関・船具運用・帆前調練・海上砲術・大小砲船打ち調練」で、このほか「水泳・水馬・艪手」と呼ばれる実技指導も行われた[36]。

［史料八］

三番頭江

大船追々御製造被仰付候ニ付、組々御番衆等、軍用並船中調練も可被仰付候得共、差向習練之為、昇平丸御船・君沢形御船之内、何レも順番を以拝借被仰付候間、其方共並組之者共乗組、近海乗掛運用、大砲調練、航海之術をも習練致し候様、手付之者も其時々乗込、測量其外をも相試候筈ニ付、委細之儀は御製造掛り、天文方江可被談候

七月

このように東京湾での海軍の創出が急速に進められたが、洋式軍艦の東京湾への配備はその後も続けられ、

長崎海軍伝習所で使われていた洋式船が東京湾に順次回航された。最初に回航されたのは観光丸で、一八五七年（安政四）三月に、永井や佐々倉によって東京湾に運ばれた。また、同年、幕府がイギリス人から買い上げて長崎に置いていた帆船の鵬翔丸も翌年五月に品川沖に到着した。さらに、同年中に咸臨丸が東京湾に入ったほか、幕府がオランダから買った朝陽丸も五九年初頭に品川沖に配備された。これに加えて、イギリス女王が将軍に献上した蟠龍丸も品川沖に置かれたから、東京湾は一気に幕府海軍の拠点になった感がある。かつて浦賀奉行の戸田氏栄と浅野長祚は、一八五〇年（嘉永三）一二月に、東京湾の防衛体制について幕府に上申書を提出し、外国船に対抗できるように大砲を搭載できる洋式軍艦を建造することを要求した。[37]そのなかで彼らは、自由に航行しながら大砲を発射する外国軍艦を「活物」とし、固定されている日本の台場を「死物」と呼んだ。海防を強化するためには「活物」である洋式軍艦の配備が急務であるとしたわけであるが、安政期（一八五四〜一八六〇年）に入り、東京湾の海防はようやく実用的なものに近づきつつあったといえるのかもしれない。

## おわりに

江戸築地の軍艦操練所で訓練が開始された一八五七年（安政四）七月以降、日本を取り巻く国際情勢は、貿易の開始に向けて大きく動き出した。すなわち幕府は、八月一四日に、日米和親条約に基づき下田（静岡県）に赴任していた初代アメリカ総領事ハリスの出府を認め、一〇月二一日に江戸での通商条約締結交渉がはじまったのである。すでに、老中の阿部正弘は、五六年（安政三）八月四日に、海防掛や長崎奉行・浦賀奉行・下田奉行らに対し、西洋諸国との貿易について協議することを命じていたが、同年一〇月二〇日には新たに外国貿易取調掛（西洋諸国との貿易を担当する役職）を設置し、海防掛であった大目付の跡部良弼、勘定奉行の川路聖謨、目付の岩瀬忠震ら九名にこの役職を兼務させた。こうして幕府のなかに貿易開始を準備する役職が作られ、最終的に五八年六月一九日に日米修好通商条約が締結され、幕府はアメリカと貿易をはじめることを内外に宣言した。また、これに次いで七月一〇日にはオランダと、翌日にはロシアと、七月一八日にはイギリスと、九月三日にはフランスとも通商条約を締結した。

日本が通商条約に基づき条約締結国と貿易をはじめたのは翌年六月二日で、この時、横浜・箱館・長崎の三都市において、条約締結国の人びとは決められた場所（居留地）に永住することと決められた場所（開港場）で日本人商人と取引することを認められた。また、その後も幕府は多くの西洋諸国と通商条約を結んでいった。幕府が倒壊するまでに、幕府が通商条約を結んだ国は、上記五ヵ国のほか、ポルトガル・プロイセン・スイス・ベルギー・イタリア・デンマークなど合計一一ヵ国に達した。また、これらの国々の人びとも先に条約を結んだ五ヵ国と同様の権利を持つことになった。ところで通商条約の締結によって横浜が開港したことは、東京湾の海防のあり方にも大きな影響を与えた。すなわち横浜が開港したことによって、横浜港へ諸外国の商船が入港するようになっただけでなく、条約締結国の軍艦も横浜港へ入港するようになったのである。また、江戸に諸外国の公使館などが開設されるようになると江戸のすぐ近くの海に諸外国の軍艦が入るようになった。ここにおいて幕府は、東京湾の「軍港化」を一層推し進める必要に迫られることになった。

残念ながら、この点について詳しく考察する余裕はないが、幕府は、この時期以降、一層の東京湾への軍艦の配備や東京湾岸地域への海軍施設の設置を行っていくことになった。軍艦の配備については、相次いで西洋諸国から蒸気機関を持つ軍艦を輸入し、これらの軍艦が東京湾に配備された。最初に日本に到着したのはオランダで建造された朝陽丸で、同船は一八五八年（安政五）に長崎に到着したのち、築地の軍艦操練所に配備された。次いで、六五年（慶応元）一二月にはアメリカで建造された富士山丸が横浜港に到着した。さらに、六七年にはオランダで建造された開陽丸も横浜に到着した。一方、東京湾内の諸施設については、この時期に浦賀で「修復場」（船の修理工場）が整備されたほか、六五年以降、横須賀では製鉄所（造船所、のちの横須賀海軍工廠）の建設が進められ、横浜にも分工場が建設された。

さらに、この時期に浦賀は幕府軍艦の母港としての機能を持つようになり、浦賀の「修復場」では咸臨丸や朝陽丸の修理が行われるようになった[38]。また、浦賀では軍艦が軍事行動をする際に薪や食糧、石炭や水を補給できる体制が整備されていった。たとえば、将軍後見職の徳川慶喜は、一八六三年（文久三）一〇月二六日に、蟠龍丸で江戸を出発し大坂へ向かう途中で浦賀に立寄っている。また、同年一二月二八日には一四代将軍の徳川家茂が上洛の途中で翔鶴丸に乗って浦賀に入港し、建造途中の館浦台場で大砲の調練を視察した。さらに、この時、朝陽丸・千秋丸・蟠龍丸も供艦として浦賀に入港した。入港理由については記した記録がないが、浦賀において天候の様子を見ると同時に不足物資の補給などが行われたと思われる。文久年間（一八六一〜六四年）以降の東京湾に配備された軍艦や東京湾の軍事施設のあり方については稿を改めたいが、生麦事件後のイギリスとの軍事的な対立や戊辰戦争時の新政府軍との対立など、軍事的な緊張が高まるなかで浦賀や横須賀などは新たな役割を負っていくことになる。

**注**

（1）横須賀史学研究会編『浦賀奉行所関係史料』（横須賀市立図書館）は、一九六七〜七二年に横須賀市立図書館から刊行された。

（2）横須賀市編『新横須賀市史　資料編　近世Ⅰ・Ⅱ』（二〇〇六年、二〇〇七年）。

（3）高橋恭一『浦賀奉行史』（名著出版、一九七四年）、神谷大介『幕末期軍事技術の基盤形成』（岩田書院、二〇一三年）、同『幕末の海軍』(吉川弘文館、二〇一七年)、西川武臣『浦賀奉行所』(有隣堂、二〇一五年)。
(4) 浅倉有子「江戸湾防備と村落」(『関東近世史研究』三一号、一九九一年)、筑紫敏夫「江戸湾防備政策の展開と民衆の論理」(『関東近世史研究』三〇号、一九九一年)、針谷武志「江戸府内海防についての基礎的考察」(『江東区文化財研究紀要』二号、一九九一年)ほか。
(5) ブラザーズ号については国立公文書館蔵、宮崎成身編「視聴草」二集の六に記録が収録されている。
(6) 佐藤昌介『渡辺崋山』(吉川弘文館、一九八六年)。
(7) ビッドル艦隊の来航については、前掲『新横須賀市史　資料編　近世Ⅱ』に関係資料が収録されている。
(8)(9) 平尾信子『黒船前夜の出会い』(NHKブックス、一九九四年)。
(10) 前掲『浦賀奉行所関係史料　下巻』(一九六八年)三九九～四〇〇頁。
(11) 「浦賀史料」第五に収録(前掲『新横須賀市史　資料編　近世Ⅱ』)四二四頁。
(12) 石井良助・服藤弘司編『幕末御触書集成　第六巻』(岩波書店、一九九五年)四二一～四四四頁に収録された文書。
(13) 「浦賀史料」第五に収録(前掲『新横須賀市史　資料編　近世Ⅱ』四〇六～四一九頁)。
(14) 同前、四四五～四四六頁。
(15) 同前、四七八～四九四頁。
(16) 日米和親条約は一八五四年(嘉永七)三月三日に締結、日英和親条約は同年八月二三日に、日露和親条約は一八五四年(安政元)一二月二一日に締結された。
(17) 東京大学史料編纂所編『幕末外国関係文書　一』(東京大学出版会、一九六八年)五三～六一頁に収録された「合原総蔵より聞書」による。
(18) ペリー艦隊の第一回目の来航後、海防体制は再び変更され、三浦半島と房総半島の警備を担当していた彦根・川越・会津・忍の四藩は江戸の前面に配置され、これに代わって長州・岡山・熊本・柳川の四藩が三浦半島と房総半島を警備することになった。
(19) 前掲『幕末外国関係文書　一』二六四～二六六頁。
(20) 中島義生編『中島三郎助文書』(一九九六年)。
(21) 前掲、神谷『幕末期軍事技術の基盤形成』八一～一二四頁。
(22) 箭内健次編『通航一覧続輯　第五巻』(清文堂出版、一九七三年)一六九～一七三頁。

(23) 神谷氏は、一八五〇年(嘉永三)五月に浦賀で行われた砲術稽古に参加した与力・同心の流派を分析している。
(24) 西川武臣「横浜開港と生糸売込商中居屋重兵衛」(阿部勇ほか編『蚕都信州上田の近代』岩田書院、二〇一一年)四一頁。
(25) 建白書は、前掲『幕末外国関係文書　一』六八一〜六八六頁に収録されている。また、フィルモア大統領の国書は、日本の外交方針の転換を求めたもので、幕府は、その対応策を決定するにあたって、すべての大名と布衣以上の旗本に国書を公開し意見を求めた。国書は広く一般の人びとまで伝えられ、下級武士や江戸の町人のなかにも国防に関する建白書を幕府に提出する者が現われた。
(26) 当時、使用された火薬は黒色火薬で、原料は木炭・硫黄・硝石であった。この内、硝石の生産量が少なかったため、硝石の増産が求められた。
(27) この史料は、「長野県上田市生田飯沼地区共有文書」(同地区に置かれた倉庫に保管)に含まれている。詳しくは前掲、西川「横浜開港と生糸売込商中居屋重兵衛」を参照。
(28) この点については、西川武臣「横浜開港と国際市場—生糸貿易と売込商の軌跡」(明治維新史学会編『講座明治維新第八巻　明治維新の経済過程』有志社、二〇一三年)を参照。
(29) 海舟全集刊行会編『海舟全集　第八巻　海軍歴史』(改造社、一九二八年)三六〜九三頁。
(30) 前掲、神谷『幕末期軍事技術の基盤形成』一七六〜一八八頁。
(31) 公爵島津家編纂所編『薩藩海軍史　上巻』(原書房、一九六八年)五九七〜八二六頁。
(32) 前掲『幕末外国関係文書　十』(一九七二年)四二〇〜四二二頁。
(33) 前掲『幕末外国関係文書　十三』(一九七二年)一一頁。また、この船は、完成後、旭日丸と命名され、幕府に献納された。
(34) 前掲『幕末外国関係文書　十四』(一九七二年)一一三頁。
(35) 同前、四七〇頁。
(36) 前掲『海舟全集　第八巻　海軍歴史』八一〜八二頁。
(37) 前掲、高橋『浦賀奉行史』七四七〜七五一頁。
(38) 前掲、神谷『幕末期軍事技術の基盤形成』二五五〜二六二頁。

コラム1

# 鳳凰丸を建造した船大工と観光丸（スンピン号）

西川　武臣

鈴木長吉は、鳳凰丸を建造した船大工で、その後、浦賀奉行所の与力や同心とともに、造船技術をより一層磨くために長崎海軍伝習所に派遣された人物である。洋式軍艦の建造にあたった船大工については必ずしも履歴が分からない人物が多いが、鈴木については、近年、鈴木のご子孫にあたる三澤晨子氏の家（静岡県賀茂郡河津町）から関係資料が発見され、資料が二〇一一年に横浜開港資料館に寄託されたため、その実像を具体的に知ることができるようになった。三澤家に残された資料と同家に伝えられた話によれば、鈴木は、一八一八年（文政元）に伊豆国加茂郡河津浜（静岡県賀茂郡河津町）に生まれ、郷里で和船の建造に携わったのちに、浦賀の船大工の十五郎のもとで修行したという。鈴木が浦賀に移住した理由は分からないが、河津浜は伊豆半島の流通や廻船の拠点であり、多くの船大工が住んでいた上、浦賀とも物資流通を通じて関係を持っていたことが、彼の浦賀での修行となんらかの関係があったのかもしれない。

浦賀で洋式軍艦の鳳凰丸の建造がはじまったのは、一八五三年（嘉永六）九月であったが、鈴木

**鈴木長吉肖像**
（三澤晨子氏蔵、横浜開港資料館保管）

は、この時までに腕の良い船大工として知られるようになっていたと思われ、これが浦賀奉行から鳳凰丸の建造を命じられた理由と思われる。残念ながら三澤家に残された資料には、鳳凰丸建造に関するものはないが、その後の鈴木に関する資料が全部で七二点（古文書およびモノ資料）残されている。口絵（ⅰ〜ⅳ頁）では、そのなかから鈴木が長崎海軍伝習所に派遣された時に作成した観光丸（スンピン号）の図面（伝習所で練習船として使用されたオランダから贈られた蒸気軍艦の図面）を紹介したが、ここでは、長崎海軍伝習所に派遣された以降の彼の履歴と観光丸の図面以外の三澤家に残された資料についても簡単に紹介しておきたい。

長崎海軍伝習所でオランダ人教官によって軍事指導がはじまったのは一八五五年（安政二）一〇月で、鈴木は長崎で二年間の造船に関する伝習を受けることになった。その後、幕府は、鈴木に江戸築地に開設した軍艦操練所に教官として出仕することを命じ、彼は数年間、軍艦操練所で後進の指導にあたった。また、六〇年（万延元）には、幕府が、日米修好通商条約を批准するためにアメリカに送った使節の随行艦であった咸臨丸に乗ってアメリカに渡り、同地の造船所などを視察した。三澤家には、この時に鈴木がアメリカから持ち帰った食器やグラスが多数残されている。帰国後は江戸の石川島（東京都中央区）で蒸気軍艦の建造に携わったほか、明治維新後は横須賀製鉄所（後の横須賀海軍工廠）で新政府の命令によって後進の指導にあたっている。

三澤家には一八七〇年（明治三）一二月に、民部省が鈴木に宛てた「土木司御用掛」に任命する旨を記した辞令と、同年同月に工部省が鈴木に宛てた製鉄所出仕を命じる辞令が残されているから、遅くともこの時までに横須賀製鉄所での勤務がはじまっていたと思われる。また、製鉄所への出仕に際しては一ヵ月五〇両の給料が支払われているから鈴木は有能な技術者として遇されたようである。さらに、七二年二月には、工部省から「造船三等中手」に任命されている。この直後に鈴木は亡くなっているが、五〇代半ばまで造船に携わっていたことになる。

ところで三澤家に残された資料のなかで、もっとも興味深い資料は、口絵に掲載した観光丸（スンピン号）の図面であり、同船が長崎海軍伝習所に配備された経緯については第一章で紹介した。そこで、ここでは同船のその後の歴史についても簡単に触れておきたい。観光丸が配備された長崎海軍伝習所は一八五九年（安政六）に閉鎖されたが、この時、同船は長崎港を警備した佐賀藩に預けられた。その母港は同藩の三重津海軍所（佐賀県佐賀市）であったが、佐賀藩は、一八六四年（元治元）に同船を幕府に返納するまで他の佐賀藩所有の船と同様に観光丸を運用した。

この時期の佐賀藩による観光丸の運用については、『佐賀藩海軍史』（秀島成忠編、知新会発行、一九一七年刊）に関連記事が散見するが、同書によれば「ロシア軍艦ポサドニック号対馬占領事件」の発生に際し、観光丸は、長崎奉行所組頭の中台信太郎らを対馬に運んでいる。この事件は、ロシアが、一八六一年（文久元）三月に、不凍港を対馬に得るために軍艦ポサドニック号を同島に派遣した事件であり、同艦は不法に対馬に長期にわたって滞留し続け、ロシアは兵舎や練兵場を同島に建設した。幕府は外国奉行の小栗忠順を咸臨丸で対馬に派遣したが、交渉は順調には進まなかった。

事態が変わったのは同年八月下旬のことで、幕府の依頼を受けたイギリスが二隻の軍艦を対馬に派遣し、ロシア軍艦の退去を求めて示威行動を取ってからのことであった。イギリスの干渉を目の当たりにしたロシアは形勢の不利を察し、ポサドニック号は九月一九日に対馬を退去した。また、八月二二日、幕府は佐賀藩に対し、観光丸に長崎奉行所の組頭中台信太郎ほか三〇人を乗船させ対馬に送ることを命じ、対馬到着後、中台らはロシア側との交渉にあたることになった。観光丸については幕府が所有した最初の蒸気軍艦であったことは知られているが、その後の運用について知る人は少ない。

また、理由は分からないが、一八六四年(元治元)に入ると、幕府は観光丸の返納を求めるようになり、同年八月二九日に、観光丸は幕府の兵庫操練所で幕府に返納された。同船が新政府の所管に移ったのは六八年(慶応四)五月三日で、すでに旧式の軍艦にしか過ぎなかったのであろうか、一八七六年(明治九)には除籍された後に解体された。同船が幕府海軍の近代化に果たした役割は大きく、鈴木長吉とともに人びとの記憶に残されればと思う。

# 第二章　一八五三、五四年（嘉永六、七）、中山元成の浦賀行——史料紹介——

上山　和雄

## はじめに

「中山元成」とはいっても、現在では知る人もほとんどいない。しかし、彼が生を享けて豪農として活動し、生涯を終えた茨城県坂東市辺田（当時、下総国猿島郡辺田村）の街道（国道三五四号）沿いには、一八九五年（明治二八）に品川弥二郎が篆刻した「茶顛中山翁製茶紀功碑」と題する巨大な石碑が現存し、また生糸や茶の輸出が日本に大きな意味を持っていた時代には、茨城・千葉・東京などの関東各地に製茶を普及した人物として知られた存在であった。

中山は一八三三年（天保四）以降、日記や商取引など種々の記録を残した。ペリー来航前後では、「嘉永六年丑中冬　記行　相州浦賀より到三崎」、「嘉永甲寅春正月十六日　江都日録」と、長期間の長崎滞在を含む「従南肥熊城初紀行」の三点の日録的記録が見られる。

本章では、最初の「記行」と「江都日録」の前半、浦賀滞在時の記録を紹介する。(1)「記行」の「嘉永六年冬」というのは、ペリーが同年(一八五三)六月三日に浦賀に来航して久里浜で国書の授受を終え、回答を得るために翌五四年一月一六日再来航するまでの間である。四六年(弘化三)のビッドル艦隊の来航、五二年のオランダ商館長のペリー来航の予告などを機に、台場・備場を建設して東京湾防備態勢の構築が進められたが、この二度目の来航をむかえる時期もそれらの建設に拍車がかけられ、東京湾の緊張が著しく高まっていた。次の日録の「嘉永甲寅春正月十六日」というのは、まさにペリーが浦賀に再来した日である。

中山が残した一八五三、五四年(嘉永六、七)の二つの浦賀を主とする三浦地域に関する記録を紹介しようというのが、本章の課題である。中山元成は生家において朱子学を学び、江戸にもしばしば赴き、滞在していた。その中山が関宿藩茶会所の用件を帯びて江戸に滞在していた五三年一一月五日、急遽、浦賀・三崎を目指して旅することになる。さらに年が明けた一月一六日、江戸の取引先に用件があって出立したまさにその日は、ペリーが浦賀に再来した日であり、一八日に師河田や藩の上屋敷を訪問し、翌日に元成も浦賀に向けて出立することを決めている。

後述するように二度のペリー来航に際しては、為政者のみでなく庶民に至る多くの人びとの高い関心を呼び、いくつもの見聞記・絵巻が残されている。本章では中山の二つの記録を「浦賀記行」、「江都日録」と称する。「浦賀記行」は、ペリー艦隊や「夷人」の動向に関してはオリジナルな記録ではないが、二度の来航の間の浦賀、三浦各地方の状況を記した興味深い史料である。「江都日録」は、江戸に滞在中ペリー再来航を聞き、浦賀に向けて出発し、さらに横浜における交渉開始に合わせ二月七日に神奈川宿に到着し、三月二日まで自らの見聞と、幕府側首席全権林大学頭復斎に連なるものとして知りえた情報を克明に記したものである。

## 第一節　紀行文の位置

### （一）ペリー来航関係見聞記

一八世紀末から一九世紀にかけてはじまる西洋諸国の東アジアへの進出は、アヘン戦争にみられるように一九世紀中期に至って本格化し、「外圧」にさらされた東アジア各国・地域はこののち数十年、一〇〇年にわたって欧米諸国への対応を迫られることになった。「外圧」の中身やあり方、それへの各国・地域の対抗・対応、それによってもたらされる世界秩序、東アジアの枠組みの変動、諸国・地域の「近代」のあり方の研究は戦後歴史学のもっとも大きな研究課題の一つであり、多くの成果を生んできた(2)。

対応策をさぐるためには「外圧」の中身を知らねばならず、幕府や沿岸防備を担当した藩のみでなく、いくつかの藩もペリー来航に際して藩士を派遣するなど様々な手段を講じて情報収集につとめ、見聞誌などを伝えている。さらに為政者ではない、庶民レベルも多くの記録を残している。もちろん程度の差はあるだろうが、単なる興味本位ではなく、「夷狄」への懸念、対処方法をさぐるというレベルの見聞誌もみられる。見聞誌などに記されている庶民レベルの反応・認識も、「外圧」そのもののあり方や為政者の政策形成に大きな影響を与えたことはいうまでもなかろう。中山元成の「浦賀記行」は庶民レベルのものではあるが、若い頃に朱子学を修め、嘉永期（一八四八〜五四年）においても林家一門とのつながりを維持していたこともあり、「いかにあるべきか」という視点の強い「記行」となっている。

主要な見聞誌や絵巻物は、関係する博物館の企画展で採りあげられ、図録などで紹介されている。そのなかでも充実しているのは、古くは霞会館編『大開港展シリーズ　開港への序曲』（一九八七年）、比較的最近では神奈川県立歴史博物館編『黒船』（二〇〇三年）、横浜開港資料館編『ペリー来航と横浜』（二〇〇四年）であろう。それらによれば、津山藩江戸藩邸の記録でもある「江戸日記」や南部家の「浦賀雑記」・「嘉永年間浦賀関係記事」、加賀藩の「異国船見聞録」など、絵巻物では松代真田家に伝わる「浦賀紀行図」や幕府の公式記録ともいうべき「黒船来航絵巻」、絵師の特定できる「金海奇観」など、幕府・藩レベルで収集したペリー来航にともなう記録・絵巻がいくつも残されている。

幕府や藩の記録ではなく、浦賀周辺、神奈川宿・横浜近辺の旧家にも見聞誌、日記などが残されている。一八五三年（嘉永六）の記録としては、東浦賀村の旧家石井三郎兵衛家に伝えられた「異国船渡来日記」[3]、相模湾に面した大田和村の「浜浅葉日記」[4]など、五四年の渡来については、久良岐郡北方村（現横浜市中区）の旧家に寄留していた禅僧の記したものと伝えられる「亜墨理駕船渡来日記」[5]、神奈川宿の医師佐藤汶栖の「金川日記」[6]、鶴見区添田家に伝わる「亜米利加船渡来日記」、幕吏からの多くの伝聞も記す「随文積草―金駅日記」[7]、さらに幕府側交渉団首席林大学頭復斎の従者竹田鼎の日記[8]など多くの記録が残されている。これらの記録・見聞誌のうちかなりのものが、古くは横須賀史学研究会や神奈川県図書館協会郷土資料集成編纂委員会などにより、また近年では博物館の紀要に復刻され、さらに横須賀市編『新横須賀市史　資料編　近世Ⅰ』（二〇〇五年）にも復刻掲載されて比較的容易に読めるようになった。

これらの多くは、艦船やペリー以下一行の様相や行動、奉行所・幕府との交渉などの記述が多い。本章で取り上げる中山元成の「浦賀記行」は、そのような記録ももちろんあるが、それよりも浦賀周辺の当時の状況を記しているところに意味があると思われる。ここでは、そのような視点を持っている記録のいくつかを紹介しておこう。

一八四七年（弘化四）五月、砲術の心得のある兵法家山鹿高輔が三人の門弟をともない、三浦半島の海防の様子を視察したのが「相州浦賀巡覧記」である。四七年はアメリカ東インド艦隊司令長官ビッドルが浦賀に来航した翌年にあたり、四二年（天保一三）から三浦半島の防備を担当していた川越藩に加え彦根藩も、房総は忍藩に加え会津藩も担当を命じられるなど、本格的な東京湾の海防がはじまった年である。山鹿高輔らは腰越から野島・大津・走水・浦賀・千駄ケ崎などを回り、猿島・旗山・小原台などの地理的・軍事的重要性について記している。海防がはじまった直後のためか、その評価にはおよばないが、彦根藩について「海岸ならされは度々の実験もなく大砲を打試る事も稀なれは」と、その能力に疑問を呈しているところなども見える。[9]同様にペリー来航以前の海防も含む東京湾岸の状況を記したものには、四八年（嘉永元）の相模国の台場・砲台の詳細に加え、各地の状況を記す『通行一覧続輯』[10]、五〇年、幕命により豆相房総沿海を巡視した記録「近海見分之図」[11]や「海岸紀行」、相馬某が記した「海岸記聞」も知られる。

ペリー来航時の記録は、前述した『新横須賀市史　資料編　近世Ⅰ』にいくつか掲載されており、「川越藩の警衛記録」、「浦賀表異国船渡来一条之留」などの内容が豊富であるが、そのなかでも興味深いのは加賀藩士泉沢弥太郎による浦賀・江戸の情報収集の記録である「異国船見聞録」〈二九八〉である。六月六日に旗山台場に上陸した「夷人」が、サーベルを抜いて台場の大砲を指して「大笑」したといった記述、また「浦賀市中模様幷近在共」という項目を立て、一五歳から六〇歳頃までの男はほとんど役夫に動員されて市中に見かけられず、女性・老人の多くも山路をたどっていずれかへ走り去り、市中に残るものは親を守り子を連れていつでも逃げ出せる用意を整え、大津や浦賀では「道具抔不残送り遣候様子ニ而畳迄も無御座候」といった様子を記している。

三浦半島各地や神奈川宿近辺に残された記録も多数みられる。

東浦賀の名主をつとめた石井三郎兵衛家に伝わる「異国船渡来日記」は、ペリー艦隊や一行の様子、幕府側の対応、交渉の経緯などを詳細に記している。「浜浅葉日記」には一八五二年(嘉永五)四月から異国船到来時の対応に関する記述が散見され、緊張の高まっている様子が記されている。翌五三年六月三日、上宮田沖を異国船が通ったという知らせ以降、村役人をつとめる本家と共に、役所や台場へ人足や備蓄米・松薪などを大量に送りはじめ、六月一二日に「異国船出帆いたし〔中略〕武山にて見へ候よし、尤武山へは見物大勢参り候」と記し、翌一三日に「人足之者不残帰り候」と記して初回のペリー来航の記述は終わる。

秋谷村若命家には一八二六年(文政九)の「不時之節心得方地下申渡」と題し、異国船渡来の節各村から三崎陣屋へ動員すべき人数、「健歩之者」を書き上げて陸上による早飛脚と早船による陣屋間の連絡、江戸への通報方法などを詳細に記した「申渡」が残されている。ペリーが去った五三年六月一五日付で、「異船につき水主・郷夫取調書上帳」を作成し、押送船など六艘、水主三四人を久里浜・浦賀・上宮田に送り、郷夫一一二人を浦賀に動員したとしている[12]。

神奈川宿や横浜周辺には前記したように、禅僧や医師による充実した記録がみられる。神奈川宿に接して東海道に面した生麦村名主関口家の歴代当主が、約一四〇年にわたって綴った「関口日記」にも、簡潔に二回の来航の記録が記されている。その前後も含めて克明にたどった『「名主日記」が語る幕末』によれば、関口家と生麦村の黒船来航に対する反応は、第一に黒船・異国に対する素朴な好奇心・知識欲が喚起されたことであり、第二に彼らにとって黒船は脅威ではなく、不安を抱かせるようなものではなかったとしている[13]。

## (二)中山元成について

中山元成は一八一八年（文政元）、下総国猿島郡辺田村の名主をつとめる中山家に生まれ、一八九二年（明治二五）に没した。中山家は文政期（一八一八～三〇年）、村高四四〇石の六分の一を占める七五石を有し、幕末には山林・原野を合すると所有地二百数十町歩にも達する、郡内屈指の豪農であった[14]。一〇歳の頃、のちに林家の塾頭となる河田廸斎（一八〇六～一八五九年）が三年間同家に滞在した際、河田から朱子学を学び、後々まで彼を師と仰ぎ、林家の一門につながるという縁を持った。

元成の一子に中山寛六郎（一八五四～一九三四年）があり、彼は開成学校で学んだあと米国ハーバード大学に学び、帰国後は山県有朋内務大臣・総理大臣秘書官として地方制度の立案・制定に大きな役割を果たした。地方制度に関する寛六郎の関係文書が東京都市研究所市政専門図書館に所蔵されており、また東京大学法学部近代日本法政史料センターには、元成を含む中山家の史料がマイクロフィルムで所蔵されている。その史料に元成自らが記した「茶顚翁中山元成茶業沿革幷ニ履歴」が残されており、それらによって彼の履歴を簡単に記しておこう。

利根川の左岸下総の猿島郡・相馬郡や常陸の諸郡では、江戸前期から茶樹が栽培されて近辺に販売もされた。関宿藩も寛文年間（一六六一～七三年）には茶樹に税をかけるようになったが、江戸市場に進出するほどではなく、天保期（一八三〇～四四年）まで、さしてさかんとはならなかった。元成は一八三四年（天保五）に江戸から宇治の製茶熟練家を招いて茶を製し、江戸問屋に販売したところ好評を博し、茶業の拡大につとめるようになる。当時中山家は数人の下男と年間数百人にも達する日雇人を雇い、大規模な手作り経営を営み、茶園は明治初年に一〇町歩にもおよんだ。元成から数年遅れて猿島郡山崎村の野村佐平治も江戸から宇治茶の製法を学び、製茶改良につとめていた。元成や佐平治らの努力により、さしま茶の評価が高まり、次第に拡大していったという。「履歴」において、元成は自らの茶業奨励の努力を、「年々方法を折衷し、勉めて総常の間に伝播す、人笑て茶顚翁と呼ひ倣に至る」と評している。

近隣のみでなく江戸にも市場を広げるようになった茶に対し、関宿藩は製茶売捌会所を設立して領内製茶の統制により、利益を上げることを計画する。藩庁・浅草商人と元成を含む猿島の茶商三人によって茶会所を江戸藩邸に設立したのが、ペリー来航の前年、一八五二年(嘉永五)五月のことであった(15)。

以後元成は、ペリー来航以降大きく転換する時勢を、林家の塾頭河田廸斎の近くで観察しつつ、また一人の豪農として可能な実業、すなわち茶業普及と製茶輸出奨励によって新時代への対応につとめるのである。

元成は貿易が開始される一八五九年(安政六)六月に横浜に滞在し、茶の売込みを開始し、ようやく八月に至って米壱番館G・R・ホール商会への販売に成功したという。それが「外国商に茶を売込み嚆矢」であり、その事実は「市場老商の瞭知」するところであるという。元成は江戸に店を設け、六七年(慶応三)頃まで製茶輸出に携わったが、維新以降江戸の店をたたみ、貿易からは撤退する。以後は「日本物産の少量にして国益の興隆せざるを杞憂」し、自ら一〇町歩余の茶園を経営し、さらに地廻茶を購入して輸出茶を製するのである。加えて茶樹栽培や製茶方法などに関する書物を著し、製茶の普及と改良に精力を注ぐことになる。

一八六九年(明治二)から七〇年にかけては東京府物産局御用掛となり茶実子を大量に提供するなど、いわゆる東京府の「桑茶政策」を担い、七二年には印旛県(のちに千葉県)勧業課出仕、また茨城県勧業世話掛ともなり、千葉・茨城両県管下を巡回して茶樹栽培奨励と製茶教授につとめた。一方自ら製茶も継続して墺国博覧会や内国勧業博覧会に出品し、さらに各地の共進会・博覧会の審査委員もつとめた。八五年から生糸・茶など在来重要物産に関する準則組合と中央会・取締所が設立されると、元成は県の頭取、中央においては幹事・顧問となり、茶業界の中心人物の一人となっていった。しかし八七年ころに病を患って故郷にとどまり、公的な活動から引退する。

ここに紹介する二つの紀行文には、彼の本業である実業、製茶に関する記述は全く見られない。それらからうかがえるのは、第一に、来航したペリー艦隊の威容と装備された軍事力、それを生み出したアメリカ・異国への強い関心であり、第二に、その軍事力に対抗するために幕府・藩が進める、三浦半島から東京湾一帯における海防を主にした対応への関心である。

多くの庶民がペリー艦隊の見物に浦賀や神奈川を訪れる。二度目の来航に際しては、物見遊山的な側面も強くなったと思われるが、当初はそうではなかった。特に元成は朱子学を学び、茶会所を通じて藩政にも連なり、郷土においても指導的な位置にあった。中山は二度の浦賀行に際して、圧倒的な威力を持つ異国に対して、為政者がどのように対処しているのかを観察し、いかに対処すべきなのかに思いをめぐらしているのである。しかし、彼の立場からできることは少なかった。開国、開港によって異国との安定的な関係が構築されると、茶業振興による貢献に専念するようになるのである。

## 第二節　二つの紀行文

### （一）一八五三年（嘉永六）の「浦賀記行」

本史料は表紙を除き二二丁、字数約一万三〇〇〇、図一七点からなる。そのうち字数約五六〇〇字と図一点を史料一として掲載した。[16] これに基づき、第一に中山のネットワークがどのように形成されたのか、第二に海防を担当した諸藩の動向、台場・備砲など軍事的対応をどのように観察したのか、第三に踏査した三浦の諸地域をどのように観察したのか、という三点に絞って見ていこう。

関宿藩茶会所の用件で江戸に滞在していた一一月初旬、師の河田と共に浦賀「遊行」を計画していたところ、河田が行けなくなり、一一月五日河田より大津陣屋在営川越藩鉄砲方木田（喜多）武平治[17]と林家一門の儒生清水雅之助への紹介状を得る。取引先であろうか長嶋屋の手代の紹介により同店出入りの名古屋の廻船幸徳丸に便乗することになり、六日に端船で品川沖に停泊している幸徳丸に乗船する。乗船に先立ち、同店の他の手代から神奈川宿の医師山本退斎への紹介状も得る。品川台場建設さなかの様子も記されている。

七日に神奈川浦に着き、山本を訪ねて金沢・浦賀の様子を詳細に聞き、浦賀の旅宿小泉屋への「懇書」も得る。同日に神奈川を立ち、保土谷を経て能見堂・金沢を経て野島に宿す。野島から大津までは小舟を雇い、夏島・横須賀を経て川越藩が台場を建設した猿島をじっくりと観察し、「台場在と云とも如児戯」、「不可論者也」

と断じている。大津の川越藩陣屋に赴き、紹介を得た喜多武平治を訪ねるが不在のため、その子安助に面会する。大津から足に任せて横須賀に赴き、品川台場建設用石材を切り出している様子を見て大津に戻り、小川屋という風呂のない小宿に泊まり、近くの「汚なる事不可言」湯に入って就寝する。

翌九日は雨となったが、安助の案内で大津から海岸をたどって亀ヶ崎・鳥ヶ崎・鴨居・観音崎・旗山を経て浦賀に至り、浦賀奉行の担当する明神山台場を一覧、これらの台場を結ぶ隧道や立地状況なども記す。紹介を得ていた西浦賀の旅宿小泉屋弥平方に宿泊する。九日の記述の最後に、一覧してきた台場に対する感想を記す。多くの人力を費やして建設した台場ではあるが、「一時ノ有用」となるのは明神山台場のみであり、その他は「実用に難堪」、「其余ハ不可論、嘆息難留」ものであった。その責めは担当する川越藩に帰せられるものではなく、小藩川越に鳥ヶ崎から猿島までという二里にもおよぶ曲折した地域の海防を任せた「公辺」にあるとし、「其如何ヲ不知ナリ」と批判するのであった。

一〇日には、前日安助から紹介を受けていた奉行所同心春山弁蔵を訪れる。弁蔵は、のちに鳳凰丸と名付けられる幕府初の西洋型帆船の「御軍艦御製造御用掛」一〇人のうちの一人に任じられており、製造所に出勤して不在であった。同家で弟の鉱平に面会する。鉱平はオランダ製の剣付銃を取り出し、分解して元成に示し、元成はその部品や全体の図を書き記している。鉱平の案内で西浦賀から新地を越え、東浦賀の軍艦製造所に至る。見学は厳禁とされていたが、弁蔵が小舟を回して海上からよく見ることができた。積載するバッテラも含め、全体の構造や材質なども詳細に観察し、「右軍船尋常作にあらず、其大丈夫成る事未だ日本船にアラサル作造ナリ」と評価する。しかしその大砲については「其実用愚案未知ナリ」と疑問を呈している。軍艦製造所から前日見た明神山台場に赴き、この日は備砲を詳細に点検する。江戸で製造したという「カルロン大筒」は射程四〇町とのことだったが、浦賀では一七、八町程度だろうとされていること、台場下段の古筒は「只備置迄不可用物ナリ」であった。しかし元成から見て、無用の長物ばかりではなかった。台場上段のカノン筒を載せている仕掛けは精巧で、発射すると砲身が後退し、また弾を込めて発射するなど台車が動かないように固定されており、「兼々タメシアルコトナリ」と評価している(史料一に図も掲載した[18])。

山を下り湾を横断して西浦賀に至り、館浦などの台場や火薬製造所などを見て燈明台に至る。望遠鏡で観音崎や対岸鋸山、富津の台場を観察し、「人作以此海路ヲ遮ル天下再ヒ不可論而可ナリ、恨嘆難留」との感懐を記す。人力をもってこの海路を遮るのは到底不可能であろう、先のことを考えると慨嘆に堪えない、といったところであろうか。

一〇日は春山鉱平の案内で行動し、夕食をともにしている。春山弁蔵は鳳凰丸の建造に従事したのち、弁蔵・鉱平兄弟とも鳳凰丸乗組員となり、さらに弁蔵は絵図・造船・砲術の技術があるものとして、一八五五年(安政二)八月、奉行所から長崎海軍伝習生一期生一一名の一人に指名され、六〇年(万延元)以降は軍艦操練所教授役出役となり、最後は弟鉱平ともども咸臨丸で箱館に向かう途次、伊豆下田に漂着し修理のために寄港した駿河国清水湊で新政府軍と交戦し、戦死する[19]。

一一日には三崎に向けて出立する予定であり、同日朝、春山宅を訪れて城ケ崎在勤篝火焚方内藤仁兵衛宛の紹介状と、関東取締出役案内手先役「彼ノ地辺手広之男」千蔵を訪ねるようにとの紹介を得、出発する。途次、久里浜ではペリー来航時の様子を聞いたり、彦根藩の大砲の調打ちを見学したりしている。長沢村の海沿いにある「酒店丸屋」で昼飯を食した際、酒をつぐ鄙にも稀な小婦は江戸新橋から流れてきた芸妓だったという一節や、浦賀から三崎に至る道中の各所において、彦根藩士が三々五々連れ立ち、「横行セザルナシ、尤繁々タリ」という状況など興味深い。

夕暮れ時に三崎に着き、紹介を受けた仙蔵を訪ねると、荒物穀物を商う「繁栄ノ家」で「肥満勇敢」の人物だと観察、仙蔵の紹介により紀ノ国屋に宿泊する。宿所の前に湯があったので入るが、男女子供で込み合い、漁師も多く「甚汚」であった。

一二日の早朝、仙蔵が小舟を用意し同乗して城ケ島に至り、篝火台を一覧する。城ケ島の様子やはるかに望む伊豆・鎌倉・江の島・房総の景観、頼朝にまつわる古跡の状況を記すが、それらは省略した。一三日に三崎を立ち、松輪・金田・上宮田を経て西浦賀小泉屋に至る。その途次も、松輪の台場、上宮田の彦根藩陣屋、ボンベン新筒の試射を観察し、彦根藩家老体の者や数十人の同藩士隊列と行き交い、路傍近くで大仕掛けに大筒を鋳造する鉄砲鍛冶を見るなど、三崎から浦賀にかけての海岸線の緊張に満ちた様子がうかがえる。

一四日小泉屋を出立し、河田から紹介を得ながら行き会えなかった清水雅之助を訪ね歩くと、丘の中腹の草庵で寺子屋を営む者が清水と確認して訪問する。浦賀に居を据えて幕府・諸藩の対応を観察していた清水は、異国談や国政の流弊について語るところ尽きず、「彦根川越両公勿論不堪役、浦賀之事又不可論と旁慨嘆耳」であったという。「議論家」、「儒家之一見識」と記しているように、典型的な悲憤慷慨型の儒生であったのだろう。

鴨居から神奈川・江戸に向かう船に乗るつもりで鴨居に赴いたところ、すでに出た後であったため再び清水生の所に戻って泊まる。翌一五日早朝鴨居村魚問屋の船に便乗し、鴨居を出て走水で生魚を積み増しする。生魚を輸送する八丁艪で、猿島や富津を望み、本牧沖の多くの鰯漁船を見つつ、快適な航海だったが、大森沖に至る頃、雨が降りはじめ、潮が引いて海岸に近づけず、菰をかぶって仮眠を取らざるを得なくなった。漸くの思いで茅場町に着き、夜が明けたのちに呉服町に至り、湯に入って朝食をとったという。

## (二)「江都日録」の浦賀行

本史料の表紙には、「嘉永甲寅春正月十六日　江都日録　同月廿日到浦賀　米利幹来泊記事　二月七日到金川　三月十三日異船退帆ニ終ル　朝陽蔵」と記されている。一月一六日というのは、まさにペリーが再来した日であり、二月七日は横浜における交渉に備え首席全権林大学頭の随員筆頭格河田八之助(廸斎)の関係者として神奈川宿に到着した日、三月一三日は艦隊が引き払い、翌日から各藩の撤収がはじまる日である。この日録には四月八日、五月九日の下田における折衝も記されている。〔史料二〕には江戸を出立する一月一八日から江戸に帰着する二八日までを抄録した。この日録は、元成が浦賀でペリーと交渉の場所や方法などをめぐって折衝する林・河田の近くにあり、また浦賀周辺・東京湾内を我が物顔に遊弋する艦隊を眼前に見つつ記されたものである。その故か〔史料一〕の「記行」とは異なり、浦賀周辺の様子などはあまり記されず、艦隊の動向や対応が中心となっている。すでに知られている事実や伝聞に基づく記述などは略し、元成と同行している人物らの行動を中心に抄録した。

前述した「浅葉日記」にはすでに一八五四年(嘉永七)一月一一日、異国船が小田原沖に出没し警戒態勢に入っていることが記され、一四日には陣屋に人足が動員されている様子も記述されている。こうした情報は江戸にも達していたと思われるが、それが一六日に中山元成のもとにもたらされていたのか否かは定かでない。予定通りか急遽なのか不明であるが、一月一六日、同郷人と思われる蔵右衛門とともに、茶の用件もあること故、下男を連れて出府する。一七日夕、箱崎の藩邸に年頭のあいさつに出向き、小網町に泊まる。一八日、茶の用件を済ましたのち八重洲河岸の河田宅に赴いたところ、すでに河田は今暁公辺の命により林大学頭と共に浦賀に向けて出発していた。夜、藩邸に赴き「今泉公」[20]に会い、相州の地図などを渡した。一九日夕にも今泉を訪問、真夜中まで滞在し、三浦郡の地図を「君覧」に入れ、「内命」を得て翌二〇日に浦賀に向かうことを決め、家人への手紙を蔵右衛門に託す。

二〇日室町で旅支度を整え、伊勢町の植の屋において船来望遠鏡の最上品を借りることとし、同家の主人が「御用筋」によって浦賀に出かけるとのことなので、同行することとなった。夕方六時頃小網町を出立し品川宿で植の屋の到着を待ち、深夜零時前後駕籠に乗って夜行し、朝五時過ぎに神奈川宿に至ったが、駕籠かきの求めにより休息して暖を取る。二一日、保土谷宿において駕籠を返し金沢を経て野島に至ったところ、前面に異船七隻が停泊しているのを望遠鏡で観察する。野島から夏島の向こう岸まで舟で行き、横須賀・大津を越えて夕六時頃浦賀に到着する。

元成は、木戸番の案内人と共に河田の旅宿である東浦賀干鰯問屋飯塚宗三郎（洲崎町、飯塚惣三郎か）宅へ赴き、そこで同門の友人や大橋順蔵、前回会った清水雅之助らに出会う。林家の門人といって浦賀に来るものが多かったため、河田らは門人や親類であっても同宿・滞留を断っていたこと、諸藩の家臣や浪人たちも入り込んで来るため、奉行所が厳しく出入りを監視している様子がうかがえる。その夜、長井村の暗礁に乗り上げた異船の経過や野島の烏帽子岩にバッテラで乗り付けた異人たちの話などが話題になり、日録に書き留めているが省略した。

二二日は午後から河田・大橋をはじめ林家一門は、飯塚の案内で明神山・鳥ヶ崎・旗山・十国・走水などの台場を視察し、望遠鏡で対岸の房総や眼下の異船を観察する。続いて葡萄酒や異船の立てた白布の旗、ペリーとの折衝の様子なども記されているが、略した。二三日は同門の動向、自らは命により米国各州の地図を模写しはじめたことを記したのち、河田が夜本陣に赴き、帰宿後、明日米国次官アダムスとの交渉が行われることになったとの話を聞く。

二四日の朝は晴れており、河田は七時頃には館浦で行われる交渉の席に連なるために出かけた。奉行所からは交渉が行われるので見物に出てはいけないという厳しい達しが出され、町木戸はもちろん裏道まで締め切られたが、同宿者らは飯塚の案内により間道を通って明神山に登り松林の間に潜んで湾口を望んでいた。昼前に一隻のフレガット船が観音崎から浦賀に向かってきたが、激しい風波のために湾口に近づくことができず、小柴沖に戻り、応接はできなくなった。河田も午後二時頃には戻ってきた。

二五日も天候はよくなかったが、アダムスらが上陸する予定だったので河田も出勤し、元成らも前日同様明神山に陣取って観察する。本船から降ろされたバッテラの観察に続き、上陸した上官・士官の様子、それをむかえる「本朝方」、米国使節通弁・書役、もてなしの内容などを記すが、それらは「候由」と記しているので、聞き書きであろう、省略した。

二六日も異船が湾口にとどまり、折衝はなされているようだが詳細は不明であった。河田は夜の一〇時ころ奉行所から戻り、評議が難しいこと、彼らが「兎角江戸え乗込度存念」であることなどを告げた。彼らは江戸での折衝を強く求め、それができなければ品川か川崎での応接を求めていた。元成は午後、二〇日から二五日までの出来事の口上書を認め、野島の望遠図、フレガット船図、館浦仮応接図の三図を添え、「今泉様」へ差し出すよう手配した。

二七日、元成は終日かけてアメリカ絵図の模写を仕上げる。林復斎の本陣にいた河田が夜八時頃帰宅し、ペリーの艦船が小柴沖、生麦沖、羽田沖にまで進出し、この様子では浦賀での応接は到底無理であるとの判断を下したとの話を聞き、さらに夜一〇時頃、林家本陣の指示により河田は本陣に出向いている。ペリー艦船がすべて内海に赴き、応接場が変わると予測されるなか、浦賀を引き上げる方針を定める。

二八日には、奉行所与力香山栄左衛門が応接地として横浜村を提案し、アダムスらも横浜村に上陸調査し、横浜村が応接地になることが決まった[21]。元成らは早朝から支度し清水らへのあいさつを終え、大津に出向き神奈川までの舟を探したが、このあたりの者は「番役人足にて一人も無之」という状況だった。しかし豊後岡藩士が神奈川まで予約している小舟があり、それに同乗することとなる。小柴沖では異船に数十メートルまで近づき、乗組員が船上からこちらを見ている様を「其体甚可悪風情なり」と記し、またこちらの船に近づいてくるバッテラ、海深を測量している様子、バッテラから本船にあがる様子などを子細に観察している。生麦に上陸して八重洲まで陸行し、途中、生麦あたりで多くの異船見物人や備場の役人、諸藩より派遣された役人らが騎馬や徒歩で往来する様子、「市評も粉々之由」と江戸市中の不安な空気を記している。

以上が「江都日録」の浦賀行にかかわる部分であり、〔史料二〕に抄録した。以下、元成が神奈川宿に赴き、横浜における米国使節と幕府の折衝を間近で観察するに至る経過を記しておこう。

二九日には関宿藩士の今泉に会い、同藩の用人丹羽十郎右衛門[22]（三〇〇石）に浦賀の状況を報告、今泉宅に泊まる。二月一日、河田宅にいたところ、今泉より使者が来て今泉の同僚と思われる二名を加え、四名で深川洲崎弁天で酒食しながら異船を遠望しようとしたが、霞がかかって異船は見えなかった。二月二日、上屋敷の今泉を訪問したのち河田宅に赴いたところ、浦賀に出張っていた諸役人がほぼ神奈川宿に引き取り、異船も神奈川沖に碇を下ろし、同所に仮屋を立て応接場となることが決まり、河田も同所に滞在しているとのことであった。元成は三日には用件を済ませ、午後家郷に向けて出立し、翌四日帰宅する。ところが六日の早朝書状が届き、神奈川沖の異船が増加し応接が近づいていることを報じた。元成は「此の機を失ふ不可、忽然衣を振ひ飯を食し父妻子に別れ奮発」して午前一〇時には出立する。知らせが届いてから二時間ほどで出発しているのである。通常だと草加や千住で泊るが、今回は夜行し、夜の九時過ぎに小網町に到着する。翌七日河田宅に至り、林復斎、河田らが神奈川にいるとの話を聞き、神奈川に向かう。林家が本営としている成仏寺、河田が旅宿としている福泉院を訪れ、元成も福泉院に宿することとなる。異船八艘はすべて本牧から神奈川沖に滞泊しており、林家本陣から帰った河田から折衝の様子を聞いている。八日は林復斎・河田らが陸路横浜の応接小屋の検分に出かけ、元成らは留守番。翌々一〇日にペリーが横浜に上陸し、はじめての応接を行う。復斎・河田らは船で横浜に行くが、供方は陸路をたどり正午頃に到着する。最初の印象を次のように記している。

仮屋共待処に而鞋ヲ脱き野袴ニ成リ夫より仮屋玄関より上り直ニ御弁当所ニ而頂戴ス、今日之弁当公辺御賄ひなり、甚だ御手圧ニ而御料理ハ御煮染かまぼこ〔中略〕夫ヨリ異人応接広間脇キ諸家御家来衆警衛トシテ御奉行衆後之方ニ一同相詰候

応接場脇の警衛所という比較的近くから、ペリー一行の上陸を観察し詳細に記している。以下の記述は横浜・神奈川の状況であり、紙数も尽きたので省略する。

## おわりに

散漫な紹介となったが、二つの紀行によってどのような点が注目されるかを記してまとめとしよう。第一に、中山元成が三浦・浦賀というこの時代の焦点となっている地域をどのようにして観察できたのかという点、すなわち彼の紀行を可能にしたネットワークが注目される。特に初回の紀行に表れているが、林家一門、

それと重なる河田からの紹介である。藩士・奉行所役人まで含むネットワークに支えられ、さらに彼らから次の紹介を得るという形で網を広げている。林家と共に、商売関係も同様である。江戸の取引先から神奈川、神奈川から浦賀という形で、最初は取引先からの紹介であるが、次からはそれを越えてネットワークが広げられる。浦賀や三崎の人たちは、奉行所などの布告・達をかいくぐって、中山たちに大きな便宜をはかっているのである。

第二は異国・アメリカ、彼らが持つ卓越した軍事力への強い関心と、それに対応する幕府諸藩の軍事的対応への関心である。その背後には、「国家」存亡の危機という認識があったことはいうまでもない。一八五三年（嘉永六）一一月という時期に浦賀を訪問したのは、再来が確実なペリー艦隊に対してどのような準備が行われているのかを知りたいという欲求に基づくものであろう。旅行の途次に六月のペリー艦隊の動向を聞きとって記しつつ、各地で建設の進む台場・備場を詳細に観察し、川越藩や彦根藩の陣屋、各藩・藩士の動向を記している。このような観察から、元成が一定の軍事的知識を有していたことがうかがえる。元成は通常の農民・商人レベルをはるかに超える文化的・経済的力を持ち、「日本」の行く末に大きな危機感を持ったが、政策形成に影響力をおよぼす地位にはない。危機意識に基づく関心を持続させるには、小さくとも自らの見分、見識が反映されるような契機が必要であった。彼の、開国・開港に至る諸事件への関心を持続させたのは、関宿藩との関係であったろうか。二度目の浦賀行きに際し、一九日に今泉から「内命」を受け、二六日には「あらまし口上書」を作成提出しているのである。さらに異国との安定的関係が形成されてくると、彼の身分・地位からして実業、茶業振興による対応へと彼の関心は移ってくるのであろう。

第三に注目されるのは、金沢あたりから三崎に至る三浦各地の様子が生き生きと記されているところである。横須賀・大津・浦賀などの様子、小さな宿屋・風呂屋などの記述、浦賀から三崎に至る記述などが興味深い。それらは、この時期を反映して緊張ぶりをうかがわせる一方、当時の景観とゆっくりと流れる時をも示している。

「中山家文書」のなかには、紹介した二点以外にも日記や紀行文を含む多くの史料が残されている。ペリー来航、開国・開港に関する史料はたくさん明らかになっているが、視点を変えれば当時の地域や人びとの動向をよく示してくれる史料でもある。浦賀や横須賀には、関東はいうまでもなく全国から多くの人びとが訪れ、彼らは日記や紀行を残している。こうした史料は今後も出てくるであろうし、それらは当時の浦賀や横須賀と人びとの様子を示してくれる恰好の史料でもある。

**注**

（1）本章は、櫻井良樹氏（麗澤大学教授）を代表者とする「幕末・明治の茶業と日米交流史研究会」の成果の一部である。同研究会は麗澤大学経済社会研究センターに設けられた「さしま茶のルーツに関する調査研究」プロジェクトの中に設けられ、筆者もその一員として参加している。中山元成、さしま茶、中山元成関係史料については、同プロジェクトの櫻井良樹・西澤美穂子・粟倉大輔の各氏に負っている。中山家史料は同家が管理されておられるとのことであるが、原史料を閲覧することはかなわず、古く、状態のよくないマイクロフィルムによらざるを得なかった。

（2）戦後の開国・開港期の包括的な研究史の整理は、小風秀雅「『帝国』と明治維新」（明治維新史学会編『講座　明治維新　第一二巻　明治維新史研究の諸潮流』有志舎、二〇一八年）、またペリー来航に関する近年の通史的叙述として、西川武臣『ペリー来航―日本・琉球をゆるがした412日間―』（中公新書、二〇一六年）がある。幕末の東京湾・三浦半島における海防については、淺川道夫『江戸湾海防史』（錦正社、二〇一〇年）、神谷大介『幕末期軍事技術の基盤形成』（岩田書院、二〇一三年）、同『幕末の海軍―明治維新への軌跡―』（吉川弘文館、二〇一八年）などがある。

（3）横須賀市編『新横須賀市史　資料編　近世Ⅰ』（二〇〇七年）〈二九九〉。

（4）横須賀史学研究会編『相州三浦郡大田和村浅葉家文書　第一集　浜浅葉日記（一）』（一九八〇年）。

（5）西川武臣『亜墨利駕船渡来日記―横浜貿易新聞から―』（神奈川新聞社、二〇〇八年）。

（6）小林紀子「幕末知識人がみた開港前後の政治と社会――『神奈川日記』を素材として――」（藤田覚編『幕藩制国家の政治構造』吉川弘文館、二〇一八年）。
（7）神奈川県図書館協会『未刊横浜開港史料』（一九六〇年）。
（8）西川武臣「林大学頭従者　武田鼎の日記」（『横浜開港資料館紀要』第三〇号、二〇一二年）。
（9）神奈川県図書館協会『神奈川県郷土資料集成　第6集　相模国紀行文集』（一九六九年）二六七頁。
（10）東京市役所『東京市史稿　港湾編　第二』（一九二六年）。
（11）阿部正道「『近海見分之図』について―幕末の江戸近海の海防」（三浦古文化研究会『三浦古文化』第五号、一九六九年二月）。
（12）横須賀史学研究会編『相州三浦郡秋谷村（若命家）文書　上巻』（一九七七年）。
（13）横浜開港資料館『「名主日記」が語る幕末』（一九八六年）八〇頁。また山本詔一『ヨコスカ開国物語』（神奈川新聞社、二〇〇三年）もペリー使節の動向とそれをむかえる幕府・諸藩に加え、地元の人々の反応を興味深く記している。
（14）木戸田四郎「解説」（茨城県農業史編さん会『明治前期農政史料（2）―豪農・中山元成関係資料―』農業史資料第八号、一九六一年）。
（15）椎名仁・渡辺貢二『猿島茶に生きる』（崙書房、一九七七年）。
（16）〔史料一〕、〔史料二〕の釈文は、研究会から伊藤久志氏にお願いし、それをもとに中澤惠子氏及び筆者が若干の補正を加えた。伊藤氏、中澤氏にお礼を申し上げる。
（17）「記行」には「木田」と「喜多」の双方が記され、名も「武平治」と記されるが、川越藩に仕えた荻野流砲術家喜多武平（武兵衛とも）に相違ないであろう（前掲、神谷『幕末期軍事技術の基盤形成』五〇頁）。
（18）当時の和製台場備砲の評価については、佐藤隆一「江戸湾備場における火砲類配備の状況」（三浦古文化研究会『三浦古文化』第四六号、一九八九年一一月）、および前掲、淺川『江戸湾海防史』参照。
（19）春山兄弟の経歴については、前掲、神谷『幕末期軍事技術の基盤形成』第一章による。
（20）「名」は記されていないが、櫻井氏によると大吟味役今泉柔助とのことである。「旧関宿藩士人名録」によれば今泉姓の藩士は三名見られ、大吟味役というのは関宿藩では高一〇〇石以上であるので、「物頭百七十石今泉鈔太郎」の縁者であろうか（野田市史編さん委員会編『野田市史　資料編　近世Ⅰ』野田市、二〇一四年〈五八〉）。
（21）前掲、西川『ペリー来航』八一頁。

（22）前掲「旧関宿藩士人名録」には「用人三百石　〇〇上ノ死　丹羽十郎左衛門」となっているが、丹羽十郎右衛門に相違ない。丹羽は幕末藩内佐幕派の中心となり、上野戦争に際して卍隊を組織し藩主久世広文を擁して上野にこもり、戦死する（芝泰子『正統三河武士の最期』新風書房、一九九四年）。

## 〔史料一〕　嘉永六年　浦賀記行

「嘉永六丑中冬記行　相州浦賀より到三崎　朝陽蔵」

十一月六日　快晴　白霜如雪
御城六ツ之大皷ヲ聞起ル是ハ町之、六ツなり飯ヲ吃し先生幷閨君共厚く御世話被下、御家来壱人御添北新堀長嶋や迄送り被下、夜来不明、長嶋や文平子起き迎、暫時ニして夜明ケ、同店甚兵衛子之申候者、我等兄医家ニ而加奈川ニ住居罷在、自分悴も一旦出家為致候処、当春より還俗為致右兄方江預ケ置候間、如何之体相成候哉、加奈川ニ船ヲ付候ハ、兄之宅相尋、右悴事も尋呉候様委細物語リ有之、付而ハ兄方江書状壱通遣し度と申認メ与〔カ〕候左ニ
　加奈川宿医者　山本退斎君
右相受取朝来出帆延引相待候処岩井蔵右衛門殿見掛ケ候ニ付則呼かけ面会、国元用事等委細伝言相託し遣し候
夫より午時ニ至リ飯ヲ吃し候処、漸く端船出立之事ニ相成、直様櫓ヲ推し出し品川沖御台場御普請所ヲ過く、一二三之三ヶ所水面高ニ出来、土砂入之船幷御場所人足夥敷数千人真裏ニ集リ居候、過此幸徳丸ハ一

番沖之船掛リニ有之、則七ツ時前親船ニ着し上ル、誠ニ大丈夫之よき船なり、船頭も年頃三十七、八歳言少く順和なる人物ニ而、何程安心之体なり、此日順風西南より来リ水波静ニ海面如鏡、品川ヲ去ル事沖江一里余之船掛リ、南ハ保田鋸山ヲ望、東ハ上総海如雲如畑極目渺然、西北ハ府都之盛なるヲ望、晩景実ニ語し難し

夜来風なき星文動明回〔カ〕野火数点明滅、御台場御普請所通夜人声不絶、又ハ皷声狼火不絶○則横枕臥ス、寂寞一睡夜八ツ半時水手〔主〕皆起テ曰、風北より到ル将ニ帆ヲ開き可発、船頭水主合八人一同ニ帆総ヲ巻き榜ヲ転シ、怱々憤働声ヲ興シ勢ヲ為シ、辰巳ニ向テ船ヲ走ラス、羽田沖洲ノ先ヲ廻リ榜ヲ転シ未申ニ向ケ金川ニ趣ク、既ニ金川ニ近クシテ夜明ケ、海面澄明一望ス、天快晴也

七日　天気快晴

金川浦ニ着、東南本牧ノ岬ヲ望む、東北ニ大師河原より洲先ヲ看ル、四ツ時伝馬船ニはしけ紀の国屋と云廻船問屋ノ裏ニ上ル、夫より青木町江行長嶋ノ甚兵衛兄ノ山本退斎ヲ尋、則面会書翰幷茶一袋ヲ進む、年頃六旬ニ近ク一才子且賢医也、暫時江戸表伝言等相通し、金沢幷浦賀辺案内承リ候処巨細ニ教ヲ受ル、幷ニ浦賀宿亭新地小泉屋弥平と申者江懇書壱通認メ呉候、且甚兵衛悴元出家ニ而深川ノ寺ニ在之候処、当春より還俗退斎方ニ預ケ有之候、人面会致候処未短髪ニ而難結外出も不致罷在候体、俗称名も未定罷在候と申事なり、彼是事を果し暇乞出立、程ヶ谷宿入口山本と云茶亭ニ而飯ヲ食し九ツ半時なり、夫より金沢の島ニ趣此里程四里と申、但し五十丁過なり、山間ノ辟村を廻リ々々歩行ス、風出寒凄ニして時も中冬なり、四山之景寂寥幽趣頗ル深し、晡時一山頭ニ上ル、此処追分ケト申岐ニ而甚高所四望スルニ堪ふる、一老婆茶ヲ煎芋ヲ売り居ル、則チ憩テ望遠鏡ヲ出し本牧之赤岸ヲ一望ス、海岸之彎曲尤分明なり、夫より能見堂ヲ出、寺僧ニ会ひ望遠鏡ヲ借テ金沢ノ勝景一覧幷夏嶋猿嶋ヲ望、夫より右沢辺幷保田鋸山房州二子

峯、上総ノ加納山幷海岸悉ク一望ス、于時落日西山ニ向キ返照海ニ映シ、大潮崖端満其夕景不可言、金沢之八景寂寞タル寒風景、四山不高不底、水不深不浅、所謂臥竜岡ニモ可比哉、只孔明外数賢之輩無きそ可恨可嘆、只独リ中心空ク嘆息シ、僧ニ分レテ山ヲ下ル、暮鐘已ニ報半月已ニ悖ふ、監場之平場ヲ歩シ、海岸松風ノ寂暦タル聞、飄漸タル野景ヲ渡リ野嶋ニ着、宿亭川嶋屋ニ至リ泊ス、此日哉疲労甚シ、一杯ヲ喫微酔眠ヲ催ス、通宵熟睡実ニ一快旅也

八日　天気快晴

此夕月暉ヲ生ス、雨近キヲ知ル　夜半風涛起リ雨ヲ来ス

〔中略〕船ヲ大津迄買テ川嶋屋乗船ス、偖野嶋海口ノ絶景金沢第一ナリ、西山〔カ〕崩岸如壁立、頂上ニ富嶽東西白雪ヲ浮四顧不可画○風西北より来リ則舟主弐人帆ヲ巻キ船ヲ飛ス、風涛興リ来りて船如飛夏嶋ヲ過横須賀ノ外ヲ渡海岸所々皆絶景なり、北本牧ヲ望又遠望渺々三里ノ海路一時ニ走リ、猿島ノ近ク小島周廻、十二、三町許北面ニ大炮台場在リ、南西ノ方陸ニ向テ御番所二屋アリ川越公之御持場なり、陸ヲ去ル事十八町ト云○愚案するニ台場在ト云とも如児戯、此小島那ゾ戦争ノ地ニ堪ゆへき哉、大炮も又北ニ向ルトモ敵船西ニ廻ル時ハ不可用、東ニ廻ルモ亦然リ、只其向処一面耳兼不可論者也

○船大津ニ着、銚子屋と云茶亭ニ上リ飯ヲ食し上酒切手一ヲ買、是より凡五丁川越公ノ陣門ニ至リ喜多氏ヲ尋問、番小屋漸く解し入ル喜多氏ニ至ル、武平治殿事当月朔日江戸ニ行不在、養子ノ要助殿ニ面会ス、是も讃岐より一昨年来リたり実子の由ニ而、年配三十五、六実直之人体なり、書面ヲ出し示ス、夫より茶ヲ煎し菓子ヲ出し、異国談其外雑話時ヲ移したり、要助殿曰ク、我共ニ海岸ヲ案内せんとす、然ル処此屋敷之風儀窮屈なる風ニ而領内者勝手ニ候得共、他領江ハ浦賀辺ニ而も其頭ニ届ケ済之上無之候而は不得行、今日ハ日も下リたれバ諸事間ニ合不申、明朝我等所々御台場等案内可致間、今夕ハ是より我等熟懇之

者ニ而永嶋庄兵衛と中濠家、当時大和守家来ニ相成居、此者近郷之人物なり可相尋と之事ニ而、書翰一通被与、幷ニ横須賀ニ而所謂江戸品川沖御台場御用之石ヲ切出し候間一覧被致可然と之事故、其意ニ随ひ明日ヲ約し退出、日巳ニ七ツ半時なり、夫より脚ニ任セ一里余山ニ上リ又ハ下リ海岸ヲ廻リ、苦歩シテ横須賀ニ到ル、少窄き入江両岸石切如絶壁、石工数百人夥シク群リ居ル、船モ又大小船数十艘、人声如雷丁立須臾日已ニ落而寒風肌ヲ侵ス、則チ前路ヲ還ル、永嶋氏ノ門外ヲ過ル頗濠富家ナリ、日暮ヲ以不尋直ニ大津ニ帰ル、月ヲ踏テ海岸進路甚寂寞、只晩湖波声岸ヲ打ヲ聞銚子屋ニ至ル、不解泊又小川屋と云一小宿亭ニ至ル、漸解シテ泊ス、誠ニ敝屋可笑湯浴なし、近所ニ四文湯アリ是ニ行、一小桶湯ニ而其汚なる事不可言、少ク疲労ヲ慰メテ臥す、独旅之歎若可知耳

九日　朝より雨霏々タリ、海気空濛遠望ヲ失ス

此夜半より雨到ル、此夜戸塚宿商客同宿ス○吾輩瘫疾病ヲ憂、宿亭老婆急速ニ一草ヲ煎し妙薬ト称し砂糖ヲ加シ進ム、数碗是ヲ服ス、其情可謝、四ツ時喜多安助子出来ル、雨中ト雖トモ無厭ハ則チ案内セント、吾亦辞スル処無、時ニ蓑笠不携、依而再ヒ陣営ニ戻リ桐油傘ヲ持シ来テ予ニ与、其情可知也、午飯ヲ喰シ夫より鞋ヲ着発足ス、細雨霏々海風颯々、山ニ上リ、上テ下リ、又ハ山腹ヲ渡リ、危路高底曲折、里余ニ而一渓田ニ下リ夫より亀ヶ崎ニ出ル

○此地海彎漁家商家交軒凡百余家則大和公持御台場アリ、是より南ニ鳥カ先ノ台場ヲ望ミ、是より山間切通しヲ過、鴨居ノ里御陣営在、凡長廿間余ノ御長屋五軒、脇ニ弐軒幷ニ御門アリ、此処山間渓田ニ添テ地理尤好シ、此岬ニ土手二重ニ回リ御番所アリ、人数ヲ籠ムベキ所ナリ、此後高嶺聳ヘアリ、其山下ヲ洞穴ニクリ通し直ニ観音崎御台場ト相通し、人数カケ引自在ヲ為ノ計ナリ、無用之人行ヲ不許、予モ是ニ不到ト雖遠見察スルニ足リ○夫より戻り御陣営之後より山腹ヲ回リ一高山在、山半ヲ二ツニ切断シ二間余之一道

ヲ開き通ス、長四五十間高キ事凡三丈許ナリ、夫より海岸ニ下ル、漁家十四、五軒アリ、頗ル景地、是ヨリ畑山ノ台場ヲ西北ニ抜ル、大炮五丁ト見ル

○夫より危岸ヲ回リ走リ水観音ニ出、赤壁断岸百尋海浜巌石磊々落々、寺アリ、酒亭アリ、蓑笠ヲ解き暫時休息、一杯ヲ喫飯ヲ吃シ意ヲ得ル、此辺眺望極目絶景ナルベシ、恨ラク雲雨濛々不能遠望○此崎ヲ観音崎ト云、御台場第一ノ厳重ナリ、則前ノ鴨居ヨリ洞穴ヲヌケ是ニ出ル、嶮地ナリ○是より前之切通しニ戻り鴨居幷亀ヶ崎迄戻リ、夫より別路ヲ取り、山路上下屈曲泥水流レ走リ晩雨又急ナリ、客苦可嘆々々忽チ一山間ニ出、浦賀町家ヲ眼下ニ見石路ヲ下ル、則市町ニ到ル、夫より○明神山御台場ニ行、是ハ浦賀御奉行之持ナリ、大木戸アリ、御番屋在リ、喜多氏入テ案シ、則チ是より上ノ御台場ニ上ル、此処浦賀海口第一ノ嶮ニシテ山モ又高シ、但ニ山頭半ヨリ切崩シ二段ニシテ台場ト為ス、下段海面ヨリ高キ事凡三丈許、上段是より又二丈許高シ、巌ヲ切テ曲折檀ヲ成シ回テ上下ス、是ハ昨子年始リ当丑ノ秋全ク成ルト云、此台場高巌ヲ切断シ余程精功ヲ尽ス、中ニ敵炮ヲ余ケ又ハ将師ノカクレベキ体之穴居抔三窩アリ、彼是有用ニモタユベキカ、只恐ラクハ囲堤ミ又岸下ノ石屑ノ土場、大炮数発可崩之憂アルノミ

　上段ニ　カノン筒　七丁仕カケアリ　（台四ツ車付見当自在ヲ成ス

　下段ニ　五六百目　日本流ノ筒三丁アリ　（是ハ土手ニ小間ヲ切リ仕カケ見当一面ノ不自在

但シ上段平場　人数百人ヲ働カスベシ

　下段同　　人数弐百人ヲ働カスベシ

此外御番所前ニ大炮五六丁アリ

玉ノ経凡八寸位筒長四尺許〔図略〕如此長筒　九尺許　其外大小何レモ唐金ナリ

此処より鳥ヶ崎ノ台場ハ東北凡十町ヲ隔相望ム、其間巌山屹立テ水面壁立シテ不可攀処ナリ、日巳ニ落海

気暗々眼不及、下リテ東浦賀ヲ回リ大軍艦御打立御小屋場ヲ過、新地ニ来リ小泉屋弥平方ニ旅宿ス○喜多氏是より与力衆春山弁蔵殿方ニ行、吾輩案内申入レ呉ル、即時引返し蓑笠ヲ予ニ託シ置き、是ハ他日春山氏迄届ケ置ベシトノ事ナリ、夫より大津ノ陣屋ニ被帰、雨益々降ル、実ニ喜多氏ナル者士気勇然、而テ其友ニ交ル信有テ意又厚シ感スルニ余リアリ、他日必ス恩ヲ以不可不報者ナリ

今日一覧スル処ノ台場一々人力ヲ労シ作為スル処ナリ、而シテ愚案ズルニ一モ実用ニ難堪、只明神山已耳一時ノ有用モ可為歟、其余ハ不可論嘆息難留

○川越公之小高ヲ以鳥ヶ崎より猿嶋迄曲折海岸凡二里許、数所ノ台場何ソヨク是ヲ守ル事ヲ得ベキ、而テ此役ヲ受妨禦ヲ修スルノ意吾未其如何ヲ不知

公辺又其妨禦之肝要ヲ此小家ニ付託スル、是又其如何ヲ不知ナリ

〔図・説明略〕

○此夜薬湯ニ浴シ始而快ヲ得、鶏卵砂糖ヲ買来シ、卵湯ヲ腹シ痳疾ヲ療ス

一十日　昨夜半ヨリ雨止ミ朝来快晴

快晴ニ乗し朝髪月白致し、夫仕度シ案内老婆相雇、上酒切手一升三百文ニ而相求、道〔同〕心屋鋪春山氏ニ到ル、則喜多氏之傘蓑是江相預ケ老婆返ス、主人弁蔵君出勤不在、弟鉱平殿面談、年廿二、三実銘之人、十色之雑話忽チ和蘭泊来之釼付筒取出し、悉クネヂヲ抜引金其外金筒トモ取放チ被示内外無残ル処一見ス、鋏柔カニテ皆鋳物火口引金之内部ノ細工精功甚タ極ム、筒至テ薄ス口生写シ可知、左ニ図写ス

〔図・説明略〕

右図抔出シ念頃ニ被示夫一杯ヲ酌茶付ヲ被恵、夫より仕度鉱平君案内ニテ新地ヲ回リ東浦賀ニ出御軍船新規打立御用小屋場ニ至ル、則チ弁蔵殿是ニ出役致し居面会ス、乍去御軍船他見ヲ不許御奉行ヨリ厳禁ニ付

陸不成、内々小舟ヲ回し呉是ニテ水上ヨリ回一見ス、返テヨク見ユルナリ
〔図・説明略〕
船長サ二十間　巾五間許　鋪分計リ出来ノ図
是ハ大船ニ而重クナリ難動故此鋪分計リ出来次第惣銅張リニ仕上ケ、船ヲ水ニ下シ置夫より両側幷諸雑作相加ヒ候由シ、尤モ左モ可有事ト愚モ又然リ
出来上リハ来三月ニモ可相成由、此軍船小べリ通リ手厚ニ致し、側ヲ回リテ調練ナド致様ニ作ルヨシ、尤大炮八丁モ仕カケ候趣ナリ○錠リ綱ハ金クサリ、是モ鍛冶工来リ作リ居、クサリノ環一ツ目方七、八百目掛リ連環ナリ、是モ工三人掛リ日々精出シ打立、来二月ニモ無之候テハ不全成ト申ヨシ
〔図・説明略〕
此カイ至テ手薄スナリ、但し与力頭取香山公試ニ海江乗回シケルヲ見ルニ、カイ人左右六人ニテ並ヒ居テ、カイヲ左右トモ一度ニ揃ヒカクナリ、更ニ蟹ノハイ来ルヲ真面ニ見ル体ナリ、早キ事猪牙舟ヨリ倍セリ
右軍船尋常作ニアラス、其大丈夫成事未日本船ニアラサル作造ナリ、而シテ其炮数発ニ及ンテハ其実用愚案未知ナリ
夫ヨリ明神山御台場ニ至リ、昨日雨中ニ見候処尚再ヒ是ヲ一覧ス、御番屋前ニ有ル筒
〔図三点・説明略〕
右何レモ黒ヌリ台トモ有之、此ハ近頃改テ江戸表ニテ御制造相成、大森御台場ニテ下曽根公御タメシ相済御廻し相成候由、浦賀ニテハ未御試モ無之ヨシ
カルロン長筒ハ江戸ノ趣ハ四十町キ、可申由ニ候得とも、浦賀之説ニハ十七、八丁限リナルベキヨシ

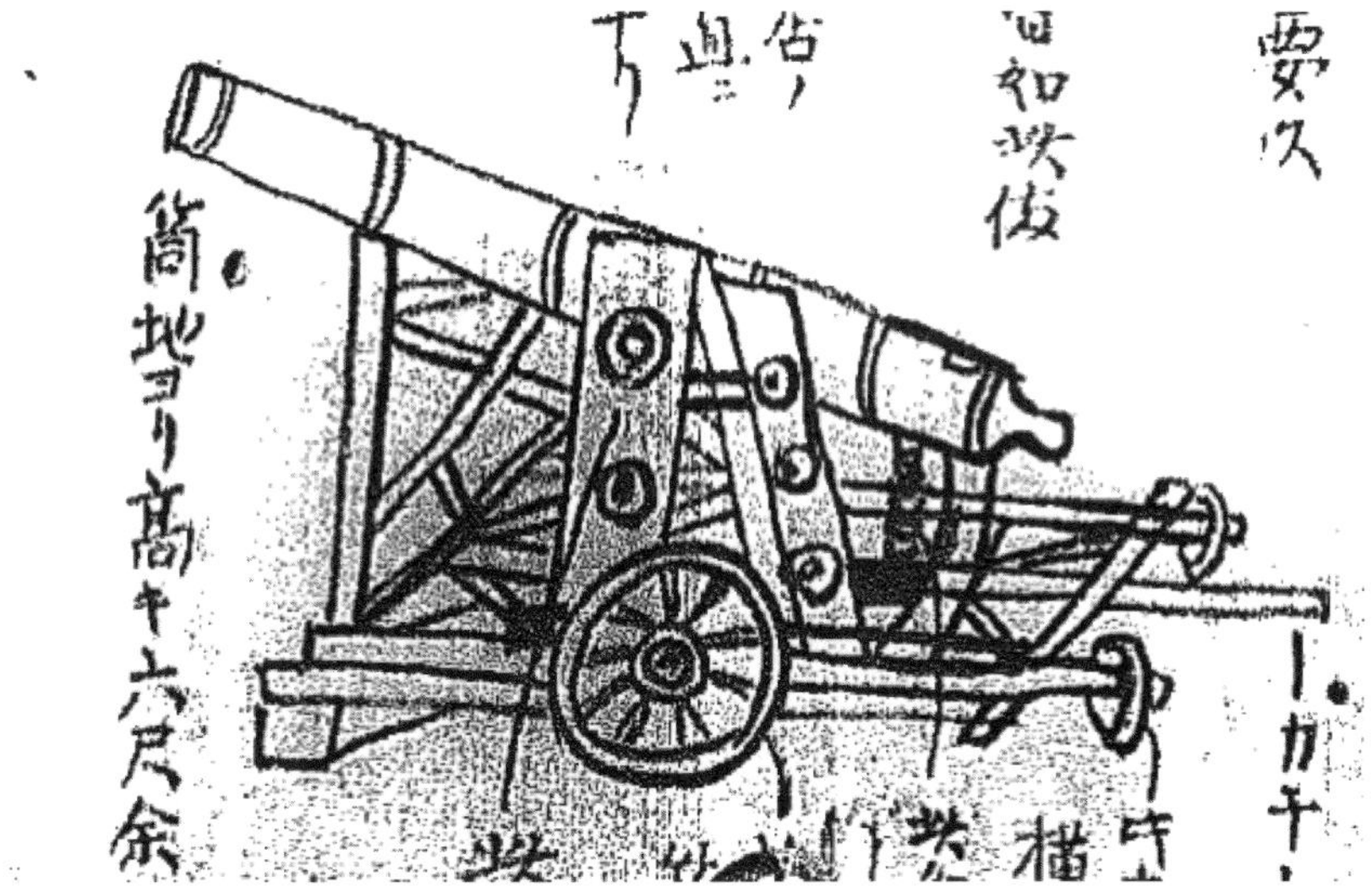


夫より御台場下段陰打場アリ、荻野流三百目玉古筒ニテ有之、是ハ只備置迄不可用物ナリ

夫より上段ニカノン筒五丁台ニ乗セ仕カケ有之

内壱丁筒　長九尺五寸　玉目□〔虫損〕貫ヲ打

四丁筒　長七尺許　玉目一貫ヲ打

右五挺ノ筒ハ先年長崎ニテ高橋氏和蘭人ト交易致シ公辺江献シタル筒ノ由、皆南蛮鉄鋳筒ナリ何レモ遠町ヲ要ス

五挺トモ皆如此備、筒先キ土居ノ上ニ出有之直ニ土居越ニ打ナリ、筒地ヨリ高キ六尺余〔上図参照〕

カチトリ、此車カチヲフリ候節、横テイ回ル小車ナリ

此処鉄ネヂニテ高底ニネヂヲクリ、上ケサケシテ留リヲ成ス

此車ハ地ヲハナレ不用ニ有之筒他所持行時ノ用ナリ、此高サ五尺余

甚筒台高ク故タモチ難ク危ク見ユル、乍去台精功ニシテ車ノ上二重ニナリ有之車上ニテハシコ丈ケナリ出シ置キ打ツ、打テバ二尺程スリ戻ル玉ヲ込又スリ出シ置テ打故台車ハ不動ナリ、是ハ兼々タメシアルコトナリ

遠町ハ長筒ニテ廿町内外必要アルベシ

此台場ニ上ニ土砂ヲ置、内ヲ土室ノ如ニシテ入口曲折ニ作リ、凡九尺五尺三室アリ、玉火薬ヲ置処テ敵炮ヲ僻ル隠シ穴ニモヨシ

○此後ヨリ石檀ヲ切リ上セ一道アリ、是ヨリ峯ノ半ヲ回リ山背江通シ山背ニ火薬庫アリ、夫ヨリ此処江小出ニ運フ便疎ナリ

一覧終リテ下リ直ニ又明神社ニ上ル、此社庭ヨリ山ノ頂キニ老松覆ヒ茂リ、則チ右台場直頭ナリ、此ニ望遠鏡ヲキテ眺望ス、総房地方当面悉ク一望ス〔中略〕下山シ夫より入海ヲ渡リ春山氏ニ帰リ少時休息シ、又出テ新台場御普請取掛リ之処ヲ一覧シ、御米蔵ヲ過、火薬制処ヲ傍ニ見、彦根公ノ陣営ノ傍ヲ攀テ洲ノ先キ灯明台ニ出ル、此処ヨリ望ミ見ルニ明神山より鳥ヶ崎、亀ヶ崎、観音崎迄前面真向ニ相望ム、望遠鏡ヲ懸ケ一覧ス、夫より夕陽ニ照シ、鋸山ヨリ加納山幷富津会津公ノ御台場ヲ遠望ス、倶ニ富津《〔ママ〕》ノ洲先ヲ望ム、観音崎ト前後相接シ見ル、海潮渺々碧浪漲リ往来数船其間ニ紛々タリ、実ニ一紙上ノ図ヲ以不可論者ナリ、其広狭遠近里程図ニ異ナルコト無ト云トモ、海潮之気勢、地理之異同極目心察誠ニ一策一切ヲ以可為処ニアラス、愚思ス人作以此海路ヲ遮ル天下再ヒ不可論而可ナリ、悵嘆難留日暮ヲ以帰ル、前路春山氏ニ帰ル、脚疲、鉱平子共ニ休息、少時飯ヲ進ム、相喰シ明日ヲ約シテ退ク、小泉屋ニ戻リ湯浴シテ労ヲ養ヒ、今日一覧スル処ヲ再思ス、自ラ嘆息スル耳、只積年大堤ヲ造海ヲ窄ク為ス遠大ノ計ハ又別ニ論アルベシ〔後略〕

十一日　天快晴

早朝ヨリ三崎出立之仕度致し宿勘定致シ、但シ宿ヨリ三崎ノ宿亭寿し屋と云家江案内状壱通認メられる、夫より春山氏ニ行、主人御用他出不在、鉱平子面会候処弁蔵公より三崎案之状認メ置呉候、城ヶ崎在勤中ハ篝火タキ方ニ在リ　内藤仁兵衛様

右懇書壱通幷ニ関東取締リ方案内手先之者ニ而千蔵と申者有之、是彼ノ地辺手広之男ニ而慥成者ニ候間、是江相尋所々見物案内相頼候ハヽ、都合宜敷可有之間、書状ハ不遣候得共、春山申越候趣委細申候ハヽ、夫ニ而相訳リ可申と之事なり〔中略〕

○但シ浜半ニ黒ノ幕ヲ張、東北山ノ根ニ一丈四角位之中ニ黒ボシ付候的ヲ掛ケ、彦根公之御役二、三十人出張大炮調打ヲ一覧ス、三貫位ノ大炮之由、其術ハ尋常ノ事ナリ〔中略〕徐行シテ長沢村ニ過ク、已ニ午後海岸ニ丸屋ト云酒店アリ、此路ハ已ニ往来ノ正路ナリ則チ入リテ飯ヲ命ス〔中略〕時ニ一奇事アリ、一小婦アリ出テ笑談酌ヲ為ス、二九之風姿嬋妍言語不凡、甚怪辺辟之菜店、如此人有ル事衣服モ又縮面ヲ重ヌ、頗ル奇ニ知ル、吾レ前路松山ヲ過ルトモ狐狸ノ惑シ来ルナリト試ミニ其出処ヲ問、江戸新橋尾張町ナリ、小ク渡世ニ付来ルト、則芸妓也、始テ知不狐狸ヲ実ニ古人言○美人天上落辺塞始可春○今時冬ノ半バナリシニ忽チ陽春之気候ヲ促シ催ス、又疑吾カ此行未十日已春情ヲ来ス、黄粱之夢ニアラザレハ且仙碁ニ柯ヲクサラカシタルニ不異カ、扨短日光線如失忽然ト衣ヲ正シ、刀ヲ取テ相分レ発ス、自ラ一奇トス戯ニ記ス〔中略〕彦根公ノ陣営アリ其傍ヨリ下ル、又坂上ニモ一陣営アリ○浦賀ヨリ是ニ至ル迄道中所々彦根藩ノ役人三三五五紛々処而横行セザルナシ、尤繁々タリ

晡時三崎東ノ町ニ着、彼ノ御手先仙蔵ヲ尋見セハあら物穀物繁栄ノ家ナリ、主人居リ合春山氏ノ伝言ヲ述対面ス、肥満勇散〔敢〕ノ男ナリ、則チ自ラ宿亭紀ノ国屋ニ案内ス、則チ是ニ宿ス、店前ニ入込セン湯アリ行、甚昆〔ママ〕雑男女子共迄大込合浜辺之漁者多く甚汚ナリ

夜来酒弐升仙蔵江送ル、須臾ニして仙蔵出来候、暫時閑話シ去ル〔後略〕

十二日　天陰々雲多シ雨不来〔後略〕

十三日　快晴〔後略〕

十四日　晴無風気候温柔如春

朝小泉屋出立致候処、何分清水政道〔雅之介〕住不住人言甚怪シク候故、畑町ト至リ所々相尋候処、此市上山腹ノ絶頭ニ一書生アリ童児ヲ教ル者居ルト云、則チ是清水生成るべしと、上リ行数百歩ニして一段高所ニ草庵アリ、童子郡〔群〕集読書声喧シ、則チ入テ尋問清水生ノ草庵なり、坐ニ付一面会河田公之書ヲ示ス、丁寧一礼ヲ終リ雑談数刻、清水生頗ル厳然タル儀論家なり、海防幷異国談紛々説アリ、頻リニ国政之流敝〔弊〕ヲ嘆息ス、尤儒家之一見識なり、其論ずる所意味昆〔ママ〕雑上閲シテ筆端不可記者多シ〔中略〕外彦根川越両公勿論不堪役浦賀之事、又不可論と旁慨嘆耳〔後略〕

一十五日　快晴

〔中略〕夫ヨリ五ツ過き別ヲ為シ山ヲ下リ鴨居ニ出、孫左衛門ニ尋候処孫左衛門方ニ而出船無之、同所甚兵衛方今日之出船と申事ニ而、則甚兵衛方江行乗船ス、于時九ツ時ナリ、夫より船走リ水浜ニ廻リ、是ニ而生魚荷物ヲ積増シ、夫より弥出帆八丁艪ニ而推ス〔後略〕

## [史料二]　嘉永七年　江都日録浦賀行

「嘉永甲寅春正月十六日　江都日録　同月廿日到浦賀　米利幹来泊記事
二月七日到金川　三月十三日異船退帆ニ終ル　朝陽蔵」

正月

十八日　晴〔中略〕
夫ヨリ夜分吾か上屋敷ニ出、今泉公江年頭ニ出種々内話、相州新図等差置、夜来四ツ時退出、小あみ町ニ帰ル○此蔵右衛門幷幸十郎出府致し同宿ス
十九日　曇天
〔中略〕夕七ツ時頃又上屋敷ニ出今泉公江出ル、密話深更ニ至ル、三浦郡之絵図君覧ニ入且ツ内命有リ、夜雨来ル傘ヲ張リ四ツ時小あみ町ニ帰ル〔後略〕
廿日　雨霏々　八ツ時より止ム
朝上屋敷ニ出ル今泉公不在、夫より室町辺買物、伊勢町植野屋ニ来大黄幷セメン相求、ドントルス薬製一見幷泊来望遠鏡最上之物有之、浦賀旅行中借用且又同家主人茂浦賀御用筋ニ而今夕出立と申ニ付、品川宿川崎屋出会相約し去ル〔中略〕暮六ツ時小網町出立発足、芝高輪都而雨後泥路歩甚労ス、四ツ時頃品川宿川崎屋ニ着ス、植のや未来相待、九ツ時頃同人来ル、夫駕籠ニ乗リ夜行ス、川崎より加奈川宿ニ至リ、曙ケ七ツ半時頃駕籠子寒ニ不堪依而暫時休息ス、乾葉ヲ燃き暖ヲ得る、夜漸ク明ケ東明海ニ開ク曙尤可賞、夫より程ヶ谷宿ニ至リ駕籠ヲ返ス
廿一日になる　天快晴白霜ヲ下ス
朝喰ヲ為シ、夫より一同束歩飛行四ツ時金沢ニ至ル、野島海岸原ニ出ツ、前面海は異船七艘連泊ス、松樹間ニ入リ遠眼鏡ヲ開き覧察ス〔図略〕右松原より見ル上気船三艘フレガツト船三艘船ノ細色大既相見ル、委図別ニ相写ス、只船泊ノ連形ヲ写ス
此日朝より三度空炮ヲ放ツ、又午一発ヲ聞共ニ四発也
夫ヨリ野蔦川嶋屋昼食、船ヲ買横須賀ニ渡ル、時に西風颯然白浪漂渺小舟甚難なり、横須賀浦ニ至ル事不

叶、夏嶋ノ向黒岩と言浦里ニ船ヲ着上ル、是より山路且ツハ上リ且ツ下リ高底歩甚労ス、夫より横須賀上ノ山ニ出ル、此処夏嶋より異船之連泊満面遠望ス〔中略、図略〕帆影夕陽ニ映シ真白如雪、本牧ヨリ東沖ヲ走ル、夫ヨリ吾行大津ニ出ルコロハ晡時ナリ、加奈川沖ヲ走ル、只江戸内海ニ入ルカト疑夜来本牧崎ニ帰帆ト承ル

夫より大津ニテ少時休シ暮六ツ時浦賀ニ着ス、植の屋栄吉ハ西浦賀与力屋敷江別レ行、自分事ハ林家之内川田八之助宅より使節之段町入口木戸番江行ク候処、然レハ案内可致趣ニ而案内壱人相付、川田旅宿ハ東浦賀干鰯問屋飯塚宗三郎と申町宅なり、則相尋日已ニ暮たり、入而川田先生ニ拝冤ス、宅元より之伝言も申達ス、幷照太子書生梶川善太郎子面会、同席清水雅之助子居合面会、昨年冬一面会以来挨拶致ス、此夜大橋順蔵先生幷熹次子来ル、此節林門と唱ヒ町木戸ヲ入ル者甚多シ、依之林家ニ而も甚厳敷門人ニ而も同宿又ハ滞留ヲ不許と申事、川田氏ニ而も是が為ニ甚心配被致、親類ニ而も皆断リ同宿ヲ不許

一夜話段々承ル、林門のみならす諸家衆幷浪人等畏リニ入上候ニ付、奉行衆より改甚厳敷一々姓名相糺し帳に留申立相成候由〔中略〕

一此旅宿之亭主頗ル才子、商家なれとも読書ヲ好ミ詩歌ヲ能し茶の湯抔モ好又書画抔ヲも能し候人なり、則昨年夏渡来之船生図精彩彩色なるヲ出し示ス、尤好妙なり〔中略〕則ち此家ニ宿泊の事ニ定ルなり

廿二日　快晴春色十分ナリ

朝大橋順蔵君ヲ旅宿徳田屋ニ尋ス、面会談話刻ヲ写ス○川田先生林祭酒ニ出午時下リ○午後より川田氏大橋氏幷門弟子一同飯塚宗三郎殿案内ニ而明神山ニ上リ四面一望、夫より上脊間道危路ヲ渡リ鳥ヶ崎山頭ニ出、御台場幷総房一覧、夫より上路上下里余旗山台ニ出、山上平地耕畑平面麦苗秀ツ頗ル良地なり、此処此辺第一ノ高地なり、則チ猿嶌より夏嶋小柴沖快望なり、遠眼鏡ヲ開き異船ヲ飽迄遠望ス

一艘昨夕沖手走リ参りたる一艘ハ上手江離本牧沖ニ掛リ居ル、如何ニも遠見なから旗色又烟筒帆柱共ニ見ルニ足ル
夫より旗山台場之入口ニ下ル、海岸甚険易アリ
夫より岬ヲ廻リテ十石台場ニ出ル、此辺前行未到地故図等別ニ改記ス、夫より走リ水観音ニ出、望遠鏡ニ而富津浦ヲ遠望之、帰路切通しニ掛りて晡時宿亭ニ帰ル
此夕桂園幸十郎来ル、徳田屋ニ止宿、夜来先生ニ面閲
大橋先生も来ル、清水生も来ル〔後略〕

廿三日　快晴
朝先生ハ祭酒公本陣江出ル
書生善太郎子宿亭家来抔横須賀辺迄異船見ニ行ニ付桂園幸十郎茂滞留候、色々心配故則右見物一同金沢ニ向帰路可然、則チ善太郎子ニ遠眼鏡ヲ為持一同五ツ時出立致、国元江状も急きニ而認メ兼候故、幸十郎え伝申事相詫し遣ス
大橋順蔵子ハ房州保田鋸山一覧之為メ飯塚氏策略ニ而船ヲ買午後より出立相渡る
一午後先生御本陣より下リ、夫よりアメリカ合衆国共和政治分国絵図可認ト之命ニ依而則チ相始メ外境計リ写し、日落テ精細不可為と止ム
日暮中川修理太夫公より先生江使者来ル、町宿止泊之由し
善太郎子帰候、今日遠眼鏡如何候哉一向曇リ明ヲ得ス、依而野島迄渡リ候処異人バッテイラニテ野島入口迄乗来リ、上陸抔も致し候ヲ見候由、帰路船ヲ夏島之外ニ乗廻し熟見致し候由なり、
先生夜食後御本陣江上ル、五ツ時下リ、扨今日御奉行衆より異人え御掛合ニ而、明日正四ツ時異人次官之

役人共対面所見分として大船一艘相廻し、西浦賀対面所江上陸之趣ナリ、異人之名左ニ〔後略〕

廿四日　朝晴四ツ時頃雲気甚発リ、東南風烈敷吹出し、海浪張リ九ツ時過ヨリ風雨

朝六ツ時先生食事被成、照太子御供ニ而六ツ半時より出仕被致候、今日ハ則異人応接場上陸ニ付諸御役人御出張リナリ、西浦賀屋形浦ト云地小屋場ナリ〔中略〕異人今日大船浦賀海口ニ乗廻し上陸、応対ニ付町方ヨリ畏〔猥〕リニ見物之者不可出ト御触厳重ナリ、町木戸ハ勿論所々裏道迄皆〆切リ人ヲ不出、吾輩宿亭飯塚主人之案ニ依而間道ヲ攀チテ明神山後ヲ廻リ台原ニ出、鳥ヶ崎ト明神山之間之山岬ニ忍ヒ、松林間ニ潜リテ一望ス

四ツ半時ころ則チフレガツト船ニ中段迄帆ヲ開キ、上総ノ方百志〔首〕浜ニ向ケ遥ニ乗来ル、東南風烈敷白張相逆シ船甚タナヤミ候様子ニ見江、夫より舵〔カ〕ヲ転観音崎ノ沖ヲ浦賀之方ニ向ケ乗来ル、漸ク鴨居沖辺ニ而逆風益盛ン、遠望スル処浦賀海口ニ至ル事甚難キ躰ナリ、事風雲甚颯然タリ、時ニ船更ニ不進漸ニシテ舵〔カ〕ヲ転シ、帆ヲ巻ワツカニ前後ノ小帆二ツヲ残し観音崎ヲ過小柴沖ニ戻ル、全ク風波ノ逆シ、又沖合雲雨気不宜故戻リタルモノヽ如シ、扨々此数日掛リ役人中心配漸今日応対モ有リ、又不日使節之応接ニモ可及所今日ヲ空シクスル嘆息ニ不堪候、彼是雨来ル、宿亭ニ帰ル

八ツ時先生御帰館、今日之空事嘆嗟数回、只後日之掛合ヲ深ク案シ被居候

廿五日　朝晴四ツ時より曇気南風発ス、八ツ時より西南ニ廻リ大風ニ成夜ニ入雨雪来ル、夜九ツ頃又晴れる

朝今日則チ昨日之異船浦賀来り上陸致候趣ニ而、先生も朝より出勤被致候

清水雅之助子宅江見舞ニ行直ニ帰ル、宿亭主人其外ニ而間道渡リ山峯ヲ越而前日之場ニ至る、四ツ時過即異船乗リ来リ三段迄帆ヲ張来ル

明神山ニ移リ熟覧ス、此山より卯辰之方海上凡弐拾丁余沖ニ而錠リヲ卸シ、夫よりバツテイラ二艘下シ是

ニ乗リ出ス、水子とも凡人数十八、九人ツ、乗ル、弐艘ニ而三十五、六人と見ル（バッテイラ着岸之頃本船ニ而空十一発放ツ、左五ニ一発ツ、度ヲ分テ連発、其度甚タ正シク放ツ、凡六、七百目か壱貫目玉位ト覚壱バッテイラハ黒色ナリ、左右かい之如き物十丁ニテこく
一屋形浦ニ乗付迎役人出迎、上官より次官下官十六人一度ニ上陸ス、服ハ上官より下官迄皆黒羅紗、水主ノ類ハ船ニ残る〔中略〕
本船風波悪敷故か此夜右繋リ錨落シ海口ニ滞泊ス
右フレガット船肖図ヲ写し日西山ニ落、海風寒甚敷遠鏡已ニ暗く相止ム
今廿五日ワシントン府祖祭日之由、兼而断リ之通リ一船十八炮ツ、毎船空炮打発し候、夜来雨雪寒甚し
廿六日　晴西北風烈々奇寒甚敷なり
先生出勤被致候、昨日上陸異人船昨夜海口ニ繋候儘相泊し有之候、今日茂色々御掛合有之候由、乍去何ツ再応接と申事も無之様子、一向掛合之様子不相訳甚秘し候趣き見江申候、乍去兎角思様とハ不相成、諸役人方甚心配耳ニ有之様相見申候
昨日見候異船肖図幷上陸応接場所抔疎図相認終日籠居致、此夜ハ先生四ツ時頃奉行所より下リ何歟相察し候処、御評議兎角大六ヶ敷様子ニ被存候、咄しも無之故不相訳只何分申事不聞入、兎角江戸江乗込度存念之趣なり
九ツ時より自分部屋ニ入リ燈下ニ而廿日出来以来昨日上陸迄あらまし口上書認幷野島遠望図一枚、フレガツト船肖図一枚、屋形浦仮屋応接絵一枚〆三枚相添、上屋敷今泉様江差出シ候様相頼ミ候
国元江書面壱通相認メ、偶然ニ鶏鳴を聞、寒気冬より甚敷誠ニ手足茂氷リ難堪、夫より眠ニ就く
一廿七日　快晴

早朝より起大坂屋富蔵事右書状為持江戸江相返し申候
先生御出勤被成候
今日ハ先日写しかけ候米利幹国絵図相写し終日ニて出来候、夜五ツ時先生奉行所より下リ咄候ハ、今八ツ時頃一昨日より来リ居候フレガツト船乗出し小柴沖え如始乗リ帰候、今日七ツ時頃より蒸気船三艘小柴沖ヲ乗出し、二船ハ生麦沖ニ止リ、先船一艘ハ羽田洲先き迄乗込候て止泊致居候由、段江戸表江も住進舟数艘追々走せ出し候由、扨々此分ニ而ハ迚も浦賀応接行届き申間敷、且ツ江戸表之様子如何可有之哉一同心配、彼是今日も評定手間取候と申事なり
又祭酒本陣より召来リ先生御上リ被成候、四ツ時過御下リ被成候
一此時ニ能く相残リ候上気三艘外二艘都合五艘共生麦沖ニ乗込、只壱艘小柴沖ニ残居候、浦賀海口ニ泊シ居候船も生麦沖ニ向江乗走リ候由、弥以江戸表之程難計候間、明日照太子同道帰府致候方可然と之義ニ付、実ニ浦賀ニ而ハ可為様無之次第ニ至リ嘆息至極なり〔後略〕
一廿八日　快晴
早朝より立仕度致し照太子同道五ツ時出立、清水雅之助之庵ヲ尋暇乞ヲ致し、夫より大津江出銚子屋と云茶亭ニ至リ金川迄之船越相計リ候処、此辺皆番役人足ニ而人壱人も無之と申事ニ而彼是申談し工夫致居候処、金沢より一小船旅客ヲ乗来リ候船有之、則船人江相談し候処、随分金川迄行可申と申事ニ而、即チ船ちん等迄相談し、銚子屋ニ而弁当抔注文致し居候中乗合之客申来リ候間、則乗合相許し船ニ行候処、中川修理太夫様御家中ニ而先日此方先生江御使者ニ被参候人并ニ同連主従四人なり、照太子知己故互ニ幸之事ニ成リ同船致し生麦迄と定乗出ス
一猿島之岸ニ浮木ヲ流し、其上ニ竹竿ニ三、四尺之白布付立たる物水上ニ有之、是ハ異人共海水浅深ヲ計リ

候為之物之由
是より夏嶋ヲ西ニ猿嶋ヲ東ニ見其間より相望、小柴沖江一艘残リ居候船有之候ニ付、右異船ニ向近々と乗寄セ其間二、三十間ニ而見ル、始而船之制造外西之精巧堅実なるヲ見ル、亦異人凡五、六十人茂船上ニ立出居、頻リニ吾か船ヲ望見居ル、其体甚可悪風情なり〔中略〕

一バッテイラ一艘小柴之方より乗帰リ来ル則本船下ニ乗付ル、其体三、四人も乗リ居リ、此舟ハ青色之塗リニ而尤奇麗なる船なり、色々之色之ハシ舟有之様子

一夫より乗過し本牧崎ヲ廻ル、此地毛利公之備ニ而、山上幷浜手ニも十二天山迄之間悉く幕ヲ張通し、余餘之人数有之様子なり

一望遠鏡ニ而遠望致ス処、一異白帆ヲ十分ニ開き生麦沖上気船かゝりし処に乗込船有之、是ハ浦賀海口ニ前日廻リ居候船後レテ只今類船之かゝり場江乗寄セ候様子なり、則ち船列ヲ定メ帆ヲ巻き納碇リ下し候様子、都而船連泊之図別ニ写ス

一夫より生麦先ヲ乗渡ル頃日已ニ八ツ半時過、沖合よりバッテイラ二艘こき放し吾船近く乗来リ、且ツ走リ且留リ何か側〔測〕量ニも候哉、又漁猟か遊びか之体ニ而是地彼地と乗あるき候、御台場抔廻リ見候由

一船漸く生麦ニ着岸一同上陸〔中略〕川田氏無事色々物語リ、江戸表も異船近き候ニ付上下騒憂不少由、今日ハバッテイラニ而異人共羽田沖より品川沖御浜沖辺迄こき来リ所々乗廻し候由、旁以何か市評も紛々之由なり

一御浜御殿之所江諸役人詰所御小屋御普請相始リ候由ニ而、此夜も八代州河岸通リ等御普請材木等通夜車声不絶、誠ニ可嘆事なり

コラム2

# 一八七二年（明治五）、東浦賀の「番号印鑑帳」

上山　和雄

## （一）「印鑑帳」の概要

筆者の手元に、もとの文書の表裏を厚紙で覆い、背表紙に「番号印鑑簿」と記したコピーの史料がある。厚紙をめくると、「明治五年壬申二月改　番号印鑑帳　相模国三浦郡浦賀町」と記されている。和綴・縦帳の九一丁である。「明治五年壬申」というタイトルから、「壬申戸籍」かと思ったが、そうではなかった。番地・戸主姓名・職業・男女別家族数などを記すが、戸主ごとの族籍や家族の名は記さず、戸籍ではない。戸籍法から少し遅れて、一八七一年（明治四）九月の太政官布告第四五六号「諸品売買取引心得方定書」により、各戸主・世帯主が村役人に提出した「印影」を「一纏ニ致シ印鑑帳ヲ仕立置、何時ニテモ引合セ出来候様可致候事」に基づいて作成された印鑑帳に相違ない。

まず内容を簡単に紹介しよう。最初に「社寺」の項があり、叶神社、常福寺の神官・僧侶名と家族人数が記される。次いで新井町から洲崎町・新町・大ヶ谷町・築地古町の順に町を単位に戸毎に戸主名が記される。町順はコラム５「東浦賀の景観と干鰯場」に記されているように、東浦賀の開発順に先端から湾奥に向かっている。新井町の最初は、

一号　廻船問屋　弐人（男一 女一）　弐千五百三十五番地〔朱字〕　松下吉蔵　㊞

と記されている。借地・借店の場合は、番地（朱字）の箇所に「桐ケ谷辰五郎借地」、「樋口吉左衛門借店」などと所有者の姓名が記される。戸内に同居者・同居世帯がある場合は番号を付さず、「日雇　六人　男三　女三　同居石井次郎兵衛」と記し押印する。戸主・同居世帯で印のない者もみられるが、ほとんど押されている。各町の最後に戸数、平民数（同居・後家を含む）、男女年齢別人数、大分類の「職分」などを記す。戸数には寺社を含まず、平民数には同居者を含み、職分数は戸数・平民数よりもかなり多くなっている。

新井町（七二番まで）、洲崎町（一四一番）、新町（七八番）、大ヶ谷町（一八二番）、築地古町（五五番）まで同様の記載が続き、次に「東岸戸籍職分総計」となる。表コラム２―１に記しているように、合計が一致しない項もあるが、平民五三二人、同家族一七五七人、人員総計二〇三三人となり、男女年齢別人数、出生・死亡数などが記される。次に職分（神官・医術・筆学・工・商・雑業・雇人〈出寄留〉）が記され、西岸合計も同様に記され、「東岸西岸合」の総計が出される。最後に東西浦賀への入寄留も記されるが、欠けているところがあるように見える。

維新前後の浦賀町の構成を知らせてくれる史料はかなり残っており、西浦賀については一八五一年(嘉永四)から六九年(明治二)まで町ごとの家数・人数・下男下女数・洗濯女数などの推移を知ることができ[1]、七〇年については東・西浦賀の「村高家数職業書上」がある[2]。これらの資料をもとに、吉田ゆり子氏が幕末維新期東・西浦賀町の様子を詳細に明らかにしている[3]。

前者の西浦賀の資料は人数だけであるが、後者の「書上」は有力商人である御番所附問屋・干鰯問屋の名に加え、高持百姓の石高と余業、さらに商人を上中下に分け、上中商人についてはその名と家族・使用人の人数、業態や取扱商品まで記している。また東浦賀は日雇稼・後家も含め一七の職種とその従事人数、西浦賀は二六の職種と従事人数が記され、多様な商人や職人が生活していたことが示されている。

「書上」と比較して「印鑑帳」の特徴はどこにあるであろうか。第一は戸主と同居人すべての姓名が記されている点、第二に戸主・同居人の「職分」が記されている点、第三に、借地・借店が記載されている点も注目される。こうした所から、明治初年の東浦賀の内部をより詳細にうかがえることができるが、「書上帳」に記されていた有力商人の業態や使用人数などはうかがえない。

## (二)「印鑑帳」からうかがえる特色

表コラム2—1は「印鑑帳」の最後に記されている総計をまとめたものである。東浦賀の平民五三二というのは、戸数と僧・同弟子・旧神官・尼を合計したものと思われるが、西岸は一致しない。借家は東岸で一二%、西岸では一九%に達している。「平民」以外では西岸に士族が寄留し、

**表コラム2-1**
**浦賀東岸・西岸の戸数・人口**
（単位：戸、人）

| | 東岸 | 西岸 | 総計 |
|---|---|---|---|
| 戸数 | 516 | 1,042 | 1,558 |
| 家持 | 453 | 839 | 1,292 |
| 借家 | 63 | 203 | 266 |
| 僧 | 8 | 9 | 17 |
| 同弟子 | 6 | 5 | 11 |
| 旧神官 | 2 | 1 | 3 |
| 尼 | 1 | | 1 |
| 士族 | | 2 | 2 |
| 平民総計 | 532 | 1,124 | 1,657 |
| 同　家族 | 1,757 | 3,693 | 5,452 |
| 男 | 634 | 1,360 | 1,994 |
| 女 | 1,123 | 2,332 | 3,458 |
| 人員総計 | 2,313 | 4,862 | 7,109 |

出典：浦賀町「番号印鑑帳」1872年（明治5）、以下同じ。

また西岸には江戸時代エタ・非人と称される者もいたが、ここではうかがえない。

表コラム２―２は「職分」を表にしたものである。有業の同居者などにより、戸数や平民の数よりもかなり多い。しかし僧侶が記されていないなど、不明な点もある。ここの雇人は出寄留者で「総計」から除かれるべきものとの記述がある。入寄留者は西岸の記述がなく、東岸の雇人が記されていないなど不確かな点があり、表出しなかった。全体の寄留者は二〇〇人でうち雇人が一七九人、残りが支那学・医師・僧・工・商・雑業とその家族などである。

**表コラム2-2　浦賀町大分類職分**（単位：人）

| 職　分 | | 東　岸 | 西　岸 | 総　計 |
|---|---|---|---|---|
| 官員 | 男 | | 4 | 3 |
| 旧神官 | 男 | 2 | 1 | 3 |
| 医術 | 男 | 4 | 7 | 11 |
| 筆学 | 男 | | 2 | 2 |
| | 女 | 1 | 3 | 4 |
| 農 | 男 | | 194 | 194 |
| | 女 | | 3 | 3 |
| 工 | 男 | 79 | 148 | 227 |
| | 女 | 1 | 1 | 2 |
| 商 | 男 | 214 | 358 | 572 |
| | 女 | 2 | 7 | 9 |
| 雑業 | 男 | 423 | 896 | 1,321 |
| | 女 | 45 | 64 | 109 |
| 雇人　※ | 男 | 19 | 30 | 49 |
| | | 5 | 6 | 11 |
| 人員総計 | | 795 | 1,725 | 2,520 |
| | 男 | 741 | 1,641 | 2,382 |
| | 女 | 54 | 84 | 138 |

注：※は「此分他管内へ出候者に付除」との記載あり。

表コラム２―３は、各町の記載の最後に集計されている数字、すなわち表コラム２―１、表コラム２―２のもとになっているデータを町ごとに示したものであるが、戸数・平

**表コラム2-3　東浦賀各町の状況**　（単位：戸、人）

| | 新井町 | 洲崎町 | 新町 | 大ヶ谷町 | 築地古町 | 合計 |
|---|---|---|---|---|---|---|
| 戸数 | 69 | 138 | 76 | 178 | 53 | 514 |
| 家持 | 67 | 125 | 68 | 161 | 30 | 451 |
| 借家 | 2 | 13 | 8 | 17 | 23 | 63 |
| 同居 | 4 | 9 | 1 | 9 | 2 | 17 |
| 　後家 | 6 | 11 | 4 | 17 | 4 | 42 |
| 平民 | 74 | 147 | 67 | 188 | 55 | 532 |
| 同家族 | 265 | 505 | 275 | 583 | 125 | 1,753 |
| 　男 | 89 | 90 | 106 | 208 | 41 | 534 |
| 　女 | 172 | 315 | 169 | 375 | 88 | 1,119 |
| 人員 | 339 | 652 | 342 | 771 | 184 | 2,288 |
| 　男 | 159 | 332 | 169 | 375 | 92 | 1,127 |
| 　女 | 184 | 330 | 173 | 396 | 92 | 1,175 |
| 医 | 1 | | | 2 | | 3 |
| 工　男 | 4 | 19 | 9 | 35 | 12 | 79 |
| 　女 | | | 1 | | | 1 |
| 商　男 | 25 | 75 | 40 | 60 | 14 | 214 |
| 　女 | | 2 | | | | 2 |
| 雑　男 | 67 | 120 | 50 | 167 | 19 | 423 |
| 　女 | 10 | 10 | 2 | 14 | 3 | 39 |
| 筆学女 | | | 1 | | | 1 |
| 合　計 | 107 | 226 | 103 | 278 | 48 | 762 |
| 借地 | 15 | 32 | 42 | 135 | 50 | 274 |

注：新町の戸数と平民数など、不審な点がいくつかあるが、史料にしたがった。

民・人員ともすこしずつ違っている。また工・商・雑の区別は明らかでないが、医から筆学までの合計は「印鑑帳」に番号を付された、また同居者として記された合計と思われる戸数・平民の数値をかなり上回り、世帯内の「職分」を持つ者をも含んでいると思われる。もう一点注目されるのは、借家である。もっとも古い町である新井町の借家は二軒（三％）に過ぎず、洲崎・新町・大ヶ谷の借家率はほぼ一割であるのに比し、築地古町の借家率は四割に達している。湾奥の干潟が一七世紀末に埋め立てられ、一七〇九年（宝永六）の検地で高入されて築地古町といわれるようになり、神奈川町や浅草の開発請負人から東浦賀村に売却されたという。表コラム2—3の最下段に「借地」件数を示した。近世になってから開発と埋め立てが進む地域の借家率と借地率が高いのである。新町五五％、大ヶ谷七五％、築地古町九四％が借地である。地主を表出する

**表コラム2-4　東浦賀各町の職分**（単位：人）

| 職分 | 新井町 | 洲崎 | 新町 | 大ヶ谷町 | 築地古町 | 合計 |
|---|---|---|---|---|---|---|
| 廻船問屋 | 13 | 11 | 8 | 4 | | 35 |
| 曳舟 | 26 | 3 | | | | 29 |
| 船乗 | | 4 | | 12 | 4 | 20 |
| 艪かい | 2 | | | 1 | | 3 |
| 船具 | | | 1 | | | 1 |
| 渡船 | | 1 | | | | 1 |
| 船大工 | | 3 | 3 | 7 | 1 | 14 |
| 大工 | 1 | 3 | 2 | 7 | 2 | 15 |
| 桶職 | | 1 | 1 | 2 | 1 | 5 |
| 畳指 | | | | 1 | 1 | 2 |
| 足袋職 | | | | 1 | 1 | 2 |
| 指物・建具 | | | | 2 | 1 | 3 |
| 左官 | | 3 | 1 | 1 | | 5 |
| 石工 | | 1 | | 1 | | 2 |
| 塗師 | | | | | 1 | 1 |
| 染物 | | | | 2 | | 2 |
| 屋根 | | | | | 1 | 1 |
| 鍬物 | | | | 1 | | 1 |
| 紙漉き | | | | 3 | | 3 |
| 古鉄 | | | | 2 | 1 | 3 |
| 鍛冶職 | | | | | 1 | 1 |
| 鋳物 | | | | 1 | | 1 |
| 銅古師 | | | | | 1 | 1 |
| 籠細工 | | | | 1 | | 1 |
| 傘職 | | 1 | | | | 1 |
| 提灯 | | 1 | 1 | | | 2 |
| 伐木 | | | | | 1 | 1 |
| 荒物 | 5 | 21 | | 19 | 6 | 51 |
| 魚 | 6 | 23 | | 1 | | 30 |

| 職分 | 新井町 | 洲崎 | 新町 | 大ヶ谷町 | 築地古町 | 合計 |
|---|---|---|---|---|---|---|
| 菓物 | 1 | 9 | | 3 | | 13 |
| 搗き米 | 1 | 4 | 3 | 4 | 1 | 13 |
| 小間物 | | 4 | 2 | 2 | 1 | 9 |
| 質古着 | 1 | | 3 | 3 | 1 | 8 |
| 青物 | | 2 | 1 | 1 | 2 | 6 |
| 穀物 | 1 | 1 | | | | 2 |
| 穀物荒物 | | | 2 | 2 | | 4 |
| 穀物酒 | | | 1 | | | 1 |
| 餅 | | 2 | | | | 2 |
| 干鰯 | | 2 | | | | 2 |
| 反物 | | | 2 | 1 | | 3 |
| 紙 | | | | 1 | | 1 |
| 煮売り | | | | 1 | | 1 |
| 酒小売 | | 1 | | | | 1 |
| 油小売り | | | | 1 | | 1 |
| 売薬 | 1 | | | | | 1 |
| 料理 | | 1 | | | | 1 |
| そば | | | 1 | 1 | | 2 |
| 豆腐 | | | | 1 | | 1 |
| 茶 | | | | 1 | | 1 |
| 髪結い | | 1 | | 2 | 1 | 4 |
| 画師 | | | 1 | | | 1 |
| 手跡 | | | 1 | | | 1 |
| 医者 | 1 | | | 1 | | 2 |
| 洗い場 | | | | 1 | | 1 |
| 雑業 | 1 | | | | | 1 |
| 日雇 | 8 | 32 | 35 | 76 | 17 | 168 |
| 賃仕事 | 6 | 11 | 1 | 18 | 4 | 41 |
| 計 | 74 | 146 | 70 | 189 | 50 | 529 |

余裕はないが、宮井与右衛門（大ヶ谷、六四戸）、宮原次兵衛（同、二九戸）、桐ケ谷辰五郎（新町、一七戸）、石渡七郎右衛門（大ヶ谷、一五戸）、吉岡弥兵衛（大ヶ谷、一一戸）などが大規模な地主である。

表コラム2―4は番号を付された戸と同居者で、「職分」の記入がある者をすべて種類ごとにまとめたものである。もっとも多いのは日雇（三一％）で内容は不明だが、廻船問屋や有力商人の奉公人的な存在もいたであろう。賃仕事（七％）とされているのは「後家」などすべて女性である。もちろん女性の戸主で廻船問屋・船大工・曳舟を営んだりしているものもみられる。町による職分の特色もみられる。新井町は廻船問屋に加え曳舟・艪櫂など海運関係者が多く、洲崎は曳舟・船乗・船大工などが見られるとともに、荒物・魚・菓物などを扱う多くの商人が住む。新町・大ヶ谷町は日雇・賃仕事も多いが、多様な商人・職人が住み、築地古町には多彩な職人が多い、といった特色がうかがえる。

注

（1）横須賀市編『新横須賀市史　資料編　近世Ⅱ』（二〇〇五年）〈三七七〉、〈四五四〉。

（2）西浦賀は同前〈四五五〉、東浦賀は横須賀史学研究会編『相州三浦郡東浦賀村（石井三郎兵衛家）文書　第三巻』（横須賀市立図書館、一九八七年）一〇一～一〇七頁。

（3）吉田ゆり子「浦賀の町と遊所」（伊藤毅・吉田伸之編『水辺と都市』山川出版社、二〇〇五年）、横須賀市編『新横須賀市史　通史編　近世』（二〇一一年）第九章。

# 第二部　国内貿易と商業

# 第三章　近代浦賀港の変容——一八八〇年代〜一九三〇年代の出入港品——

大豆生田稔

## はじめに

本章は、一八八〇年代から一九三〇年代に至る、近代浦賀港の出入港額や品目構成の変化を通時的に概観する。この作業を通じて、全国的、地域的な商品流通における浦賀港の位置、およびその変貌を検討することが課題である。

近世後期の浦賀は房総産の干鰯流通の中継地であり、また米・塩・酒などの物資が集散する商品流通の拠点であった。一七二〇年(享保五)に設けられた浦賀奉行所[1]は、一八六八年(慶応四)に廃止されたが、その後も浦賀は国内商品流通の要として、浦賀港の機能や浦賀商人の活動が継続した。物資集散の拠点として、近代の浦賀港で展開する内国貿易がいかなる変遷を遂げたのか、一九三〇年代に至る移出入額や、出入港商品の構成の変化を、画期をさぐりながら考察する。

明治期以降の浦賀港や浦賀商人については、干鰯や米・塩など主要な商品の入港量や、水揚商人・小宿ら浦賀商

**図 3-1　浦賀町・横須賀町市の人口**

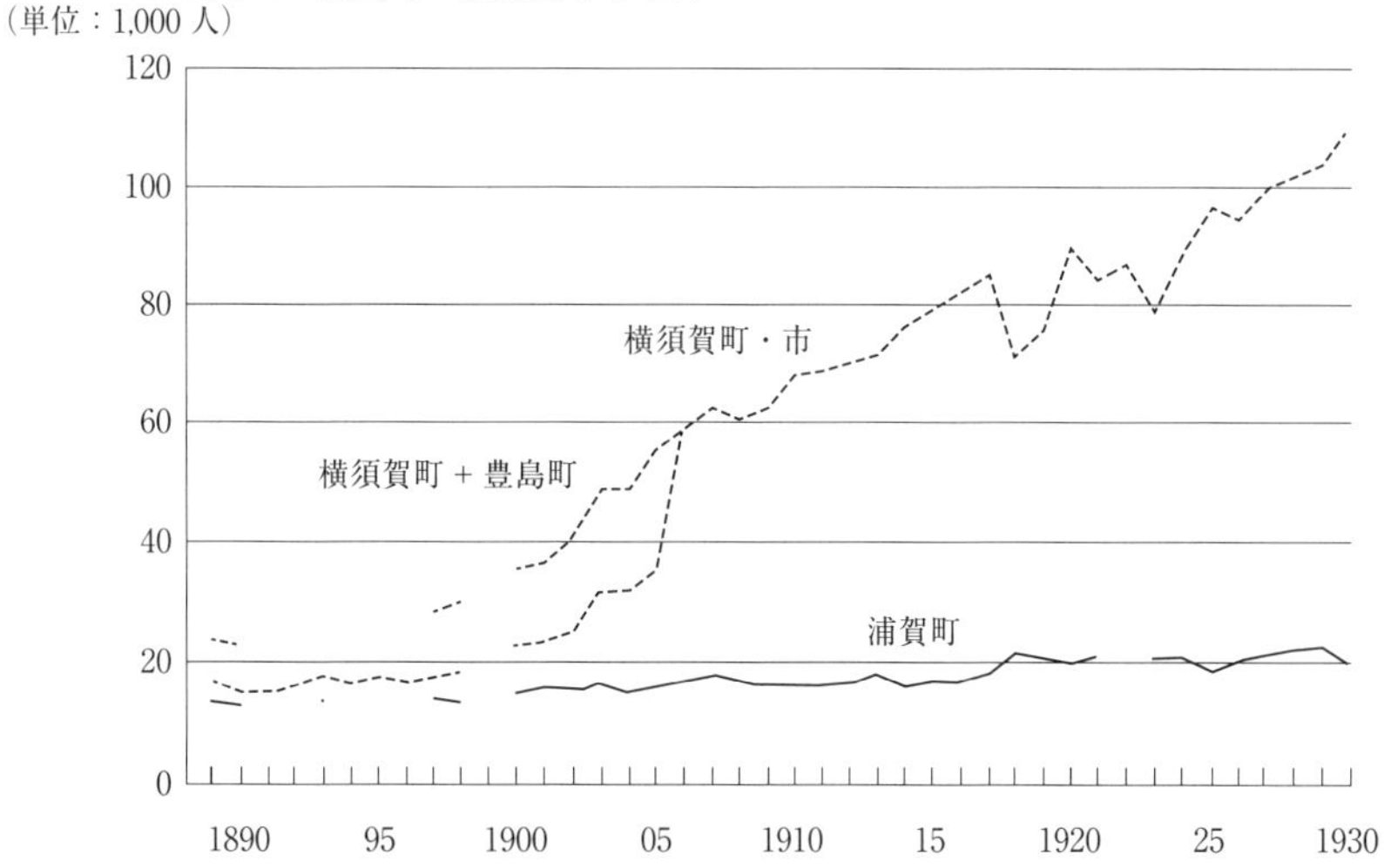


出典：横須賀市編『新横須賀市史　通史編　近現代』（2014年）付表。
注：横須賀町は 1906 年に豊島町を合併、07 年に市制を施行した。

人の商業活動が検討され、国内商品流通の拠点として、またそれを担う商人として位置づけられた[2]。また明治初年の浦賀の有力商人は、自船を所有して廻船問屋を兼ね、北海道との取引に乗り出すなど、新市場を開拓して諸商品の取引を活発化させた[3]。しかし一九〇〇年前後からは、鉄道の開通などを契機に、集散地としての機能が低下するとともに、横須賀に店舗を設けるなど鉄道輸送に対応する商人も現れた[4]。ただし、第一次世界大戦がはじまる一九一〇年代はじめにも、なお浦賀の商業活動は活発であり、また同時期の浦賀港入港品が、浦賀船渠が需要する鋼板などの金属類を中心とするようになり一変することも指摘されている[5]。

　ところで、浦賀港の出入港量・額は、限られた年次・期間しか判明していない。浦賀港の内国貿易の変貌を明らかにするためには、その規模、商品別構成などを連続的にとらえ、浦賀港の機能の変化を、画期をさぐりながら検討する課題が残されている。浦賀港出入港商品の変化を通時的にたどるため、本章は『神奈川県統計書』（県統計）、『日本帝国港湾統計』（港湾統計）により、商品ごとの出入港額を、横須賀港と比較しながら把握するという基礎的な作業を進める。[6]

横須賀港は軍港として発達をとげるが、横須賀町・市の人口増加による軍港都市の需要拡大は、商港としての同港の発達も促した。浦賀町の人口はきわめて緩やかに上昇したが、横須賀町・市の人口増加は著しく、一九〇〇年前後からは顕著な増加傾向をほぼ持続している（図3—1）。また、一八八九年（明治二二）に東海道線が全通すると、横須賀線も同年に横須賀駅まで開通し、同駅に到着する貨物は増加していく。ただし、一九四四年まで横須賀線の延伸はなかった。[7] 浦賀港の機能は、軍港都市横須賀の膨張と、横須賀港・横須賀駅の機能拡大による影響を受けることになった。

（単位：1,000円）

| 出港 | | | | | うち3品 | | うち5品 | | 金属・機械 | |
|---|---|---|---|---|---|---|---|---|---|---|
| | 米 | 清酒 | 塩 | 砂糖 | | (%) | | (%) | | (%) |
| 485 | 138 | 71 | 60 | | 270 | 55.6 | 270 | 55.6 | | |
| 609 | 291 | 157 | 60 | | 508 | 83.5 | 508 | 83.5 | | |
| 516 | 234 | 44 | 164 | | 443 | 85.8 | 443 | 85.8 | | |
| 1,024 | 296 | 148 | 338 | | 782 | 76.4 | 782 | 76.4 | | |
| 1,236 | 397 | 241 | 384 | | 1,022 | 82.7 | 1,022 | 82.7 | | |
| 245 | 114 | 72 | 42 | 2 | 228 | 93.2 | 230 | 94.0 | | |
| 370 | 48 | 27 | 84 | 9 | 159 | 43.0 | 168 | 45.5 | 11 | 3.0 |
| 418 | 51 | 56 | 51 | 0 | 158 | 37.7 | 158 | 37.7 | 3 | 0.7 |
| 445 | 27 | 63 | 62 | 3 | 151 | 33.9 | 154 | 34.7 | 27 | 6.0 |
| 443 | 4 | 31 | 20 | 0 | 55 | 12.3 | 55 | 12.3 | 261 | 59.0 |
| 472 | 2 | 5 | 19 | 1 | 26 | 5.5 | 27 | 5.6 | 432 | 91.5 |
| 1,486 | 1 | 6 | 1 | 0 | 8 | 0.5 | 8 | 0.5 | 579 | 39.0 |

## 第一節　出入港額の変化

### （一）浦賀港の停滞

神奈川県内各港の内国貿易出入港額は、一八八〇年代はじめの県統計によれば、横浜港がともに二〇〇〇万円前後

**表3-1　浦賀港の出入港額**

| | 入港 | | | | | | うち3品 | | うち5品 | | 金属・機械 | |
|---|---|---|---|---|---|---|---|---|---|---|---|---|
| | | 米 | 清酒 | 塩 | 砂糖 | 織物・衣類 | | (%) | | (%) | | (%) |
| 1881-85 | 824 | 240 | 125 | 102 | | | 467 | 56.6 | 467 | 56.6 | | |
| 1886-90 | 748 | 415 | 172 | 115 | | | 702 | 93.8 | 702 | 93.8 | | |
| 1891-95 | 806 | 459 | 77 | 176 | | | 712 | 88.4 | 712 | 88.4 | | |
| 1896-1900 | 1,228 | 433 | 200 | 334 | | | 967 | 78.8 | 967 | 78.8 | | |
| 1901-05 | 1,851 | 666 | 315 | 631 | | | 1,613 | 87.1 | 1,613 | 87.1 | | |
| 1906-10 | 852 | 377 | 195 | 87 | 31 | 37 | 659 | 77.3 | 726 | 85.2 | 0 | 0.0 |
| 1911-15 | 998 | 153 | 45 | 88 | 14 | 19 | 285 | 28.6 | 319 | 31.9 | 379 | 38.0 |
| 1916-20 | 5,914 | 180 | 93 | 115 | 0 | 57 | 387 | 6.5 | 444 | 7.5 | 4,443 | 75.1 |
| 1921-25 | 3,694 | 156 | 150 | 106 | 47 | 235 | 412 | 11.1 | 693 | 18.8 | 1,891 | 51.2 |
| 1926-30 | 1,996 | 62 | 96 | | 34 | 23 | 158 | 7.9 | 216 | 10.8 | 1,170 | 58.6 |
| 1931-35 | 1,847 | 55 | 87 | | 30 | 21 | 143 | 7.7 | 193 | 10.5 | 1,115 | 60.4 |
| 1936-40 | 1,667 | 47 | 75 | | 23 | 18 | 123 | 7.4 | 164 | 9.8 | 1,059 | 63.5 |

出典：内務省『日本帝国港湾統計』（各年次）、『神奈川県統計書』（各年次）。
注：各期の平均値。

で、県内では隔絶していた。浦賀港は入港額八〇万円前後・出港額七〇万円前後で、神奈川港のやや下位にあった。その後も浦賀港はほぼ同額を維持したが、神奈川港の入港額が急減し、八〇年代半ばには神奈川港を上回るようになった。また、神奈川港の出港額は一〇〜二〇万円と僅少であったが、浦賀港は入港額をやや下回る程度の規模であり、神奈川港を大きく上回っていた。[8] このように、八〇年代後半の浦賀港は、横浜港に次ぐ県内第二の位置にあった。なお、この時期、横須賀港の数値は記載されていない。

次に、一八九〇年代以降の浦賀・横須賀両港の出入港額の概要を把握するため、県統計・港湾統計により総出入港額、および主要商品の出入港額の趨勢をみたのが表3―1、および表3―2である。まず表3―1によれば、浦賀港は一九〇〇年代半ばまで入港額に匹敵する出港額があり、また入港額にほぼ併行して推移しているところに特徴がある。これは、出港額がきわめて少ない横須賀港とは対照的であった。浦賀では入港品がすべて消費されるのではなく、浦賀港から最終消費地へ再移出されたのである。

浦賀港の出入港額の変化をみると、一八八〇年代から九〇年代半ばまでは、入港額が出港額をやや上回りながら、どちらも一〇〇〇円弱程度で推移した。入港品の内訳は、米・酒・塩の三品が大半を占め、出港品も同様であった。三品、もしくは、近代以降入港が増加する砂糖・衣類を加えた五品(9)の出入港額は、九〇年代後半から増加し、一九〇〇年代前半には二〇〇〇円弱になっており、この傾向は日露戦争直後まで続く。また、入港額の増加にしたがい、出港額も九〇年代から拡大している。

（単位：1,000円）

| 出港 | 米 | 清酒 | うち3品 | (%) | うち5品 | (%) | 金属・機械 | (%) |
|---|---|---|---|---|---|---|---|---|
| 7 | | | | | | | | |
| 12 | | | | | | | | |
| 9 | | | | | | | | |
| 11 | | | | | | | | 3.3 |
| 27 | | 6 | 6 | 23.6 | 6 | 23.6 | 8 | 30.9 |
| 2 | | | | | | | | |
| 86 | | | | | | | 1 | 1.3 |
| 209 | | 62 | 62 | 29.8 | 62 | 29.8 | 3 | 1.3 |
| 472 | 4 | 79 | 83 | 17.5 | 83 | 17.5 | 130 | 27.5 |
| 1,486 | 9 | 65 | 75 | 5.0 | 75 | 5.0 | 134 | 9.0 |

しかし、一九〇〇年代後半になると出入港額ともに急減した。これは、三品入港額の減少によるものであり、その後、二〇年前後にやや回復するが、一九〇〇年前後の水準を回復することはなかった。また一〇年代前半からは、三品・五品のほか、金属機械など新たな商品の入港がはじまり、その額は三品・五品に迫った。さらに一九〇〇年代後半には、出港額も著しく減少している。一〇年代前半にやや回復するが、入港額と同様、一九〇〇年前後の出港額を回復できなかった。

第一次大戦期以降、一九一〇年代後半から入港額が急増するが、これは浦賀船渠が一九〇〇年に操業を開始し、原材料の金属機械など重工業関係品の入港増加によるものであった(10)。近世から続く三品、さらに五品の入港額が、減少しながらもある程度維持され、さらに新たな商品の入港が激増したのである。ただし、特に三品の入港額は減少傾向にあり、二〇年代後半には大幅に落ち込んだ。集散地港的な性格を残しながらも、三品や五品の入港額は減少・低迷し、新たに重工業関

**表3-2　横須賀港の出入港額**

| | 入港 | 米 | 清酒 | 塩 | 砂糖 | 織物・衣類 | うち3品 | (%) | うち5品 | (%) | 金属・機械 | (%) |
|---|---|---|---|---|---|---|---|---|---|---|---|---|
| 1891-95 | 637 | 257 | 83 | | 9 | 62 | 339 | 53.3 | 410 | 64.3 | 0 | 0.0 |
| 1896-1900 | 1,237 | 345 | 138 | 4 | 33 | 110 | 487 | 39.3 | 630 | 50.9 | 0 | 0.0 |
| 1901-05 | 1,089 | 520 | 139 | 2 | 34 | 0 | 661 | 60.7 | 695 | 63.8 | 0 | 0.0 |
| 1906-10 | 2,296 | 768 | 419 | 3 | 26 | 37 | 1,190 | 51.8 | 1,252 | 54.5 | 2 | 0.1 |
| 1911-15 | 3,692 | 997 | 135 | | 345 | 816 | 1,132 | 30.7 | 2,292 | 62.1 | 21 | 0.6 |
| 1916-20 | 4,814 | 402 | 703 | | 824 | 782 | 1,105 | 23.0 | 2,712 | 56.3 | 84 | 1.7 |
| 1921-25 | 9,364 | 1,404 | 427 | | 612 | 978 | 1,831 | 19.6 | 3,421 | 36.5 | 305 | 3.3 |
| 1926-30 | 13,005 | 1,390 | 207 | | 639 | 3,216 | 1,597 | 12.3 | 5,453 | 41.9 | 308 | 2.4 |
| 1931-35 | 6,957 | 1,532 | 212 | | 80 | 924 | 1,744 | 25.1 | 2,748 | 39.5 | 777 | 11.2 |
| 1936-40 | 10,994 | 2,938 | 160 | | 29 | 224 | 3,098 | 28.2 | 3,350 | 30.5 | 4,118 | 37.5 |

出典・注：表3-1に同じ。

係の比重が急増したのである。

## (二)横須賀港の成長

次に、横須賀港の出入港額を概観すると、入港額は一八九〇年代から増加傾向が続いている(表3―2)。しかし出港額は、九〇年代から一九二〇年代まで若干増加しているが、一貫してきわめて少額にとどまった。

まず、一八九〇年代初頭から品目別の出入港額が判明するが、入港総額は九〇年代後半から一九〇〇年代前半まで一〇〇〇円前後であり、比較的少額である。入港額は漸増傾向にあったが、浦賀港とほぼ同規模であり、また三品・五品の入港額の比重は浦賀ほど高くなく、多様な商品が入港していたといえる。

日露戦後の一九〇〇年代後半から一〇年代前半に、浦賀港出入港額の急減とは対照的に、横須賀港入港額の増加傾向が明確になった。入港額が増加するにしたがい、三品・五品の構成比は低下しており、入港品の多様化がうかがえる。また金属機械の入港額は、浦賀と比較すれば少額であり、市民の多様な消費物資を主としていた。

大戦期の一九一〇年代後半から二〇年代にかけて、横須賀港入港額は著しく増加した。大戦期の入港額は四〇〇〇〜五〇〇〇円程度であったが、二〇年代後半には一万円を超える。また三品の入港額は、二〇年代後半に停滞するが、砂糖や衣類は一定額を維持し漸増傾向にあった。一方、浦賀港と同様に重工業関係の入港額が増加するが、入港総額の数%と比較的少額にとどまった[11]。大戦後の横須賀港は、食料品・衣料品・薪炭など市民生活に必要な物資の入港額が一層増加し、浦賀港を圧倒する勢いで拡大したのである。

## 第二節　一八八〇年代〜日露戦争前後

### (一)浦賀港の集散地的機能

まず、一九〇〇年代前半まで、浦賀入港額の大半は三品であった(表3—1)。一八九一〜九五年(明治二四〜二八)、および一八九六〜一九〇〇年の五ヵ年平均値は、それぞれ米三万五七一九石、三万九四一三石、酒三〇三七石、六一九七石、塩一八万九三七八石、二四万七八二二石である[12]。これを幕末の浦賀港の入港量、つまり一八五〇〜五二年(嘉永三〜五)の平均入港量米一〇万四一〇六俵(四万一六四二石)、酒五万七五〇三樽(二万三〇〇一石)、塩六七万六八六四俵(二〇万三〇五九石)[13]、および、「幕末」(年不詳)の入港量米二二万五〇〇〇俵(九万石)、酒八万樽(三万二〇〇〇石)、塩八〇万俵(二四万石)[14]と比較すると、九〇年代には、米は減じながらも幕末とほぼ同規模を維持したが、酒と塩は大幅に減じている。すでにみたように、一九〇〇年前後には、浦賀の出入港額はやや増加傾向にあったが、量的には幕末の規模を維持できず、酒や塩は大幅に減じていたのである。

次に、一八九二年調査の商品別浦賀港出入港額を検討すると、まず、多くの入港品は、その産地が仕出地となっている（表3—3）。これを三品についてみると、米の積出港は半田（尾張）、多度津（讃岐）、津・四日市（伊勢）、熱田（尾張）、木更津（上総）、石巻（陸前）であり、伊勢湾周辺・讃岐・石巻などの遠隔産地、および対岸上総の産米が入港している。一方、東京からの入港の記載はなく、日本橋や深川の米穀問屋からの入荷は限られたと推測される。酒の入港も、すべて灘（摂津）や知多半島（尾張）などの産地からである。また塩も、兵庫県の赤穂近傍の坂越《さごし》、阿波の撫養《むや》、讃岐の坂出《さかいで》などの産地からの入荷であった。明治後期においても、浦賀港には下り塩が直接入港し、神奈川県や千葉県南部など周辺地域へ再移出されており、「地域的な集散港」としての機能を果たしていたのである。[15] 三品以外についても、酢は尾張の熱田（現名古屋市）、知多半島の半田から、醤油は千葉県の銚子や対岸の天神山（上総湊）、大豆や小麦は相模の片瀬や陸前の石巻、さらに干鰯は外房の勝浦などの産地から入港している。

ところで、これら入港品は、浦賀町や、隣接する横須賀町・市、および近在の三浦郡、その周辺に位置する県内各地の消費に供されたが、その一部は浦賀港から再移出され、対岸の上総・安房地方、さらに遠方の消費地にも向けられた。すなわち、米は県内の神奈川・片瀬、隣県の伊豆下田、さらに対岸の安房館山へ、酒は県内の小田原・片瀬・大磯のほか、対岸の館山へ移出された。また塩は、産地であり取引の拠点でもあった千葉県行徳のほか、遠方の茨城県の平方・那賀、さらに石巻にも仕向けられている。そのほか、酢は県内の小田原・大磯と対岸の館山へ、大豆や干鰯は遠く伊勢湾沿岸の熱田・半田・四日市などに向かった。商品により、産地から消費地におよぶ、広範な商圏が形成されていたのである。

**表3-3　浦賀港重要移出入品**（1892年）

| 入港 | （石） | （円） | 仕出地 | |
|---|---|---|---|---|
| 米 | 8,288 | 65,712 | 讃岐 | 多度津 |
| | 6,245 | 51,101 | 伊勢 | 津 |
| | 5,801 | 47,696 | 伊勢 | 四日市 |
| | 4,538 | 36,795 | 尾張 | 熱田 |
| | 16,432 | 133,867 | 尾張 | 半田 |
| | 4,144 | 32,770 | 上総 | 木更津 |
| | 2,000 | 13,900 | 陸前 | 石巻 |
| 計 | 47,448 | 381,841 | | |
| 酒 | 564 | 6,892 | 尾張 | 半田 |
| | 5,078 | 76,221 | 摂津 | 神戸 |
| 計 | 5,642 | 83,113 | | |
| 酢 | 179 | 638 | 尾張 | 熱田 |
| | 7,014 | 769 | 尾張 | 半田 |
| 計 | 7,193 | 1,407 | | |
| 醤油 | 1,083 | 1,054 | 下総 | 銚子 |
| | 464 | 398 | 上総 | 天神山 |
| 計 | 1,547 | 1,452 | | |
| 大豆 | 1,138 | 5,498 | 陸前 | 石巻 |
| | 4,552 | 21,374 | 相模 | 片瀬 |
| 計 | 5,690 | 26,872 | | |
| 小麦 | 150 | 2,157 | 陸前 | 石巻 |
| | 600 | 3,684 | 相模 | 片瀬 |
| 計 | 750 | 5,841 | | |
| 塩 | 39,497 | 38,170 | 播磨 | 坂越 |
| | 29,491 | 25,829 | 阿波 | 撫養 |
| | 46,752 | 41,621 | 讃岐 | 坂出 |
| 計 | 115,740 | 105,620 | | |
| 干鰯（貫） | 261,152 | 77,956 | 上総 | 勝浦 |

| 出港 | （石） | （円） | 仕出地 | |
|---|---|---|---|---|
| 米 | 6,820 | 56,598 | 伊豆 | 下田 |
| | 2,650 | 21,788 | 安房 | 館山 |
| | 7,500 | 61,666 | 武蔵 | 神奈川 |
| | 3,800 | | 相模 | 片瀬 |
| 計 | 20,770 | 140,052 | | |
| 酒 | 2,429 | 3,574 | 安房 | 館山 |
| | 175 | 2,626 | 相模 | 片瀬 |
| | 315 | 4,820 | 相模 | 小田原 |
| | 231 | 3,535 | 相模 | 大磯 |
| 計 | 3,150 | 14,555 | | |
| 酢 | 189 | 692 | 安房 | 館山 |
| | 112 | 410 | 相模 | 小田原 |
| | 49 | 180 | 相模 | 大磯 |
| 計 | 350 | 1,282 | | |
| 醤油 | 100 | 1,100 | ハワイ | ホノルル |
| 大豆 | 2,000 | 9,884 | 尾張 | 熱田 |
| | 1,400 | 6,731 | 尾張 | 半田 |
| | 1,400 | 6,731 | 伊勢 | 四日市 |
| | 500 | | 駿河 | 焼津 |
| 計 | 5,300 | 23,346 | | |
| 小麦 | 600 | | 摂津 | 兵庫 |
| 塩 | 68,000 | 119,487 | 武蔵 | 行徳 |
| | 15,000 | 25,448 | 常陸 | 平潟 |
| | 10,000 | 16,965 | 常陸 | 那賀 |
| | 11,400 | 18,698 | 陸前 | 石巻 |
| 計 | 104,400 | 180,598 | | |
| 干鰯（貫） | 69,700 | 20,540 | 尾張 | 熱田 |
| | 69,000 | 21,070 | 尾張 | 半田 |
| | 69,000 | 20,333 | 伊勢 | 四日市 |
| | 53,800 | 15,853 | 駿河 | 焼津 |
| 計 | 261,500 | 77,796 | | |

出典：横須賀市『新横須賀市史 資料編
近現代Ⅰ』（2006年）〈258〉。

このように、明治中後期の浦賀港は、近世期より引き続き、産地からまとまった量・額の商品を移入して、それらを浦賀・横須賀や近在・周辺の諸地域、関東近県、さらに遠隔の消費地に移出する取引がなお存続していた。熱田・半田・四日市など伊勢湾沿岸地域からは、米・酒・酢などを移入する一方で、大豆や干鰯を移出しており、往復の積荷を調整しながら遠隔地市場を繋いでいたのである。ただし、浦賀港への入港は、幕末と比較すれば減少しており、こうした集散地としての機能には一定の限界が生じ、商品流通に占める位置も低下しつつあった。

## (二)横須賀港の入港品

横須賀港への入港額は一八九〇年(明治二三)から判明する。日露戦争前後の一九〇〇年代前半までは比較的少額であるが、浦賀港に匹敵するようになった。しかし、出港額はきわめて少なく、浦賀港を大幅に下回っている(表3―2)。

入港品は米・酒などの消費物資を主とするが、浦賀港の主要入港品である塩はほとんどない。横須賀港入港額の特徴は、三品以外の砂糖や衣類の比重が、浦賀港と比較してやや大きいところにある。この時期、浦賀港では、砂糖や衣類の入港額は統計に現れないが、横須賀港では、調査を欠く年次があるものの、すでに一定額を占めるようになった。

横須賀港の入港品は、浦賀港と比較すれば、横須賀町の生活必需品に限られていたところに特徴がある。入港額は三品・五品を中心に増加して浦賀港に迫る規模になっており、商港として機能しはじめたといえよう。ただし、出港額はきわめて少なく、集散地としての機能は稀薄であった。

## 第三節　日露戦後の変化

### (一)浦賀港・横須賀港の三品・五品入港額

浦賀港出入港額は、一八九〇年代後半から一九〇〇年代前半にかけて漸増傾向にあったが、日露戦後の一九〇〇年代後半になると急減した(表3―1)。また、出港額の低下は入港額の減少より著しかった。一〇年代前半にやや回復するが、一九〇〇年(明治三三)前後の水準には戻らなかった。入港額の急減は三品の減少によるものであり、いずれも、一九〇〇年代後半から一〇年代前半にかけて激減している。またこの時期には、まだ少額であるが、新たな入港品として金属機械などが登場した。

三品ほか主要商品の出入港額について、一九一二年(明治四五)の調査をみよう(表3―4)。海路入港一万円を超える商品は米・塩、次いで木材・石炭・コークス・酒・船具・雑貨・砂糖・太物・醤油などであった。海路移入の仕出地として、産地からの入港に加えて、大集散地である東京の台頭が注目される。

これを商品別にみると、まず米は、主な仕出地が産地から東京に転じ、東京からの入港が過半を占めるようになった。日本橋や深川の米穀問屋との取引が増加したものと思われる。一方、千葉や富山・尾張など産地からの入港もあるが、その比重は大幅に低下している。また、海路浦賀港に入港した米の一部は、横須賀に向けて、海路一万円余・陸路九万円余移出されていることが確認できる。まとまった額の米が、主に陸路によって浦賀から横須賀に輸送され同地において消費されたのである。また、浦賀からは、海路により対岸の上総・安房地方に仕向けられ、同地の需要に応じた移出もあった(表3―4)。

次に、酒についても、尾張方面からの入港は急減し、東京の比重が高まっている。また、焼酎や洋酒などの入港も増加したが、いずれも東京からの入港である。ただし塩については変化がなく、産地阿波からの海路入荷がすべてであり、東京からの入港はなかった。

その他の商品についてみると、石炭は比較的多額で、すべて大集散地東京・横浜から海路入港し、塩と同様に鉄道輸送は限られていた。酢・醤油は産地からの入荷が続いたが、東京からの入荷もあった。また、魚肥は千葉・久里浜、および播磨などの産地から、薪炭も対岸や伊豆・大島などの産地から浦賀に入港しており、東京からの荷はなかった。雑貨も東京経由の商品のほか、千葉・大島の産物の入港が多額にあった。

このように一九一〇年前後になると、浦賀港主要入港品の仕出地として、集散地東京が台頭して産地と並ぶようになった。産地との取引に加え、東京の問屋からの仕入が拡大したのである。

次に、浦賀からの海路移出額をみると、三品のほか、砂糖・酢・雑穀類・雑貨などが比較的多額であり、仕向地は三浦半島沿岸(本郡内、三崎地方)や対岸の上総・安房方面であった。一八九二年には遠方の消費地への出港があったが(表3―3)、一九一二年の海路仕向地は、三崎・横須賀など近在の三浦郡内や、中郡などの県内、および対岸に限られ、入港と同様に、遠方の消費地への出港はなくなっている(表3―4)。なお、魚類は対岸千葉からは海路、久里浜からは陸路浦賀に移入されたが、それらの一部は、海路東京へ輸送されている。特に久里浜からの陸路入荷額は二〇万円と多額であったが、そのうちの三割は浦賀を経由して海路東京に仕向けられた。

浦賀からの総移出額は、海路四一万円・陸路三五万円と拮抗していた(表3―4)。海路は三浦郡や県内の沿

| | | | | |
|---|---|---|---|---|
| 太物 | 東京18,236 | 尾張700，東京300 | 東京300 | |
| 船具類 | 東京29,381，横浜620 | | | |
| マニラ麻 | 横浜4,000 | | 横浜8,000 | |
| コークス | 東京・横浜14,854 | | | |
| 金属類計 | 481,469 | | | |
| 合計 | 1,249,469 | 600,756 | 414,927 | 353,127 |

出典：横須賀市『新横須賀市史 資料編　近現代Ⅱ』（2009年）〈247〉。
注：海路・陸路いずれかの価格が5,000円以上の品目に限って表示した。

岸部と対岸の上総・安房方面へ、陸路は浦賀・横須賀周辺の地域への移出と考えられる。仕出地において産地の比重が低下して東京が台頭する一方で、仕向地も浦賀の近在・周辺、および対岸に限られるようになった。このように、一八九〇年代になお確認された浦賀の集散地的性格は後退し、仕入先を東京の問屋に依存し、また出荷する地域も近在・周辺・対岸に縮小するなど、商圏は限定されるようになった。浦賀港出入港額の急減は、まず、このような変化とともに進んだのである。

一方、横須賀港入港額は一九〇〇年代前半にやや停滞したが、日露戦後の同年代後半からは、急減する浦賀港とは対照的に順調に増加し、浦賀港を上回るようになった（表3―2）。一〇年代前半に三品入港額はやや停滞するが、浦賀港のような落ち込みはなかった。すなわち、三品についてみると、米の入港額は増加傾向を続けたが、清酒は増減幅が大きく、また塩の入港は依然きわめて少なかった。ただし、砂糖や衣類は急増している。また、金属機械の入港がこの時期からはじまった。出港額は前期に続いてほとんどない。

このように、一九〇〇年代後半の横須賀港は、三品・五品の入港額が増加するとともに入港品は多様化し、浦賀港の入港額を上回るようになった。また、出港額がきわめて少額であったことは、入港商品の多くが横須賀で消費されたことを示している。一九〇〇年代から、軍港都市横須賀の人口は増加傾向を顕著にしており、諸商品の需要は拡大していく。横須賀港は、拡大する軍港都市を支える商港としての機能を明確にしはじめたのである。

**表3-4　浦賀町移出入額・海陸別**（1912年）

（単位：円）

| 商品 | 移入 | | 移出 | |
|---|---|---|---|---|
| | 海路 | 陸路 | 海路 | 陸路 |
| 米 | 東京101,903，千葉35,993，三河18,687，富山16,523，尾張1,050 | 福島120,307，富山63,895，愛知38,081，東京19,578，栃木5,796，秋田4,508，三重3,275，滋賀1,062，宮城905，埼玉967，石川917 | 本郡内69,791，千葉24,890，横須賀11,682 | 横須賀94,780，本郡内46,370，中郡2,542 |
| 大麦 | 東京3,950 | | 千葉7,622 | |
| 搗麦 | | 静岡13,567 | | 本郡内850 |
| 平麦 | | 静岡11,146 | | |
| 雑穀 | 東京2,806 | 中郡900，静岡720 | 千葉6,000 | 本郡内1,800 |
| 大豆 | 東京5,892 | | | 横須賀1,220 |
| 酒 | 東京39,339，尾張3,173 | 摂津68,215，横須賀4,363，尾張2,768 | 本郡内27,130，千葉2,970，横須賀985 | 郡内42,804，横須賀35,286 |
| 焼酎 | 東京7,835 | 伊勢4,212 | 本郡内3,185 | 本郡内6,598，横須賀820 |
| 洋酒類 | 東京6,475 | 横須賀1,904 | 大島550 | |
| 塩 | 阿波160,342 | | 千葉78,342，中郡46,498，本郡内5,948 | 本郡内14,809，横須賀3,291 |
| 酢 | 尾張2,786，東京791 | 愛知2,018 | 千葉3,383，本郡内3,099，大島592，横須賀217 | 本郡内5,394，横須賀1,821 |
| 味噌 | 東京1,959，千葉446 | | 本郡内1,139 | 横須賀18,560、本郡内1,831 |
| 醤油 | 東京9,734，千葉3,908 | 東京1,333，横須賀357 | 本郡内3,236，千葉109 | 本郡内4,812，横須賀3,036 |
| 砂糖 | 横浜22,100 | 横須賀11,200 | 千葉13,600 | 本郡内4,300 |
| 魚類 | 千葉2,450 | 久里浜村200,000 | 東京63,700 | |
| 肥料 | 千葉27,463，播州3,750，久里浜83 | | 千葉3,220，東京83 | 中郡22,248 |
| 雑貨 | 千葉・大島24,572，東京17,906 | 横須賀320 | 中郡9,638，千葉5,328 | |
| 陶器類 | 尾張1,830 | 尾張5,970 | 本郡内3,158 | 本郡内2,905 |
| 油類 | 東京14,755、横浜24 | | | |
| ローソク | 東京・横浜5,256 | | | |
| 薪炭類 | 千葉12,524，伊豆9,133，大島1,060 | 山北376 | | 横須賀10,240 |
| 石炭 | 東京・横浜48,222 | | | |
| 木材 | 東京47,493，千葉2,080，北海道3,675 | 本郡内1,200 | 三崎地方200 | 本郡内8,850，横須賀4,130 |

## （二）鉄道輸送の台頭と海上輸送

明治後期の商品流通の変化をもたらした要因として、鉄道輸送の発達が指摘されている[16]。浦賀港の出入港額や品目構成についても、一八八九年（明治二二）の東海道線全通、および同年の横須賀線（大船―横須賀間）、横須賀駅開業の影響が考えられる[17]。横須賀駅到着の貨物量は、発送量を大幅に凌駕して急増していく（表3―5）。商品により、浦賀への諸商品移入に占める鉄道輸送の比重が高まったが、一九一二年の時点では、海路入港総額一二五万円・陸路浦賀到着六〇万円と、なお、海路は陸路の約二倍である（表3―4）。陸路移入一万円以上の商品は、米・酒・搗麦・平麦・砂糖などであった。

海路と同様に、陸路最大の移入品も米であった。鉄道輸送が本格化するまで、遠隔産地の産米は、海路、消費地や集散地の問屋に仕向けられた。東京の日本橋や深川の問屋が集荷した米の一部は、海路浦賀へも仕向けられた。ただし、商品流通の拠点としての浦賀の機能がなお強かった一八九〇年代には、浦賀商人が産地の移出問屋などと直接取引し、海路浦賀に入港する米も多量にあった（表3―3）。

しかし、東京や大阪を起点に、主要な米産地に鉄道が延伸して輸送が活発化すると、例えば、日本鉄道沿線の産地各駅から発送された東北・北陸・北関東の産米は、秋葉原などの貨物駅に向かい、同駅に接続する神田川市場などの米穀問屋に委ねられるようになった[18]。さらに、東京から鉄道や海運により浦賀・横須賀に到着し、ま

**表3-5　横須賀駅到着・発送量**

（単位：トン）

| | 到着 | 発送 |
|---|---|---|
| 1896-1900 | 7,433 | 4,840 |
| 1901-05 | 17,287 | 7,361 |
| 1906-10 | 33,598 | 11,811 |
| 1911-15 | 60,797 | 21,236 |
| 1916-20 | 107,033 | 27,469 |
| 1921-25 | 130,431 | 25,491 |
| 1926-30 | 162,189 | 18,264 |
| 1931-33 | 102,880 | 12,084 |

出典：『鉄道局年報』、『鉄道院年報』『神奈川県統計書』、『横須賀市統計書』（各年版）。
注：各期の平均値。

た、産地から東京を経由せず、直接横須賀駅に向かうものもあった。東海地方の産地各駅から東京方面に向かう荷の一部は、東海道線・横須賀線を経由して横須賀駅に到着した。こうして、横須賀駅到着貨物量は急増していく(表3―5)。

すなわち、福島・宮城・秋田、富山・石川、栃木・埼玉、愛知など各県の産地からは、鉄道により横須賀駅に到着するようになった。また、東京から陸路到着する米は、東京の米穀問屋を経由した米が浦賀の商人に出荷され、鉄道により横須賀駅に到着したものと思われる。横須賀からは陸路浦賀に到着する荷が増加している。また、かつて海路、尾州廻船などにより入港していた伊勢・尾張や関西方面の産米は、東海道線による輸送に切りかえられていったが、なお海路により三河・尾張から入港する米も確認できる。富山からも、海路・陸路双方の入荷があった(表3―4)。

すでに、一九一二年における米移入額は、海路一七万四一五六円に対し陸路二五万九二九一円と、陸路が大きく上回っていたが、その多くは鉄道輸送によるものと考えられる。一九〇〇年前後の時期に、浦賀移入の米は、海上輸送から鉄道輸送への転換が急速に進んでいたのである。ただし、東京からの荷の大半は海路によるものであった。日本橋や深川の米穀問屋を経由した米の多くは、なお鉄道延伸がない浦賀には、海路輸送されたのである。鉄道輸送への切替は、なお過渡期にあったといえよう。

酒(清酒)についても、従来の海路のほか、産地の摂津や東海方面から陸路鉄道による横須賀駅到着があり、陸路・海路双方から浦賀に移入されるようになった。ところで、横須賀から陸路四三六三円の移入は、横須賀駅に到着した酒が浦賀に輸送されたものと思われるが、逆に浦賀から横須賀へも海路九八五円の移出があり、浦賀に海路到着した酒が海路横須賀に輸送される場合もあったといえる。また浦賀から出港する酒の大半は海路三浦郡内に仕向けられたが、一部は対岸にも出荷された。さらに焼酎・洋酒類の移入もあったが、海路東京より入るもの、鉄道により伊勢方面から入るもの、さらに、横須賀到着の洋酒が陸路浦賀に運ばれるものなどがあった。

また、大麦・搗麦・平麦・雑穀などの穀類は、東京から海路移入されるものと、東海方面から東海道線・横須賀線を経由して、陸路浦賀に輸送されるものがあった。静岡県からは、陸路多額の麦が移入されている。そのほか、醤油・砂糖・雑貨などについても、陸路横須賀からの入荷が記載されているが、これは鉄道により横須賀駅に到着した荷の一部が、浦賀に送られたことを示すものであろう。醤油は海路東京よりの入荷を主とし、対岸の千葉からの移入もあったが[19]、また陸路東京や横須賀からの入荷もあり、鉄道でも輸送された。砂糖は横浜からの海路、横須賀からの陸路に別れている。砂糖輸入港である横浜から海路入港があるとともに、鉄道により横須賀駅に到着した荷が、陸路浦賀にもたらされたのである[20]。これらの多様な商品は、浦賀町で消費されるほか、海路・陸路により横須賀へ、また海路対岸に移出された。横須賀への移出は陸路によるものが多かったが、酢などは海路によっている。

こうして、浦賀・横須賀の間に、多様な浦賀港移出入商品が運搬されるようになった。浦賀の商人は、商品流通の拠点として横須賀駅が台頭すると、結束して同駅前に倉庫業を営むようになった[21]。また浦賀・横須賀間には、たびたび鉄道敷設が請願されている。すでに一八九五年（明治二八）には、横浜・杉田方面から富岡・金沢を経由して横須賀に至り、さらに大津から浦賀・久里浜をへて、三浦半島西岸の葉山から逗子に至る相海鉄道株式会社の起業が試みられたが、実現しなかった[22]。一九〇四年にも、横須賀電鉄が横須賀停車場から浦賀に達する電気鉄道の敷設と、電灯用電力の供給を目的に特許を出願している[23]。また、一九一二年には、浦賀軽便鉄道の敷設が試みられたが、その「特許願」には、「横須賀市ヨリ浦賀ニ至ル旅客貨物ノ出入頻繁ナルニ拘ハラズ、未ダ運輸ノ業ヲ営ムモノ無之ハ同地方ニ於ケル一大欠点」と、両地間の輸送需要の高まりが記されている。[24] さらに一六年には、浦賀町会が官設鉄道の浦賀延長を請願する決議を採択し、「輓近海運業ノ隆盛ハ浦賀船渠会社ノ発展ヲ促シ、従来ノ如ク海上輸送ノミニテハ到底其需用ヲ充実シ能ハサルノミナラズ、横須賀浦賀間ニ於ケル人馬ノ往来其頻繁ナル、全国重ナル都市ヲ除カバ其比ヲ見ズ」と、重工業関係の新たな輸送も含め両地間の「人馬」往復の活発化を記し、横須賀線の浦賀延長を請願している。[25]

## (三)東浦賀美川商店の米穀取引

浦賀港の三品出入港額は一九〇〇年代後半から急減した。この時期の浦賀の米取引について、一九一一年(明治四四)における、東浦賀の米穀問屋美川商店の仕入先・販売先から検討する。[26] 同商店が取引先との通信に使用したハガキの控えによれば、仕入先は、第一に、東北(岩手・宮城・秋田・福島)、関東(茨城・栃木・埼玉・千葉)、北陸(富山・石川)、東海(愛知・三重)、近畿(滋賀)、中国(岡山)、九州(佐賀)の産地各県におよぶ約五〇の取引先であった。その多くは、産地の移出問屋などと考えられ、差し出されたハガキの控えには注文品の銘柄(肥後米、一等白米など)・数量・取引方法などが記されている。浦賀の米穀問屋は、まず、自ら産地の商人から直接仕入を行っていた。

ただし、第二に、東京の米穀問屋からの入荷も確認できる。それらのうち、同年に取引件数が最も多かったのは、東京市日本橋区小網町三丁目の坂野米店であり、同年に美川商店は、同店に対し、肥後米などの銘柄の玄米・白米を二五件注文している。次いで、同区亀島町一丁目の小林栄蔵にも、白米・糯米などの注文が一五件あった。日本橋の小網町・亀島町は米穀問屋が集積する地域であり、産地からまとまった量の産米が集荷された。それらは、東京市中の問屋や卸商に、また浦賀などやや遠方の問屋などに供給された。また、一九一二年には、日本橋の山野井商店が、汽船の定期便のほか美川商店の「私船」により浦賀へ輸送している[27]。一〇年前後には、鉄道輸送の割合が高まっていたが、東京経由の米については、なお海上輸送も活発であった。

美川商店は、販売先として横須賀市内の商人一七件の取引を記している。横須賀市内は最も取引先が多い地域であり、そのなかには海軍軍艦の「食卓長」や「機関部」員も含まれていた。また、浦賀町(二件)、浦郷村(一件)、衣笠村(三件)、久里浜村(四件)、南下浦村など三浦郡内の町村の取引先が続き、さらに対岸安房郡岩井村の商店にも白米を販売している。美川商店は、横須賀にも店舗や倉庫を有しており[28]、鉄道到着荷の保管や横須賀市内の需要者との取引などの業務にあたっていたものと考えられる。

このように、浦賀の米穀問屋は、米産地の移出問屋、および東京の米穀問屋から、鉄道や海運を利用して仕入を行い、横須賀市内を最大の販売先とし、そのほか近在や対岸の需要にも応えていたのである。

## 第四節　第一次大戦期・一九二〇年代〜一九三〇年代

### (一)浦賀港の変容

一九一〇年代後半の第一次大戦期から二〇年代にかけて、まず、浦賀港の入港額に大きな変化が生じた。金属機械など、重工業関係商品の入港の増加である。鋼材・機械・金属類などの移入額が増加し、二〇年代半ば以降は入港額の半数前後を占めるようになった(表3—1)。仕出地は東京・横浜のほか大阪や北九州方面など

**表3-6　浦賀港出入港品の仕出地・仕向地**　（単位：1,000円，％）

| | | 期間 | 金額 | 仕出地・仕向地 |
|---|---|---|---|---|
| 入港 | 米 | 1911-15 | 152 | 東京(57.5)，千葉県(28.4)，尾張・愛知県(4.2)，富山県(2.6)，横浜(2.4)，岩代(2.8)，静岡県(0.6) |
| | | 1916-20 | 180 | 東京(91.6)，千葉県(7.2)，名古屋(0.7)，横浜(0.5) |
| | | 1921-25 | 156 | 東京(90.8)，半田(1.7)，千葉(1.7)，木更津(1.4)，桜井(1.2)，湊(0.5)，三崎(0.3) |
| | | 1926-28 | 86 | 東京(71.1)，木更津(18.4)，横須賀(5.2)，桜井(2.2) |
| | 酒 | 1911,12,14,15 | 56 | 東京(52.9)，摂津(23.9)，愛知・千葉(19.6)，尾張・愛知(3.6) |
| | | 1916-20 | 128 | 東京(93.9)，愛知(0.7)，三重(0.1)，千葉(0.0) |
| | | 1921-25 | 168 | 東京(87.4)，横浜(5.5)，武豊(4.9) |
| | | 1926-30 | 120 | 東京(76.6)，名古屋(18.0)，横須賀(0.4)，横浜(0.3) |
| | | 1931,32,34 | 43 | 東京(88.6) |
| | 塩 | 1911-12,15 | 142 | 阿波(66.6)，東京(27.3)，讃岐(3.7)，伊予(2.4) |
| | | 1916-17 | 251 | 東京(96.0) |
| | | 1921-23 | 177 | 東京(96.3) |
| | | 1934-35 | 84 | 横浜(99.6)，下松(0.4) |
| | 砂糖 | 1911,12,15 | 24 | 横浜(88.5)，東京(11.5) |
| | | 1922-25 | 59 | 横浜(50.1)，東京(49.9) |
| | | 1926-28 | 57 | 横浜(51.8)，東京(48.2) |
| 出港 | 米 | 1911-14 | 53 | 三崎(38.5)，三浦郡内(22.5)，千葉県(17.1)，長井(9.3)，横須賀(5.5)，久里浜(3.9)，南北下浦村(2.5)，鎌倉(0.5) |
| | | 1916-20 | 51 | 三崎(59.5)，南下浦(10.6)，東京(5.6)，横須賀(5.2)，大島(1.8)，船形(1.6)，鴨川(1.6)，久里浜(1.4)，館山(0.9)，千葉(0.7) |
| | | 1923-25 | 36 | 三崎(36.4)，東京(25.5)，南下浦(13.6)，大島(2.0) |
| | | 1926-27 | 3 | 三崎(100.0) |
| | 酒 | 1911,12,14 | 36 | 三崎(77.8)，千葉県(17.2)，北下浦(1.5)，小田原(1.1)，横須賀(0.9)，南北下浦(0.6) |
| | | 1916-20 | 63 | 三崎(39.5)，南下浦(18.9)，長井(8.3)，千葉(県)(7.6)，館山(5.8)，東京(4.5)，保田(2.3)，勝山(1.9)，横須賀(0.3) |
| | | 1921-24 | 70 | 三崎(37.0)，東京(12.8)，千葉(8.0)，館山(7.4)，南下浦(7.0)，保田(3.3) |
| | | 1926-28 | 59 | 三崎・湊(34.4)，南下浦(24.5)，三崎(14.6)，鎌倉(5.7)，湊(4.5)，金田(2.8) |
| | 塩 | 1911-12,14-15 | 85 | 千葉県(56.8)，千葉・三浦(23.6)，相模(15.1)，中郡(13.6)，三崎(5.1)，小田原(4.4)，長井(2.3)，須賀(2.2)，伊豆(0.4)，陸前(0.1) |
| | | 1916-20 | 51 | 千葉(県)(31.1)，館山(26.7)，三崎(12.7)，中郡(10.4)，保田(3.2)，長井(2.3)，南下浦(2.1)，鴨川(1.4)，伊豆(0.5) |
| | | 1921-25 | 62 | 館山・北条(34.0)，三崎(17.0)，鴨川(9.6)，勝山(7.2)，岩井(3.8)，湊(2.9)，佐貫(2.5)，保田(2.0)，大貫(1.9)，小湊(0.9)，松輪(0.7)，金谷(0.6)，竹岡(0.6)，金沢(0.2)，那古(0.1)，船形(0.1)，金田(0.1) |
| | | 1926,28 | 35 | 船形(40.4)，三崎(16.4)，湊(9.4)，金田(8.8)，金谷(8.2)，大貫(7.1)，佐貫(3.7)，南下浦(2.6)，富浦(0.2) |
| | 砂糖 | 1911-12 | 23 | 千葉県(86.9)，三崎(13.1) |
| | | 1923 | 14 | 三崎(48.5) |

出典：『日本帝国港湾統計』、『神奈川県統計書』（各年版）。

注：表3-1の各期について、数値が判明する年次に限り、仕出地・仕向地別平均出入港額の構成比を表示した。酒には焼酎などの和酒、洋酒を含む年次がある。

の重工業地帯であった。

次に、三品・五品の入港額は、低迷した日露戦後をやや上回ることもあったが、回復には限界があった。ただし、少額ではあるが、数百円程度が維持され、また出港額も低迷しているが数百円レベルが継続しており、なお集散地的な性格が残存していたといえる。

一九一〇年代からの、商品ごとの出入港額の推移をみると（表3—6）、まず米の入港は、大戦期から東京の比重が高まり、対岸の千葉県（木更津、湊など）からの入港が若干それに加わった。ただし二八年のように、木更津からの入港額が東京を上回って過半を占めることもあった。[29] 愛知県・富山県・福島県・静岡県など産地からの入港額も、比較的少額になったが存続している。また二〇年代半ばには、横須賀からの入港が一定量を占めるようになるが、これは、鉄道で横須賀駅に到着した米が、海路浦賀に輸送されるルートの拡大を示している。

次に、米の出港額をみると、大戦期には横須賀、および三崎・長井・久里浜・南下浦などの三浦郡、鎌倉など近在の消費地のほか、館山・船形・鴨川などの千葉県南部、さらに大島など、対岸や島嶼に海路移出されている。額は少なくなるが、鉄道輸送が難しい地域への出港が継続していたことが判明する。

しかし、一九一〇年代後半から二〇年代後半にかけて、上総・安房地方の沿岸にも鉄道が整備され、浦賀からの米出港額は激減することになった。すなわち、対岸の内湾沿岸地域に木更津線（北条線）の建設が進み、一五年に上総湊、一六年に浜金谷、一七年に安房勝山、一八年に那古船形、一九年に安房北条（館山）まで開通した。二〇年代には外房方面に延伸し、二一年に南三原、二五年に安房鴨川に到達した。また外房方面では房総線が一八九九年に大原、一九一三年に勝浦まで開業していたが、さらに二七年に上総興津、二九年に安房鴨川に接続して環状化した。浦賀港から上総・安房地方への出港は二〇年代にも継続するが、対岸では鉄道建設

が進んでいたのである。(30)

次に酒(清酒)の入荷は、一九二〇年代半ばに武豊・熱田など愛知県から若干あるが、東京からが圧倒的となった。また、横須賀から若干の船積がある年もある。入港額は大戦期から二〇年代半ばまでやや増加したが、それ以降は、さらに減少していった。また酒の出港は、米と同様に、三崎ほかの三浦郡地方、鎌倉郡などの近在向けであった。なお、一部は対岸の館山・保田など安房郡地方に仕向けられ、二割前後の割合が維持されている。

大戦期の一九一〇年代後半から、塩の入港の大半は東京からとなった。一〇年代前半には四国など産地からの入港が七割程度を占めていたが、大戦期にはほとんどの入港が東京からとなる。浦賀の塩取引は、かつての下り塩問屋の機能が大幅に後退し、東京の塩問屋のもとに再編されたといえよう。一九二四年からは、県統計・港湾統計どちらにも、浦賀港の塩入荷の記載はなくなる。

次に出港額をみると、日露戦後からの漸減傾向は続いたが、仕向地として三崎・松輪・長井・南下浦などの三浦半島沿岸、中郡など神奈川県内や伊豆、および対岸の館山・佐貫・富津・保田・金谷・那古・勝山・小湊・勝浦などへの出港が、二〇年代末まで継続していることも確認できる。塩取引については、仕入地が産地から東京に転じたが、三浦半島やその周辺、対岸への出荷はなお存続し、集散地としての機能が残っていた。ただし二〇年代半ば以降の出港額はさらに減じており、記載のない年も増えている。

このように、浦賀港の集散地的な性格は、三品については、出入港額が低迷しながらもある程度続いていたが、二〇年代後半に至り、さらに減少して最終的な後退局面に入ったといえる。

## (二)横須賀港の発展

横須賀港入港額は、大戦後も急増を続けた(表3―2)。大戦期から一九二〇年代にも、横須賀市の人口膨脹は続き(図3―1)、諸商品の需要増加は持続した。入港額の構成をみると、まず浦賀港と同様に金属機械が増加している。ただし、総入港額の三～四割に達する時期もあるが、浦賀と比較すればその額・割合ともに小さかった。横須賀港入港額の急増は、生活必需品によるものといえよう。三品・五品ともに入港額は浦賀港を大幅に上回るようになり、増勢を続けた。しかし出港額は、これまでと同様にきわめて少なく、入港品は横須賀とその周辺地域で消費されたといえる。

これを商品ごとにみると、米の入港は二〇年代半ばに増加し、大戦期には東京を主とするようになるが、浦賀港と同様に木更津や館山など対岸の上総・安房地方が、東京を上回ることもあった[31](表3―7)。また、二〇年代末の横浜からの入港増加は、横浜港に移入された植民地米が横須賀に輸送されたことによるものであろう。

酒も多くは、東京から入港するようになった。産地からの直接の入港は大戦前、一九一三年(大正二)の摂津を最後に記載がなくなる[32]。清酒のほか、統計には「和洋酒」などとして焼酎や洋酒と合算して数値が掲載される場合もあるが、清酒以外の酒も多くは東京から、一部は対岸の千葉県から入港している。また一〇年代にはじまる、横浜からの入荷は、国内の諸産地からの商品が横浜港を経由して浦賀に入港したものと思われる。

日露戦後に入港額が急増し、大戦期にさらに増加した砂糖は、すべて東京もしくは横浜からの入港であった。ただし、二〇年代半ばからは、二八年に急増しているが、停滞・減少傾向にあったといえる。

**表3-7　横須賀港出入港品の仕出地・仕向地**　（単位：1,000円，%）

| | | 期間 | 金額 | 仕出地・仕向地 |
|---|---|---|---|---|
| 入港 | 米 | 1911-15 | 997 | 東京・横浜(36.1)，東京・横浜・千葉県・房州(36.0)，千葉県・東京・横浜・上総(25.6)，宮城・石川・新潟・福井(1.8) |
| | | 1916-20 | 402 | 東京(85.4)，東京・千葉(14.6) |
| | | 1921-25 | 1,404 | 東京(47.8)，安房・上総(19.9)，木更津(17.1)，木更津・館山(11.1)，横浜(2.3) |
| | | 1926-30 | 1,390 | 東京(64.4)，横浜(35.5)，下総(18.3)，寒川(14.3)，千葉(8.6) |
| | | 1931-32,34-35 | 1,698 | 東京(59.6)，横浜(19.3)，千葉(9.3)，木更津(0.2) |
| | 酒 | 1911-15 | 135 | 東京・横浜(72.9)，摂津(27.1) |
| | | 1916-20 | 728 | 東京(100.0) |
| | | 1921-25 | 699 | 横浜(67.2)，東京(31.7)，千葉(1.1) |
| | | 1926-30 | 549 | 横浜(70.8)，東京(28.0) |
| | | 1931-32,34-35 | 226 | 東京(96.6)，横浜(3.4) |
| | 砂糖 | 1911-15 | 345 | 東京・横浜(97.8)，横浜(2.2) |
| | | 1916-20 | 824 | 東京(63.6)，東京・横浜(25.4)，横浜(10.9) |
| | | 1921-25 | 612 | 横浜(73.0)，東京(27.0) |
| | | 1926-30 | 639 | 横浜(70.9)，東京(29.0) |
| | | 1931 | 203 | 横浜(79.9)，東京(20.1) |
| 出港 | 酒 | 1927-30 | 92 | 館山(45.7)，安房・上総(29.7)，寒川(24.5) |
| | | 1931-32,35 | 86 | 館山(99.5) |

出典・注：表3-6に同じ。

このように、横須賀港は主に東京・横浜から、また一部は産地からの入港が増加し、三品・五品など、生活必需品が供給された。震災後も横須賀市の人口は急速な拡大を続けており、横須賀港はその需要に応える商港としての性格を強めたのである。

次に、二〇年代の横須賀港出港品と出港額・仕向地についてみると、同年代半ば頃から、木製品や和酒・洋酒などが、上総・安房や館山・寒川など対岸の千葉県側へ輸送されるようになったことが注目される（表3―7）。酒類などは、まとまった額が対岸に移出されており、横須賀港は、浦賀港が担っていた集散地的な機能も営みはじめた。横須賀に根拠を置く商人が、横須賀駅到着、横須賀港入港の酒類を対岸に出荷するようになったのであろう。

## (三)鉄道輸送の拡大

一九二〇年代において、鉄道輸送の発達は横須賀への諸商品輸送を促進した。横須賀駅到着貨物数量は大戦期に急増し、二〇年代にも増加を続けている(表3―5)。また、発送量は一〇年代後半まで増加したのちは漸減している。鉄道輸送も海上輸送と同様に、最終的な消費地にある横須賀駅では、到着量が圧倒的に優位にあったといえる。

これを、三品・五品について、横須賀港入港量・横須賀駅到着量を比較すると(表3―8)、まず米は、一九〇三～〇四年(明治三六～三七)には、横須賀港入港量五九三〇トンは横須賀駅到着量二八二五トンを大きく上回っていた。また、同期の浦賀港平均入港量は七五六八トンであり[33]、浦賀港、および海運の優位が確認できよう。しかし、二一～二五年には、入港量が減少する一方で、駅到着量が激増して両者は逆転している。その後二〇年代後半にかけて、入港量はやや増加するものの、駅到着量は増加を続けており、二〇年代末には駅到着量が入港量の約三倍となった。清酒についてもほぼ同様の傾向があり、一九〇三～〇四年には入港量と駅到着量がほぼ拮抗していたが、二〇年代には駅到着量が大幅に増加し、低迷する入港量を大幅に上回った[34]。しかし砂糖は、この間、入港量が駅到着量を大きく凌駕しており、かつ増加を続けた。粗糖や原料糖は台湾から神奈川県川崎・東京府南葛飾郡砂村(現江東区北砂)の精製糖工場(大日本製糖)まで、すべて船便によった。また直接消費に供する砂糖も、東京・横浜までは船便により、海外輸入のものも同様であった[35]。おそらく、産地や輸入港から、東京や横浜を経由して横須賀港に海上輸送され、横須賀にもたらされたのであろう。

また塩については、依然として、横須賀への入荷は海路・陸路(鉄道)ともに乏しい(表3―2・表3―8)。し

**表3-8　横須賀港入港量・横須賀駅到着量**　（単位：トン）

| | 米 | | 清酒 | | 塩 | | 砂糖類 | | 衣類 | |
|---|---|---|---|---|---|---|---|---|---|---|
| | 入港 | 駅着 | 入港 | 駅着 | 入港 | 駅着 | 入港 | 駅着 | 入港 | 駅着 |
| 1903-04 | 5,930 | 2,825 | 697 | 735 | | 2 | 79 | 2 | | 262 |
| 1921-25 | 5,531 | 16,244 | 98 | 3,320 | | 6 | 960 | 56 | 1,205 | 749 |
| 1926-30 | 7,276 | 20,146 | 333 | 2,755 | | 5 | 1,511 | 30 | 1,123 | 842 |

出典：『横須賀市統計書』、『神奈川県統計書』、『日本帝国港湾統計』（各年版）。
注：各期の平均値。衣類の重量は『日本帝国港湾統計』（各年版）による。

たがって、横須賀で消費される塩は、海路東京から浦賀に入港した荷が、陸路横須賀に輸送されたと考えられる。横須賀の商人は塩の取引に新規参入せず、浦賀の商人が東京から入荷し、横須賀に供給していたものと思われる。

このように、横須賀港は商港として急速に成長し、市民生活の需要増加に応えたが、鉄道輸送の急増により米・清酒などは、駅到着量が入港量を圧倒するようになった。しかし、塩や砂糖など、消費の増加に海上輸送が対応する商品もあった。横須賀港は、商港として発達を遂げて浦賀港を凌駕し、その機能を代替しはじめたといえよう。

## （四）一九三〇年代

一九三〇年代の浦賀港入港額は、二〇年代からの減少傾向が続いており、それは戦時下にも同様であった。三品・五品の入港額が急減し、その比重は三品は一割を下回り、五品も一割前後に過ぎなくなった（表3―1）。

また、仕出地はほとんど東京・横浜となった。表3―6には清酒以外の和酒や洋酒も含まれるが、一九三〇年代の酒の仕出地は東京が大半を占め、その額は急減する。塩の仕出地は、ほとんどすべて横浜となり、入港額も大幅に減少する。二〇年前後から横浜港の塩移出入が増加するが、浦賀への供給額も急増したものと思われる[36]。塩の浦賀港入港額は、三四～三五年以外には記載がなくなり、その低迷がうかがえる。一方で金属機械のみが一定額を維持するようになり、二〇年代からは入港額の過半を、三〇年代には六割以上を占めた。

また出港額も減少を続け、三品・五品は僅かな額に落ち込んだ。出港額の低迷は一九〇〇年代後半から顕著となり、三〇年代半ばまで続いた。一方で、金属機械の出港額は三〇年代に急増し、同年代後半の出港額は、その他の商品も含めて入港額と同程度にまで増加している。ただし、三品・五品の出港額は微額にとどまったままであった。

このように浦賀港においては、生活必需品や、集散地としての取引に関わる商品の出入港が大幅に後退し、代わって金属機械の出入港が大きな比重を占めるようになった。浦賀港の性格は決定的に変貌したといえよう。

一方、横須賀港は一九三〇年代前半の恐慌期に入港額を減少させたが、三〇年代後半には増加に転じた。三品・五品の入港額も三〇年代に増加している。なお、砂糖の入港額が減少するのは、鉄道による入荷が増加したためと思われる。また、金属機械の入港が、三〇年代後半に激増しているのは、戦時下の民間重工業の活発化によるものといえよう。ただし、その入港割合は四割未満に止まっており、五品や金属機械以外の多様な商品の入港の増加がうかがえる（表3―2）。

出港額についても、一九三〇年代に金属機械の増加が確認できるが、浦賀港よりはるかに少額であった。そのほか増加が確認できるのは、清酒や、その他諸商品の出港額である。三〇年代の横須賀港では、出入港総額が増加すると同時に、商品の多様化がさらに進んだのである。

また、清酒の仕出地は対岸の上総・安房方面であった（表3―7）。清酒以外の和酒や洋酒の横須賀港出港は、一九二〇年代後半から確認されるが、三〇年代にもそれが継続した。三〇年代に入ると、浦賀港の酒類出港額は統計に登場しなくなるが、代わって横須賀港からの出港額が増加しており、対岸との取引が確認できるようになる。浦賀港の集散地的な機能は決定的に衰えたが、その一部は横須賀港に受け継がれたといえよう。

## おわりに

一八八〇年代の浦賀港は、横浜に次ぐ県内第二の出入港額があった。九〇年代においても浦賀は、なお、遠隔地を含む産地と、浦賀・横須賀など近在から遠方に至る消費地を結ぶ、集散地的な機能を保持していた。しかし、幕末と比較すれば三品などの入港量は低下しており、機能にも大きな限界が生じていた。一方で横須賀港は、衣食に関わる生活必需品の需要拡大に支えられ、出入港額はなお少なかったが、浦賀に接近しはじめた。

日露戦後に浦賀港の出入港額は急減し、その機能も変貌をはじめた。それは、産地との取引が後退して大集散地東京の傘下に入り、仕出地も近在や周辺地域、対岸の上総・安房地方に限定されるという、商圏の縮小をともなうものであった。近在・周辺地域や対岸などへの移出は続いたが、集散地的機能は後退していったのである。またこの時期、浦賀船渠が開業して、金属機械などの入港が増加しはじめた。

他方でこの時期には、横須賀港は軍港都市の人口増加、需要急増により、商港としての機能を本格化させた。さらに、鉄道輸送が活発化し、横須賀港入港増に加えて横須賀駅到着貨物が急増する。また、海路浦賀に入港した商品が横須賀に輸送され、また鉄道により横須賀駅に到着した商品は浦賀に搬出されるなど、浦賀・横須賀間の輸送量も急増した。鉄道による輸送は急速に拡大したが、なお浦賀港・横須賀港への入港も多く、過渡的な様相を呈していたといえよう。

このような日露戦後の変化は、第一次大戦期から一九二〇年代に加速された。浦賀港の集散地的機能はさらに低下し、最終的な後退局面に入った。ただし、金属機械の入港は急増していく。一方で横須賀港は、金属機械の入港増加には限界があり、市民生活に関わる、商港としての性格を強めた。また、対岸への酒移出など、集散地的な機能も果たすようになった。横須賀への移入商品は、生活必需品については横須賀駅到着が横須賀港入港を凌駕するようになり、また浦賀港入港をも上回った。浦賀にはなお、鉄道の延伸は実現しなかった。さらにこのような変化は、三〇年代に入り一層進んだ。こうして、浦賀港と横須賀港の位相は転じていくことになる。

浦賀港の、商業港、集散地的機能の後退と工業港化、および横須賀港の商港機能の拡大は日露戦後にはじまり、大戦期から一九二〇年代・三〇年代に決定的になった。軍港としての横須賀港については、その多面的な研究が進められているが[37]、商港としての側面についても、軍港都市の膨脹により、すでに、市制が施行される一九〇七年(明治四〇)前後から明確になったのである。

**注**

(1)　横須賀市編『新横須賀市史　通史編　近世』(二〇一一年)第三～五章など。
(2)　加藤晴美・千鳥絵里「浦賀湊の景観及び機能とその変容過程―西浦賀を中心として―」(『歴史地理学調査報告』第一二号、二〇〇六年三月)Ⅱ、Ⅲ、前掲『新横須賀市史　通史編　近世』第五章など。
(3)　大豆生田稔「北海道産物会所と浦賀商人―北海道立文書館所蔵『開拓使公文録』から」(『市史研究　横須賀』第二号、二〇〇三年一月)、加藤晴美「近代浦賀における商家経営とその変容―東浦賀・米穀問屋美川家を中心として―」(『歴史地理学野外研究』第一三号、二〇〇九年三月)三〇頁。近代の浦賀と横須賀の商業については、横須賀市編『新横須賀市

史　通史編　近現代』(二〇一四年)八二〜九二、三一四〜三二二頁。
(4) 前掲、加藤「近代浦賀における商家経営とその変容」三九頁。
(5) 前掲、加藤・千鳥「浦賀湊の景観及び機能とその変容過程」八一〜八四頁。
(6) 基礎資料となる神奈川県編『神奈川県統計書』、および内務省土木局編『日本帝国港湾統計』の数値は、掲載商品や数値が一致しないことがある。数値は町役場の調査によると考えられるが、どの商品を掲載するか、同一商品の場合どの範囲まで集計するか(例えば「米」の場合は「内地米」・「朝鮮米」・「台湾米」・「外国米」などに細分され調査されるが、そのうちどの種類を掲載するか、どれを集計して「米」として掲載するか)で、掲載項目や数値に異同が生じたと思われる。
(7) 鉄道の浦賀延伸は、しばしば計画され要請されるが、湘南電気鉄道(現京浜急行電鉄の黄金町以西。一九三〇年に営業開始)の浦賀駅開業は一九三〇年、横須賀線の久里浜延長は一九四四年のことである。なお、浦賀駅は開業したが、湘南電気鉄道は開業以来、採算の見通しが立たず貨物営業を見合わせ、三四年には同営業を廃止している(京浜急行電鉄『京浜急行八十年史』一九八〇年、三三七頁)。
(8) 『神奈川県統計書』(一八八四年版)。なお、前掲、加藤・千鳥「浦賀湊の景観及び機能とその変容過程」八二頁を参照。
(9) 一九〇七年刊の小川鎌太郎編『浦賀案内』には、砂糖問屋二店、古着商三店、呉服商三店が記載されている。
(10) 前掲、加藤・千鳥「浦賀湊の景観及び機能とその変容過程」八二〜八四頁。
(11) なお、海軍工廠関係の出入港は、本統計の調査対象とはなっていない。
(12) 『神奈川県統計書』(各年版)による。
(13) 前掲、加藤・千鳥「浦賀湊の景観及び機能とその変容過程」七四頁。
(14) 伊藤久志「近代浦賀の問屋と三浦半島―淡路屋加藤家の史料から」(ウラケン講座レジュメ、二〇一四年二月)。
(15) 落合功『近代塩業と商品流通』(日本経済評論社、二〇一二年)二九八〜三〇〇頁。
(16) 山口和雄・石井寛治編『近代日本の商品流通』(東京大学出版会、一九八六年)七〜八頁。
(17) 日本国有鉄道『日本国有鉄道百年史　第9巻』(一九七二年)一九三頁。
(18) 持田恵三『米穀市場の展開過程』(東京大学出版会、一九七〇年)九一〜九三頁、大豆生田稔「東京市場をめぐる地廻米と遠国米」(老川慶喜・大豆生田稔編『商品流通と東京市場』日本経済評論社、二〇〇〇年、第八章)一九九〜二〇〇頁。

(19) 対岸の君津郡地方などから醤油の移入があった(千葉県史料研究財団編『千葉県の歴史　資料編　近現代5(産業・経済2)』千葉県、二〇〇一年、第二部、一〇一六頁、同編『千葉県の歴史　通史編　近現代1』二〇〇二年、六〇八頁)。

(20) 明治末以降、国内の砂糖生産は漸増したが、大戦を画期に消費が拡大し、輸移入への依存を高めた。輸入量の三～四割は横浜港によるものである。そのほか国内精糖業の生産も含めて、海路・陸路により浦賀・横須賀に移入された(横浜市『横浜市史　第五巻　上』一九七一年、三九八～四〇三頁)。

(21) 伊藤久志「明治末期における浦賀港の変容と卸商人」(浦賀研究会報告レジュメ、二〇一五年一一月二一日付)。

(22) 「相海鉄道株式会社起業目論見」一八九五年一一月(横須賀市編『新横須賀市史　資料編　近現代Ⅱ』二〇〇九年、五四〇頁〈三五二〉)。

(23) 『東京朝日新聞』(一九〇四年五月二七日)。

(24) 「浦賀鉄道軽便鉄道敷設特許願」一九一二年五月(前掲『新横須賀市史　資料編　近現代Ⅱ』五四三～五四四頁〈三五九〉)。

(25) 「浦賀町会の官設鉄道延長請願決議」一九一七年一一月(『同前』)五四九頁〈三六四〉。尋常高等浦賀小学校職員懇話会編『浦賀案内記』(信濃屋書店、一九一五年)七頁。また、一九一五年刊行の『浦賀案内記』によれば、浦賀・横須賀間には自動車の往復があって横須賀駅の発着に連絡し、また乗合馬車の往復もあった。

(26) 以下、大豆生田稔「浦賀の米穀問屋美川商店の取引先―明治末の『端書複写控帳』から―」(横須賀市『市史研究　横須賀』第八号、二〇〇九年三月)、前掲、加藤「近代浦賀における商家経営とその変容」による。

(27)(28) 前掲、加藤「近代浦賀における商家経営とその変容」三七～三八頁。

(29) 『日本帝国港湾統計』(一九二八年版)一一八頁。

(30) 前掲『千葉県の歴史　資料編　近現代5(産業・経済)』第一部、三四～三五頁。

(31) 『日本帝国港湾統計』(一九二四年版)一一四頁。

(32) 『神奈川県統計書』、『日本帝国港湾統計』(各年版)。

(33) 『神奈川県統計書』(一九〇五年版)八〇～八一頁。

(34) 兵庫県灘の清酒について、鉄道院編『本邦鉄道の社会及経済に及ほせる影響　中巻』(一九一六年)によれば、鉄道開通前は、東京方面へはすべて海運によっていたが、開通後の一九一〇年代半ばには、「概ね」鉄道便によることになった

（一一七九～一一八〇頁）。

(35) 前掲『本邦鉄道の社会及経済に及ほせる影響　中巻』一一七〇頁。

(36) 前掲、落合『近代塩業と商品流通』三〇六～三〇七頁。

(37) 前掲『新横須賀市史　通史編　近現代』の各章、上山和雄編『軍港都市史研究Ⅳ　横須賀編』（清文堂出版、二〇一七年）の各章、大豆生田稔編『軍港都市史研究Ⅶ　国内・海外軍港編』（清文堂出版、二〇一七年）第一章、第二章、第四章など。

コラム3

# 房総との交流

大豆生田稔

## (一)南瓜《カボチャ》・枇杷・醤油の入港

第三章のなかで、浦賀港と対岸房総との間の商品流通をみた。浦賀入港品の酒・塩などは対岸に向けて再移出され、対岸からは米や醤油などが送られてきた。また、商品の往来に限らず、三浦半島南部と対岸房総との交流は活発であった。

浦賀港の入港統計には記載されていないが、千葉県君津郡産の南瓜は横須賀・浦賀などに海路出荷された。(1) 同郡富津の南瓜は、「殊ニ明治十三、四年頃ヨリ東京、横浜、横須賀ノ需要益々増大」したといわれる。一九一八年(大正七)の調査によれば、「五、六月ノ早期」には「東京ニ七分、横浜ニ三分ノ割合」で移出したが、「東京盆以後ハ低落スルヲ以テ、之ヲ浦賀、横須賀ノ会社、工場及県内地方ニ供給」したという。(2) 夏になると東京の価格が下がるため、より近い浦賀や横須賀の会社・

工場などに出荷されたのである。

また同じ調査によると、安房郡富浦村特産の枇杷の出荷先は、東京八割、横浜ほか二割であった。この調査は、生産者の出荷組織である富浦果物組合を対象とするが、同様に、海路によれば販売市場が近いという有利な条件を指摘している。つまり、「短時間ノ海上運輸ニヨリ大都市ノ市場へ輸送シ得ラルルノ便利ナリ、現下ノ主要販売地ニ至ル距離ハ東京迄四十浬、横浜へ三十七浬、横須賀十九浬、浦賀十二浬、千葉四十三浬、木更津二十四浬ノ短距離ニ過ギス」[3]と記載されている。浦賀は最も近い移出先であった。

醤油も対岸から浦賀に入港した。銚子のヤマサ醤油の調査報告書によれば、君津郡青堀町大堀で醤油醸造を営む鳥海合名会社は、三浦半島方面にもさかんに出荷している。すなわち、ヤマサの外岡松五郎がまとめた「房総醤醸地視察報告」（一九二三年）によると、東京出荷を「主眼」とするのは君津郡醤油醸造業者に「共通」であったが、そのうち「対岸の横浜、横須賀方面にも相当の数量を送る者」として特記されているのが鳥海合名である。[4] 同社の二五年の造石高は郡内最大の一万四五〇〇石であり、県内では野田醤油・ヤマサ醤油・銚子醤油などの大醸造業者に次ぐ位置にあった。

## (二)東京湾の汽船航路

東京湾内には人や物資を輸送する汽船が往復し、水上で三浦半島と房総半島を結んだ。房総側は汽船就航に積極的であり、館山の輸送業者が一八七八年(明治一一)に設立した安全社は、館山―東京間に汽船便の運航を試みた。また八〇年設立の北条汽船は、八二年に安房共立汽船会社として再度組織され安全社と競争し、八七年には第二安房共立汽船が発足して東京—勝浦間を結んだ。(5) 一方、八〇年には東京の内国通運会社が東京—寒川間に汽船便を開始し、八四年には安全社を、八九年には第二安房共立汽船を買収した。また東京の福沢汽船も、千葉郡浜野村の共和汽船を合併するなど、競争により汽船会社はめまぐるしく変遷した。(6) また、三浦方面でも、幕末から横浜—横須賀間、江戸—横須賀間に定期汽船航路が設けられていたが、明治期には深川の材木商藤倉五郎兵衛が横浜—横須賀間航路を開業した。横須賀線開通後も、三崎町の三浦汽船、三浦共立汽船などが汽船を就航させている。(7)

一八八九年(明治二二)には東京湾汽船が、日本郵船元支配人、石川島造船所取締役、内国通運社長らを発起人として創業した。当初の航路は東京—横須賀間、東京—三崎間、東京—木更津間、東京—館山間であり、翌九〇年に東京—勝浦間の外房航路を開設した。(8) また千葉県側でも、安房汽船、第三安房共立汽船が発足した。安房汽船は「何分目下の所にては船数不足の為め、余儀なく乗客丈けは東京湾汽船会社の船に一任し居れとも、近々の内増船の都合に付、愈よ整頓の上は荷物乗客共に安房汽船会社にて独占し、決して東京湾汽船会社に手を付けさせざる見込」(9) として、東京湾汽船に対抗した。しかし、安房汽船は九四年に東京湾汽船に合併され、また第三安房共立汽船も九五年に解散した。日露戦争前後には、東京湾汽船は東豆汽船、相陽汽船、豆州共同汽船の各社を合併・買収して航路を伊豆半島に伸ばし、一九〇七年には東京府知事と命令航路の契約を結び、府の補助による伊豆諸島方面の航路にも乗り出した。(10) また内湾航路も、同社に集中するようになった。

**表コラム3-1　東京—浦賀航路発着時間**（1895年）

| 東京発 | 横須賀着・発 | 浦賀着 | 浦賀発 | 横須賀着・発 | 東京着 |
|---|---|---|---|---|---|
| 8：00 | 11：00 | | 6：00 | 7：00－8：00 | 11：00 |
| 13：00 | 16：00－16：10 | 17：00 | | 14：00 | 17：00 |

出典：『読売新聞』（1895年5月29日）。

**表コラム3-2　1903年の東京湾汽船の航路**

| 航路 | 寄港地 |
|---|---|
| ①内房航路 | 東京—横須賀—浦賀—小久保—竹岡—金谷—保田—勝山—富浦—船形—那古—北条—館山 |
| ②外房航路 | 東京—鴨川—天津—小湊—興津—松部—勝浦 |
| ③三崎航路 | 東京—浦賀—下浦—松輪—三崎 |
| ④伊豆航路 | 東京—熱海—網代—伊東—稲取—見高—河津—下田 |
| ⑤島航路 | 下田—新島—三宅島—御蔵島 |
| ⑥浦賀航路 | 東京—金杉—品川—横須賀—浦賀 |
| ⑦木更津航路 | 東京—木更津—桜井 |
| ⑧千葉航路 | 東京—千葉—浜野—八幡 |

出典：『東京朝日新聞』（1903年7月18日）。

東京湾汽船の東京—横須賀間航路について、浦賀や横須賀の発着便をみると、一八九五年五月には従来の汽船一隻の航海が二隻となり、うち一隻は浦賀まで航路を延長している（表コラム3—1）。また、一九〇三年の新聞記事によれば、当時同社には八航路があり、ほか三陸方面への航路もあった（表コラム3—2）。それらのうち、③・⑥は浦賀、横須賀など三浦半島南部沿岸と東京間を往復したが、①はさらに横須賀・浦賀と対岸を結んでいた。

ところで、明治末までの三浦半島南部、房総の沿岸は「交通頗ぶる不便の地で鉄道の敷設も行届かぬ有様」であり、「是非とも汽船便によらねば」ならなかった[11]。このため、一八九五年の相海鉄道の構想には、三浦・久良岐《くらき》二郡だけでなく、房総沿海の「魚介」を横浜や東京に輸送するという計画も含まれていた。

〔三浦・久良岐〕二郡ノ沿海ハ房州ト

一葦対水〔一衣帯水〕ノ地ナルヲ以テ、房州沿海ノ魚介ハ勿論総ヘテ東京横浜ヘノ交通ハ浦賀、横須賀等ヲ経テ纔ニ往復ノ便アレドモ、浦賀ト横須賀トノ間ハ未タ汽車ノ通スルモノナク、横須賀ト横浜及ヒ東京トノ間ハ既ニ汽車ノ便通スルモノアレトモ迂回セサルヲ得サレハ、房州人民ノ不便ハ更ニ甚タシト謂フヘシ、此等ノ不便ナカラシメテ二郡沿海ノ漁民ト房州人民ノ交通ヲ便ニセバ、他年一日中央停車場ノ建設ヲ見ルノ日ハ、朝ニ得タル相房沿海ノ魚介二時間ヲ出テスシテ日本橋市場ニ上ルヲ得ヘシ。是レ吾輩カ当鉄道ヲ敷設セントスルノ趣旨ナリ[12]

また一九〇四年にも、横須賀線横須賀停車場—浦賀間に電気鉄道を敷設する横須賀電鉄の計画があったが[13]、三浦半島と房総の「有志者」は、この計画を「機会」に館山・北条から浦賀に至る「新航路」の開設と電車との連絡を「協議」していた[14]。房総南部の鉄道駅への連絡は、千葉方面よりは横須賀駅の方が近かった。千葉、横須賀へはどちらも汽船便であり、横須賀—浦賀間に電車が敷設されれば浦賀への接続が有利となり、あわせて新航路も計画されたのであろう。東京湾をはさんで接近していた三浦半島南部と対岸房州には、交通面での一体性がうかがえる。

### (三)湾内の遊覧

第一次大戦期からは、対岸の房総にも鉄道敷設が進んだ。まず、木更津から北条・館山を目指して木更津線(のちに北条線)が南下し、一九一五年(大正四)には上総湊にまで達した。君津郡湊町は「人口四千に足らぬ小さき町」であったが、「物貨の集散却々盛んにして、是までは毎日湾内の汽船が着いて居た所」であった。[15] その後、鉄道は館山を経由して二五年に安房鴨川に至り、第三章にみたように、二九年（昭和四）には小湊・勝浦方面から延伸した房総線と接続して環状化が実現する。

このように、一九二〇年代に対岸房総の鉄道建設が進捗したが、三浦半島南部と房総とを結ぶ水上交通はなおさかんであった。すでに明治期から三浦半島や房総は、物資の往来にとどまらず、汽船による観光地・避暑地として知られた。東京湾汽船が発着する東京の霊岸島は、湾内沿岸の観光・避暑の出発地であり、「内房航路を始め三崎、木更津、千葉、浦賀、伊豆の各航路は毎日の発船、外房航路は一ケ月凡そ二十五回の発船、島航路は一ケ月一回乃至三回の発船」であった。[16] 当時の新聞記事には、三浦半島の海水浴場、対岸の鋸山、勝山などへの紀行文が掲載されている。ただし、海産物の積荷が多く「船中に生魚と同居するのは誰しも多少閉口する塩梅」でもあった。房総航路には「鮮魚」の積荷が多く「旅客には多大の不便」があったという。[17]

「爽快なる避暑」と題した「一週間の東京湾周游」の記事によれば、一九一〇年（明治四三）八月七日、記者は品川沖で針路を東にとり、船橋の塩田、稲毛の海水浴場、八幡宿・姉崎一帯の鯉・鯔《ぼら》・貝類の養殖、小櫃川河口の盤洲《ばんず》などを見ながら遊覧する。[18] しかし、木更津沖から富津を回って湊町に出るのは「何等の奇も面白味もない」として、羽田の灯台を目標に東京湾を横切る。羽田沖から西南に本牧、北に横浜市街を望み、杉田、金沢八景は「名所だけであつて風光甚だ明媚」であったが、船越、田浦、横須賀の要塞地帯は「御免を蒙」った。東南東に鹿野山に向かい四、五哩で猿島に近づくと島影に横須賀町が見え、さらに二哩進んで大津の海水浴場の砂浜に船を引き揚げた。「瀬の早い」観音崎にさしかかり「日和を見定め」るためである。こうして、「岬と第三海堡との間を抜け、三脚の白く塗つたクレーンを頼り」に浦賀港に入った。湾内第一の難所であり、「沈着に構へて悠然と舵を握り、神色自若として居るやうで無くては駄目だ」という。

また翌一九一一年七月の遊覧記は、午後一時、北条からの乗船である[19]。那古船形、加知山、保田と沿岸を北上して金谷に到着、ここから海峡を横切り四時に浦賀に入港した。浦賀から三崎までは馬車の予定であったが、六時半発の三崎行きの東海丸に乗船した。東京午後三時発の三崎行き乗客専用汽船である。浦賀から知り合った陸軍軍人と船首の甲板で眺めた夕暮れは、「四辺《あたり》に迫る薄暮の海の涼味を掬んだ紫の富士！星がきらつきはじめた遙に左の方に浮んだ光は、富津洲のか大武岬のか」と雄大であった。

## (四)大島の観光

さらに、観光は三浦半島、房総半島から伊豆半島、伊豆諸島にも広がった。東京湾汽船の震災直前の航路は、東京―三崎、東京―館山、東京―下田、東京―八丈島、東京―小湊、下田―沼津、清水―下田―土肥、伊東―国府津、東京―熱海などであるが、震災後には、外房航路を勝浦まで延長し、東京―熱海間に鉄道が開通すると、熱海―下田、熱海―伊東の航路を新設した。さらに一九二七年(昭和二)には、伊豆七島の観光開発やレクリエーション化を進め、従来の「貨主客従」から「客主貨従」に経営を転換する。老朽船の処分や新船の竣工、新鋭小型ディーゼル船の建造も進んだ。戸丸暁鐘が三〇年に著した『東京湾航路遊覧案内』は、「伊豆半島篇」・「房総半島篇」・「伊豆七島篇」・「三浦半島篇」からなるガイドブックであるが[20]、東京湾汽船の航路案内として刊行され、航路図とともに、寄港地付近の「名所古跡」を紹介している。三〇年代には大島観光ブームが到来して、同年代前半に下田―大島航路の観光客が激増した。[21]

ブームのなかで東京湾汽船は一九三五年、浦賀―大島航路を開いたが、これに応じて湘南電気鉄道（第三章の注(7)を参照）も連帯輸送を開始した。湘南電鉄は三〇年に浦賀駅を開業したが、三五年から急行「大島号」を運行して品川―浦賀間を七三分で結び、大島航路に接続させた。[22] さらに三七年から、湘南電鉄による浦賀―竹岡間の航路営業もはじまった。[23] 君津郡竹岡村には三〇年に竹岡駅（二六年に仮停車場）が開業しており、この航路は、湘南電鉄の浦賀駅と房総線の竹岡駅を連絡した。定員一三二名の湘南丸が就航し、鋸山方面への行楽客を吸収したという。

しかし、一九三七年七月に勃発した日中戦争は大島遊覧客を激減させた。海運業界は戦時統制のもと、東京湾汽船は燃料の暴騰から経営が行き詰まった。「夢と平和の実現を追求した第二期拡張計画は、実行の半ば〔中略〕戦時情勢の重みの中に、中断されなければならなかった」のである。[24] また三九年には湘南丸が東京横浜電鉄に売却され、浦賀―竹岡の連絡は短命に終わった。湘南丸は、東京横浜電鉄が出資する武漢交通の渡船事業に転用され、また湘南電鉄と大島航路との連帯運輸も廃止された。同社は竹岡航路を東京湾汽船に譲渡し、汽船事業から撤退する。[25] 観光事業の本格的再開は、戦後を待たなければならなかった。

**注**

（1）　大豆生田稔「東京湾をはさむ横浜と房総―流通の諸相―」（『交通史研究』第三三号、一九九四年五月）。
（2）（3）　千葉県史料研究財団『千葉県の歴史　資料編　近現代4』（千葉県、一九九七年）五四四～五四六頁。
（4）　同前『千葉県の歴史　資料編　近現代5』（二〇〇一年）四五、六一頁〈一〇一〉。
（5）（6）　同前『千葉県の歴史　通史編　近現代1』（二〇〇二年）六四八～六五四頁〈三〉。

(7) 横須賀市編『新横須賀市史　通史編　近現代』(二〇一四年)一二〇~一二三頁。
(8) 東海汽船株式会社編『東海汽船80年のあゆみ』(一九七〇年)一四頁。
(9) 前掲『千葉県の歴史　資料編　近現代5』六〇四頁〈一五六〉。
(10) 前掲『東海汽船80年のあゆみ』一八~二〇頁。
(11) 『東京朝日新聞』(一九〇三年七月一八日)。
(12) 横須賀市編『新横須賀市史　資料編　近現代Ⅱ』(二〇〇九年)五四〇頁。
(13) 本書第三章第三節(二)。
(14) 『東京朝日新聞』(一九〇四年五月二七日)。
(15) 同前(一九一五年一月一七日)。
(16) 同前(一九〇三年七月一八日)。
(17) 前掲『東海汽船80年のあゆみ』一六頁。
(18) 『東京朝日新聞』(一九一〇年八月七日)。
(19) 『読売新聞』(一九一一年七月二八日)。
(20) 戸丸国三郎(暁鐘)『東京湾航路遊覧案内』(東京湾航路遊覧案内発行所、一九三〇年)。
(21) 前掲『東海汽船80年のあゆみ』二五~三三頁。
(22) 京浜急行電鉄『京浜急行八十年史』(一九八〇年)一三九頁。
(23) 『読売新聞』(一九三七年五月一二日)によれば就航は六月から、一日三往復、五〇分で結んだ。また、同(一九三七年七月二八日)によれば、同年八月から、両地間の新航路を四〇分で航行する夏期遊覧船就航の記事が掲載されている。
(24) 前掲『東海汽船80年のあゆみ』三五頁。
(25) 前掲『京浜急行八十年史』一三九頁。

# 第四章　明治期浦賀の「売場」取引と社会

伊藤　久志

## はじめに

本章は、明治期における浦賀の卸商の仕入業務がどのような形で行われていたのかを、これまで知られていない集団的な要素の存在に重心を置いて明らかにするものである。

明治期の浦賀卸商のルーツは、享保期（一七一六～三六年）に公認された水揚商人たちに求められる。浦賀奉行所・番所の設置とともに廻船荷物の買取を許された彼らは、干鰯問屋と異なり仲間の株立てがなされたわけではなく、当時はおのおの「勝手次第」に廻船から荷物を仕入れていた[1]。しかし加藤晴美・千鳥絵里両氏が指摘しているように、その後、船頭水主差配荷物の増加や浦賀での水揚の過熱が江戸における物価高の要因となることを恐れた幕府の意向により、天保期（一八三〇～四四年）になると、新たに荷物改所が東西浦賀両村に交代で置かれることとなった。以後は廻船との取引が改所という空間に制限されて、またその価格も両村一番組商人の協定によって決められるようになった[2]。すなわち水揚商人の仕入は、荷物改所という枠組みのなかで行われることとなったわけである。

本章は、この枠組みが明治維新後にどうなったのかを問題とする。維新政府は一八六八年（慶応四）五月の「商法大意」以来株仲間の否定を表明しており、[3]浦賀の水揚商人に対しても、同年一一月の時点で従来の商人番組制の廃止を命じている。[4]それでは、これによって従来の荷物改所をめぐる枠組みは解体されて、その後は個別の卸商がそれぞれ生産地や集散地の問屋から「勝手次第」に仕入れる、自然状態というべき状況に立ち帰ったとみてよいのだろうか。確認しておけば、七二年（明治五）には浦賀で廻船改めの特権が廃止されたが、[5]水揚商人らは直ちに没落したわけではなかった。『新横須賀市史　通史編　近現代』で紹介したように、[6]浦賀港には日露戦争の頃までかなりの価額にのぼる米や塩が移入されており、これらの商品移入の衰退がはっきりするのは一九〇七年（明治四〇）以後のことであった。

明治期における浦賀卸商の仕入について、従来の研究では集団的な要素というべきものの存在は指摘されていない。しかし筆者は他の機会に、一九一〇年横須賀駅前に設立された運送・倉庫業者である関東倉庫株式会社が、浦賀卸商の結集した組織という性格を強く持っていたことを指摘した。[7]この事実からは、当地の卸商たちが明治期以降も互いに不干渉な形で営業していたわけではなく、なお相互のつながりを密接に保ちながら取引を行っていたことが想定されるのではないだろうか。本章では、明治期における浦賀卸商の仕入に、生産地問屋と個別に行う直接取引とは異なった、集団的要素を含んだ取引形態が存在していたのかどうか、存在したとすればそれがどのような仕組であり、また彼らの営業にとってどのような意義を持っていたのか、という点をできるかぎり明らかにする。

## 第一節　幕末期における荷物改所の取引

### (一)経済的側面

考察の前提として、まずは幕末期の浦賀商人による取引の様子についてみておこう。近世の浦賀港をめぐる取引の経済的な側面については多くの先行研究がある[8]。よってここでは、取引方法の側面について行論に必要な範囲で最低限のことを確認する。

一七二一年(享保六)に浦賀番所で廻船改めがはじまって以降、水揚商人は江戸へ向かう諸国の廻船から荷物を自由に買い取ることが許されていた。しかしその後の国内流通機構の変容を経て、例えば米の場合、荷物改所が設置されてからは次のような取引形態となっていた。

商人米が先づ浦賀に入津すると商会所〔荷物改所のことと思われる〕の組合員が会所に集り、廻漕米の品質を吟味した上、値段を取きめ船頭がその値で満足すれば米を此地へ水揚げ(船から陸地へ揚げること)する。若し値段が引合はねば江戸へ送られるのである。併し値段がとりきまつて売買が成立すると、浦賀の商会所組合加入の米問屋達はそれを望みの数量づゝに分配する。そして代金の支払いは半年半年に仕切るのであるから大変楽である。そこで浦賀の米商人は江戸へ飛脚をとばし江戸の米値段を見て江戸と取引する。其外神奈川、房総及近在の三崎辺へも相当売捌いた。この浦賀に集る商人米は多く尾三州の米が大部分で、これが浦賀から江戸又は諸処へ送《〔ママ〕》ばれるのには百五、六十俵の五大力と云ふ和船で輸漕《〔ママ〕》されたのである。〔中略〕浦賀の米商は米穀の積出商か或は米穀の仲継商であつた訳である。[9]

当時の水揚商人は、おもに東海地方から運ばれてくる米を買い取り、これを相場に応じて江戸や神奈川といった集散地に転売したほか、近在の房総や三崎方面に売りさばいており、生産地からの米を「積出」・「仲継」する役割を担っていた。同時代史料としては一八三四年（天保五）の「有米取調帳」があり、鈴木亀二氏や吉村雅美氏が分析したように、浦賀の「有米」には伊勢、美濃、三河など東海地方産のものが多かったことが裏付けられている。[10]

米の輸送手段について吉村氏は、生産地問屋と結びついた尾州廻船によって浦賀まで運ばれていたと推測している。[11]そして山内家旧蔵文書（「宮井与右衛門家文書」）に一八六五〜六八年（慶応元〜四）にかけて断続的に残されている「御番所十一品諸色下荷物引合帳」によれば[12]、米の輸送には奥州船も用いられているものの（これは生産地を反映していると考えられる[13]）、一〇〇俵単位で水揚げされているものはやはり尾州、三州からのものが多い。また塩の場合、斎藤善之氏が尾州廻船の活動を指摘しているほか、撫養《むや》や赤穂などの生産地問屋と結びついた廻船が用いられたことが上村雅洋氏によって明らかにされている。[14]浦賀の水揚商人自身は廻船所有を必須とするものではなく、嘉永期（一八四八〜五四年）における西浦賀村の五大力船の書上げには数艘が記録されているにすぎない。[15]しかし右で紹介した「引合帳」や一八三六年（天保七）の一件史料からは、水揚商人の所有船によって塩が一〇〇〇俵単位で輸送されるケースもあったことがわかる。[16]

## （二）社会的側面

享保期、荷物の買取が許された水揚商人に株立てはなされず、冥加の上納も命じられていなかった。各水揚商人が、買い取った荷物をその後さらに遠隔地へ転売したり近隣地域に卸売するか、あるいは地元で小売をするかといった行為の区別についても、奉行側は関知しようとしていない。こうした状況のもとで、一八世紀当時の水揚商人による仕入は「勝手次第」に、個別商人が互いに干渉することなく行われていた。

しかし一八一九年（文政二）になると、浦賀奉行は東西両村で、水揚商人をそれぞれ一〜五番組（東）、一〜七番組（西）に編成する。これは「非常之節、米味噌塩薪炭蝋燭等立替御用被仰付候」とあるように、海防政策の文脈に基づく一種の軍役賦課であったと考えられる。また各番組は基本的に個別町という地縁によって編成されるものであったが、一番組商人については東西両村とも、居住地にかかわらず「身元慥成《たしかなる》者」が加入条件であった[17]。その後二五年（文政八）には「荷物抜買等取締方」という流通の乱れが問題視され、この文脈から東西両村で新たに商人行事が設けられた[18]。そして一八三八年（天保九）には水揚商人の側から冥加上納を申し出ているが、その事情については「此度永上納被仰付候〔ニ脱カ〕就而ハ、東西年行事宅ニ而月番相立〔中略〕諸荷物送り状並船頭・水主商荷物書付共先役所江差出し、帳面江相記改割判仕候上当人共江相渡〔中略〕改所ニ限り直段取組候ハ、区々之直段も不仕様相成」とある[19]。つまり水揚商人らは、冥加上納と引きかえに改所での一元的取引と価格の協定とを、流通統制の観点から自ら要望したらしい。その結果三九年には東西両村の月番行事宅を改所とすることが認められ、翌四〇年二月から荷物改めが開始された[20]。その手続については、加藤晴美・千鳥絵里氏が次のように簡潔に述べている。「水揚商人らは荷揚げした場合、荷の送状を即日改所に持ち寄り、その内容、数量を帳面に記して番所へと届けるように命じられた。これらの荷は改所において水揚商人仲間の協議によって値が定められ、その上で問屋である一番組商人へと引き渡された」[21]。

冥加上納は、この時点では「不被及沙汰候」とされた[22]。ただしこの冥加とは別に、掛銀が「改所懸り入用として売人・買人ゟ半々ツヽ」、たとえば米ならば一〇〇俵あたり銀三匁を売り手と買い手に折半させるといった形で徴収されることになっている。これは「改所家賃、炭、茶入用〔中略〕手代給金ニ至迄、右ニ而賄候仕法」とあるように、おもに改所の維持経費を賄う財源として設けられたものであった[23]。

一八四一年(天保一二)に天保改革のもとで株仲間解散令が出されると、荷物改め自体は継続されたが、水揚商人の番組行事制は差止となった。しかし五一年(嘉永四)に諸問屋再興令が出されると番組行事制も復活した[24]。のみならず翌五二年五月、水揚商人らは再び冥加上納を願い出た。ここでは「御備場御入用之内江先納仕度」と海防政策の文脈が取り込まれており、老中阿部正弘により認められた[25]。さらに同年一一月に彼らは「時の鐘」の建立を願い出ており、これも老中松平乗全によって認められた[26]。その後は幕府終焉まで、このシステムにのっとった荷物改所での取引が継続されていたとみられる。

なお、荷物改めの手続や掛銀の徴収を実質的に行っていたのは、加藤・千鳥氏が述べているように、水揚商人のなかでも転売や卸売をおもに行う一番組所属の者たちであったと考えられる。若干史料を補っておけば、一八六五年(慶応元)作成とみられる史料には「浦賀揚いたし候諸荷物送り状江壱番組商人行事共改印為致」とあり[27]、また六八年(明治元)作成の史料には「水揚荷物其外商売品改方等、是迄一番組商人共ニ而取扱、諸掛銀等取立来候得共」とある[28]。また一番組商人の加入条件は、前述のように表向きは「身元慥成者」というものであった。しかし一八五四年(嘉永七)に彼らは「水揚荷物問屋」を名乗りたいと訴えている[29]。また、六一年(文久元)時点の西浦賀一番組商人は、一八七〇年に作成された書上において職業が「穀物塩酒其他諸品水揚仲買」

と記されている者たちとほぼ一致する。[30] よって彼らは、実質的には転売や卸売をおもな業とする者たちのグループであったと考えられる。

荷物改所の施設については、商人側の願書に沿う形で、東西両村で行事にあたる商人宅がそれぞれ交代であてられる形で開始されたわけであるが、一八四一年〈天保一二〉七月に奉行側は「不取締り之趣〔中略〕猶又改革いたし」とのねらいから、西浦賀村の番所近くに常置の施設を建てようとした。[31] これに対し、東浦賀村では「改所西浦賀と相定り候ハヽ、〔中略〕商人共売買は不及申上〔中略〕土地一統之衰微、端浦同様と可相成候」との嘆願書を差し出し、村をあげて反対した。西浦賀村では荷物改めが効率的に行えるとして同村への統合常置を訴えたが、奉行は八月、追って沙汰するまではこれまで通りにすると命じ、改所の一本化は見送られた。[32] その後の状況については、六八年〈明治元〉一一月の請書に「東西浦賀ニおゐて水揚相成候諸荷物之儀、今般西浦賀改会所ニおゐて御改方相成候ニ付」とあるため、[33] 幕府終焉まで、東西交代で荷改めを行うという手続自体は変わらなかったと考えられる。[34]

なお、この改所統合一件をめぐって、郷土史家である鈴木亀二氏は次のように指摘している。「旧来より東西の確執はことあるごとに台頭したが、干鰯や鯐《すばしり》漁の独占をほかにしては、東は西の経済力にははるかにおよばなかった。そのため西は常に優位の確保を主張したが、今回はそれが通らなかった。〔中略〕浦賀の研究には、常に東西対立の根深さを念頭に置かなくてはならない」。[35] 当地の干鰯問屋が、干鰯商いを東浦賀村の村付株であるという主張を譲らなかったことに比べれば、水揚商人は東西がまとまる形で冥加上納や「時の鐘」建立の申し出を行っているように、共同で事に当たる機会もみられた。しかし改所の統合政策をめぐっては、それが地域経済の盛衰に直結する案件であったがゆえに、東西を隔てていた「村の論理」が前面に出ることとなったといえよう。

享保期以来「勝手次第」に行われてきた水揚商人の取引形態は、天保期に至り、東西両村の改所において行われるものへと変わった。すなわち仕入の場は両村それぞれの改所（商人行事宅）に制限され、価格も協定して決定されるものとなった。この体制を実質的に担ったのは、文政期に設けられていた東西両村の一番組商人である。彼らは嘉永期から浦賀奉行所に冥加を上納するようになったが、これとは別に当初から各商人の荷揚高に応じて掛銀を徴収しており、改所はこれを財源として運営されていた。

## 第二節　東西両村の合併と売場取引への再編

### (一)経済的側面

廻船改めは維新後もしばらく継続していたが、一八七二年（明治五）三月末に至って停止された。浦賀奉行所は新政府に接収されたのち神奈川県庁の出先機関たる浦賀役所となっていたが、この役所も廻船改めの終了とともに廃止された(36)。本節では、浦賀港が廻船改めの特権を失い、かつ鉄道（横須賀線）がいまだ敷設されない時期の取引について検討する。

まずこの時期の卸商仕入の実例をうかがうために、一八七六年における加藤家（淡路屋小兵衛家）の米仕入状況をみておきたい。別稿で述べたように(37)、同家は水揚商人の番組が編成された当初の一八二五年（文政八）から、すでに西浦賀村で一番組に属していた家柄であるが、幕末期の同家は仕入の大半を、仲間というべき他の浦賀水揚商人に依存していた。

一八七六年（明治九）における加藤家の米仕入総量は約六〇〇〇俵であり、その九七％が浦賀での仕入れであった[38]。この時期の加藤家は、幕末期に引き続き、米はほとんど浦賀の卸商仲間から仕入れていたわけである。そして後述するように、同年には水揚掛金の改正規定が設けられているため、当時のこうした同業者からの仕入は改所を引き継ぐ「売場」という空間において行われていた可能性が高いと考える。

幕末期から一番組に取り立てられていた加藤家が、この時期なお二次卸に依存していたことは、浦賀の卸商仲間らによる取引の活発さをうかがわせるといえよう。同家にとってこうした仲間取引のウェイトが米に限らず高かったことは、店卸帳からも傍証できる。一八七六年の店卸帳における加藤家の全商品についての買掛金残高をみると、酒や醤油については東京の問屋からも仕入を行っていたことがわかるが、金額的には西浦賀の卸商に対する買掛金が全体の六五％、東浦賀卸商の分を合わせれば九一％におよんでいた[39]。

## (二)社会的側面

それでは、荷物改所を中核としていた取引の形態は、維新後にはどうなったのだろうか。一八六八年（明治元）一一月には浦賀役所によって商人番組制と諸掛銀取立の廃止が達せられ、一番組商人による冥加上納も「御免」となった。一方で同役所からは「向後西浦賀荷物改会所ニおゐて諸荷物相改」ることとし、「水揚相成候諸商品」に対して「元代金之五厘税銀取立」することが命じられた。浦賀では「荷物改めにかかわる浦賀役所と会所経費」を賄うための財源として、五厘税が徴収されることとなった[40]。

一八七〇年三月二五日には、東浦賀村における干鰯商い特権の撤廃が達せられ、同日付で東西両村の合村が命じられた。両村の対立を生んだ最大の要因は干鰯商いの権利であったといってよく、その要因除去と合村の実現が同時であることは、偶然ではないだろう。(41) 西浦賀の商人からは早速干鰯商いの願いが出されて五月には許されており、干鰯についても従来の「御運上」名目が廃止されて、前述の五厘税徴収の対象に組み込まれている。(42)

一八七二年三月末で廻船改めが終了すると、五厘税の上納も九月一〇日で廃止となる。同税は当面「道路橋梁貧民救助」といった、いわば村入用的な公共事業費の財源として積み立てられていたが、一一月いっぱいで積立自体が停止される。(43) しかし、「山内家旧蔵文書」には七三年一一月に作成された「東西水揚商人規則並ニ掛リ銀控」という史料が存在しており、(44) その第一項には次のようにある。

一、壬申年四月御廃関以来、当所一般追々疲弊に及、村中入用金賄方仕法難相立候に付、一同相談之上、水揚荷物掛り銀相定、右集銀を以、村中入用之内へ余担《ママ》致し来候処、今般改正に付、尚又一同相談之上、学校所並船改所其外村入用之内へ助合致し候仕法に付、水揚荷物送り状割印受取儀、聊に而も洩れ落無之様、厚相心得、水揚荷物に屹と割印受可申、万一割印洩荷物水揚致候におゐては不正に付、其段三番組〔地方制度上の区番組〕会所え申達、所置可受事

そして続く「議定」において、次のように定められている（はじめ一項、終わり一項は省略）。

一、水揚諸荷物、送り状割印受候後陸上ケ致し、定日掛り銀相納可申事
一、諸色売買口せん之儀は定之通可申受事

一、水揚荷物売買之儀、両岸商会所之外取組申間敷事
一、入船売物有之節は、看板相懸船順を以取組可申、売買出来俵割相済候上は一切割渡し可申事

この後ろには「水揚荷物掛り銀定」として「米　一俵ニ付壱分弐厘」、「赤穂塩　壱俵ニ付三厘」、「塩　本才新才分　同弐厘」などの品目別賦課率が定められている。すなわち、浦賀村では廻船改めの終了後に村入用の財源確保が課題となっており、地域が新たに担うこととなった小学校や「船改所」などの公共施設の維持経費に充てるため、掛銀を非公式な形で再び設定するに至ったと考えられる。[45]「議定」によれば、荷物の水揚は「両岸商会所之外取組」むことが許されず、また送り状に割印を押すなど、その手続は幕末とほとんどかわっていない。さらに「加藤家文書」には、「明治九年六月改正　水揚荷物掛銭控」という表題の帳面がある。[46]ここでも「米　百俵ニ付弐十銭」というように品目別の掛銭高が記されており、またこの帳面の末尾には「明治十年十一月分、一、四十五貫九百八十五文、内四十五貫文相渡ス、十二月十一日」という覚書がみえており、徴収の実績があったことが確認できよう。

当時の浦賀卸商による仕入の様子について、具体的な様子を知りうる一次史料は確認できないが、後年横須賀で海軍御用達の料亭「小松」の初代女将となったことで知られる山本小松は、一八六六年（慶応二）から八五年（明治一八）にかけて浦賀で暮らしており、当時の様子を後年次のように述べている。

西の只今の丁度渡船場あたりに商会所と申す建物がありましたが、これが俗に売場と申しまして、立会場でありました。広さは畳が八十畳敷けると聞きました。ここでお米を始め、いろいろの品物の売買取引が出来まして、日々の相場が立ちましたものです。〔中略〕米の売買取引を商内とする人達を一口に旦那衆

と申しました。私はその旦那衆を毎日相手にしておりましたので、自然と見様見真似で、正米相場のこつと申しますものを覚えてしまいまして、お米を積みました船が入港しますと、売方の旦那衆や買方の旦那衆の話に耳を傾けまして、売方と買方の手筋を察しまして、自分で見込を立て売方の旦那衆に頼んで売って貰い、買方の旦那衆に頼んで買って貰いましたし、また仲買に頼んで、転売をいたしましたりして、一俵の背中で、二、三合位ずつのサヤを儲けたものです。(47)

一方塩についても、やはり後年の調査による二次史料であるが、次のような説明がある。

明治初年より専売実施直前迄西浦賀紺屋町に「商会所」があり俗に「売場」と呼び、塩船が入港して問屋に就くや回状を廻して売場に仲買を集合せしめ値段の取極め割付を行った。同地は〔中略〕「一円に付何俵何分」を以て相場を建てた。〔中略〕浦賀は〔中略〕江戸以来明治初年にかけて塩商の中にも有力なものが発達し臼井商店の如きは明治以後専売直前迄関東最大の塩商と称され明治十七年〔一八八四〕には東京に進出して支店を開設し大飛躍をなした。(48)

ここからは、当時も浦賀に入津する米や塩に対しては協定の相場が建てられており、各卸商の間や仲買人を介した仲間取引が活発に行われていたことがうかがえる。なお荷物改所を引き継ぐ商会所すなわち「売場」は、この時期紺屋町の渡船場付近に常置されていた。

ところで、加藤家の店卸帳をみると、(49)幕末期には売掛勘定の冒頭に「壱番組仲間」の科目が、毎年五両ほどの金額で存在していた。そしてこの項目は一八六八年（明治元）を最後として翌六九年にはなくなるが、七〇年から七八年にかけては帳面のほぼ同じポジションに「商人行事」という科目が、一〇〇両(一〇〇円)ほどの金額で断続的に現れる。そして続く一八七九年から八五・八六年にかけては、やはり同じポジションに「益友社積金」という科目が、数百円の金額で現れる。これらがそれぞれ何を意味するのかは未詳であり、また互いに接続するものかどうかについては、金額からみても疑問がある。しかし、この時期に何らかの集団的な活動が継続的に存在していたことが想定されよう。これらは売掛勘定に計上されているから、売場の維持経費を賄うために徴収される掛銀とは異なり、還付の期待される出資金としての性格を持つものであった可能性が高いといえよう。

以上のように、天保期に形成された荷物改所をめぐる取引やそれを取り巻く社会は、廻船改めが廃止されたのちも非公式な形で実質的に引き継がれ、売場を利用した取引へと再編された。また系譜関係は不明ながら、「商人行事」、「益友社」の表現で表される集団的な活動が、この間継続的に存在していたと考えられる。幕末期と異なるのは、東西両村の合併を受けて両岸の統合が進んだことである[50]。

## 第三節　一九〇〇年前後の売場取引

浦賀町の統計によれば、一九〇〇年(明治三三)前後の浦賀港における商品別移入額の筆頭は米であった。加藤家の事例をみると、米は一九〇四年時点で生産地問屋からの直接仕入が増加しており、浦賀の同業者からの仕入は減少している[51]。しかしその加藤家は、この時期にも売場や益友社に対する出金を続けている。この時期については、他家の史料もあわせて売場取引のあり方が前時期より詳細にうかがえるため、ここではその取引についてあらためてみてゆく。

## 売場への支払

一八九四年の加藤家「金銭出入帳」によれば、当時同家は「売場月かけ」という名目の金銭を毎月支払っている。[52]これはどのような性格の出金であろうか。

やはり一番組商人の家柄であった宮井清左衛門の、一八九三年の日記によれば、当時商会所、すなわち売場には三八五円余りの積金があった。[53]これは「〔明治〕〔一八八九〕二二年七月、水揚掛金相廃止候事」となるまでのものであり、そのうち四割が東岸（旧東浦賀村）の、そして六割の約二七〇円が西岸（旧西浦賀村）の受取割合であった。そしてここから愛宕山への寄付分を差し引き、残り二五〇円が「浦賀園保存金」として、九二年七月二九日付で臼井儀兵衛方へ預け置かれていた。名称からすると、この「掛金」とは前述の掛銀の系譜を引くものであったと思われる。

一八八九年（明治二二）七月にこれが「廃止」となった事情は不明である（同年四月の町村制発足により、公共的な事業のための財源が不要になったためかもしれない）。しかし、「宮井新一家文書」には九四年に商会所（売場）が新築された際の史料が残されており、[54]建築費の財源には八九年七月以降の「掛り物集め高」が充てられている。加藤家の「売場月かけ」とは、これに該当するものであろう。また「掛り物」の集金が開始された年月は、清左衛門日記で水揚掛金が廃止された年月に重なっている。つまりかつての水揚掛金が、公共的な財源から売場の財源に特化して徴収されるようになったものが「売場月かけ」であったと考えられる。売場が取引に使用されている以上、人件費などの維持経費を賄うことは不可欠であっただろう。[55]

売場で行われていた取引の様子を具体的に示す史料は、今のところ確認できていない。ただし、毎年一月四日に売場で行われていた初市に関する史料は若干残されている[56]。表4―1は、「加藤家文書」に含まれる一九〇二年の初市についての帳面である。解釈は難しいが、ここからは臼井儀兵衛、宮井清左衛門、三次六兵衛、太田又四郎ら（彼らは船持であった）[57]が仕入れた米、塩、そして干鰯などの現物が売場に出品されて、その一部を加藤家が買い付けたことがわかるのではないだろうか。

**表4-1　売場における初市の取引**（1902年）　（単位：俵）

| | |
|---|---|
| 甫 | |
| 本石米 | 100 |
| 越中米 | 65 |
| 庄内米 | 100 |
| 〔中略〕 | |
| 本才 | 6,500 |
| 妙宝丸　本才 | 10,080 |
| 妙宝丸　高島本才 | 920 |
| 大　秀丸　野崎分塩 | 7,400 |
| 蔵入　赤穂 | 700 |
| 蔵入　瀬戸田分 | 1,300 |
| 臼井儀兵衛売 | |
| 〔中略〕 | |
| 知田納上米 | 300 |
| 神力米 | 150 |
| 竹成米 | 200 |
| 竹成 | 150 |
| 神力米 | 50 |
| 神力米 | 50 |
| 松原米 | 50 |
| 松原米 | 180 |
| 知田関取米 | 44 |
| 千本種　竹成米 | 35 |
| 西川米 | 100 |
| 白米 | 250 |
| 同米 | 20 |
| 白米 | 75 |
| 白米 | 50 |
| 一白米 | 117 |
| 焼印白米 | 33 |
| 糯白 | 100 |
| 1等白米 | 100 |
| 三次六兵衛売 | |
| 〔中略〕 | |
| 自在丸 | |
| 改良本才 | 10,600 |
| 万清丸 | |
| 改良本才 | 9,000 |
| サ、　長安丸 | |
| 赤穂 | 6,400 |
| 関取米 | 85 |
| 竹成米 | 50 |
| 三州白米 | 127 |
| 白糯 | 50 |
| 宮井清左衛門売 | |
| 出来モノ | |
| 高島改良 | 2俵8分5厘 |
| 妙宝丸　臼井儀兵衛売 | |
| 野崎分塩 | 3俵3分〇<br>内200買 |
| 臼井儀兵衛売 | |
| 〔中略〕 | |
| 赤穂行き | 2俵〇出来<br>内700買 |
| 宮井清左衛門売　笹長安丸 | |

出典：「御祝儀初市」1902年1月4日（「加藤家文書」Ⅲ-503）。
注：左の列から右の列へ続く。

この時期、浦賀の各卸商の仕入が売場での取引のみに限定されていたとは考えられない。事実、加藤家の米仕入では生産地問屋との直接取引が増えている。では、どのような場合に売場で取引が行われていたのか。それを見極めうる史料は残念ながら確認できないが、たとえば臼井儀兵衛家、宮井清左衛門家といった浦賀卸商が自らの所有船で運んできた品々については売場で売り捌かれた、といった可能性が考えられるのではないだろうか。

**益友社出資金**

加藤家は一八九四年(明治二七)当時「売場月かけ」とは別に、前節で登場した「益友社」という名目の出金も毎月二〇円行っている(八月二六日の記事には「掛置」の文言もある)。そしてこれに対応するとみられるのが、「宮井新一家文書」に含まれる、益友社幹事の「同盟集金控」である。表4―2がその内容であり、ここからは以下のことがわかる。

(ア)同社は二、三年単位で順次更新されている。そしてこの時期、同盟金の総額は更新のたびに増えている。

(イ)同社加盟者はほぼ西浦賀の卸商である。しかし厳密には東浦賀の卸商である宮井与右衛門がおり、またある時期までは同じ東浦賀の栗生太四郎も加盟しているため、東西を問わなかったといえる。人数はおおむね二〇人前後であるが、更新のたびに減少している。

(ウ)各卸商の出資金額における臼井儀兵衛家(分家の辰右衛門家を含む)の占有率は巨大であり、これに次ぐのは宮井清左衛門家、三次六兵衛家などである。

**表4-2　益友社の構成員と出金額（1895～1900年）**　（単位：円）

| (1)1895年7月 | | | (2)1898年7月9日 | | | | (3)1900年1月 | | | |
|---|---|---|---|---|---|---|---|---|---|---|
| | 氏名 | 金額 | | 氏名 | 金額 | 更正 | | 氏名 | 金額 | 更正 |
| 1 | 臼井儀兵衛 | 200 | 2 | 臼井儀兵衛 | 560 | | 2 | 臼井儀兵衛 | 650 | |
| 2 | 臼井儀三郎 | 130 | 7 | 宮井清左衛門 | 100 | | 7 | 宮井清左衛門 | 100 | |
| 3 | 臼井美智子 | 100 | 17 | 宮井与右衛門 | 100 | 60 | 17 | 宮井与右衛門 | 100 | |
| 4 | 同(臼井)別口 | 50 | 1 | 太田又四郎 | 60 | | 1 | 太田又四郎 | 60 | |
| 5 | 同(臼井)東京支店 | 50 | 14 | 三次六兵衛 | 60 | | 13 | 三次六兵衛 | 60 | |
| 8 | 宮井清左衛門 | 50 | 9 | 増田太兵衛 | 50 | 40 | 12 | 穴沢与十郎 | 50 | |
| 10 | 太田又四郎 | 50 | 13 | 穴沢与十郎 | 50 | 40 | 11 | 加藤小兵衛 | 40 | |
| 23 | 宮井与右衛門 | 50 | 12 | 加藤小兵衛 | 40 | 30 | 4 | 岡本又治郎 | 30 | |
| 6 | 臼井石巻支店 | 30 | 4 | 岡本伝吉 | 30 | | 5 | 太田友吉 | 30 | |
| 7 | 同(臼井)磐城支店 | 30 | 5 | 太田友吉 | 30 | | 8 | 香山清兵衛 | 30 | |
| 15 | 増田太兵衛 | 30 | 8 | 香山清兵衛 | 30 | 20 | 3 | 臼井辰右衛門 | 20 | |
| 12 | 太田友吉 | 25 | 3 | 臼井辰右衛門 | 20 | | 6 | 太田のぶ | 20 | |
| 17 | 加藤小兵衛 | 25 | 6 | 太田のぶ（右同人承引） | 20 | | 9 | 増田太兵衛 | 20 | 50 |
| 18 | 穴沢与十郎 | 25 | 15 | 田辺定兵衛 | 20 | | 14 | 田辺定兵衛 | 20 | |
| 20 | 三次六兵衛 | 25 | 10 | 改臼井より出る（長島長七） | 10 | | 10 | 臼井弥市 | 10 | |
| 25 | 改宮井清左衛門(栗生太四郎) | 25 | 11 | 臼井弥市 | 10 | | 15 | 高木利右衛門 | 10 | |
| 11 | 臼井辰右衛門 | 20 | 16 | 高木利右衛門（右同人承引） | 10 | | 16 | 長塚増蔵 | 10 | |
| 21 | 田辺定兵衛 | 20 | 18 | 長塚増蔵 | 10 | | 18 | 宮井啓次郎 | 10 | |
| 9 | 同(宮井清)ヨシ子 | 15 | 19 | 宮井啓二郎 | 10 | | | | | |
| 13 | 同(太田)良蔵 | 10 | | | | | | | | |
| 16 | 臼井弥市(セツ子) | 10 | | | | | | | | |
| 19 | 同(穴沢)別口 | 10 | | | | | | | | |
| 22 | 高木利右衛門(同承引) | 10 | | | | | | | | |
| 14 | 香山清兵衛 | 5 | | | | | | | | |
| 24 | 宮井伝右衛門 | 5 | | | | | | | | |
| | 合計 | 1,000 | | 合計 | 1,220 | | | 合計 | 1,270 | |

出典：益友社幹事「明治28年乙未7月より　同盟集金控」（「宮井新一家文書」）。
注：「更正」は、後に更正された金額であることを示す。各年左端の数字は、原史料における並び順を示す。

宮井清左衛門家や三次六兵衛家は、益友社出資金の支払先であり、また売場割の支払先にもなっていた。[58]また臼井儀兵衛家は売場関係の諸積立金を預かっているほか、一八九八年に益友社が更新される際には同社頭取となっている。[59]売場と益友社との関係は残念ながら未詳であるが、売場取引社会においては両組織を通じて彼らのような船持商人、なかでも臼井家の影響力が強かったといえよう。

臼井儀兵衛は、一般に塩商として知られている。浦賀町の史料には一九〇〇〜〇二年にかけての同家の販売申告高が残されており、それをみても塩が主力商品であったことは確かである。[60]しかし同家は元来塩だけを扱っていたわけではなく、米も大規模に扱っており、たとえば幕末〜明治初期には次のような逸話がある。

浦賀港の豪商で水戸家の御用商人であった大黒屋事臼井儀兵衛が、嘉永年間に、石巻に支店を設けたことがある。〔中略〕大黒屋の手船を以て、水戸領産の塩を、現在の岩手、宮城福島県の会津方面へ売り込み、帰り船には、石巻から町米を買占めて浦賀へ送り巨利を占めたものである。[61]

大黒屋の商売は乾鰯に塩にお米でした。何にしろお米を買付けるのに、臼井では秋の収穫時《とりいれどき》を待たないで青田の内に立毛を見て買つけてしまうのですから、誰も一寸太刀打はできませんでした。嘘か真実か存じませんが、臼井が仙台の方へ、お米の買つけに参りますと、土地の大百姓が高張提灯を点け、羽織袴で出迎えたと申す噂話のありました位です。[62]

そしてこうした実績をふまえて、次の新聞記事にもみられるように、日清戦後は東京の深川市場での期米取引に進出してゆくのである。

正米の割合より定期の下鞘にある八目下売団体一派が売叩たる為に外ならず、七月限の割安ハ買ふに躊躇せずと唱ふる人々の買萌し、殊に正米を業とする向ハ一層強気に傾き[redacted]原、臼井、上清など云へる正米師の買募ふ事実もあり(63)。

定期市場に於ける大手筋の向背は昨今少なからぬ変動を来し申候〔中略〕[redacted]方には両臼井、上清、松村、阿部、亀田等堂々たる大手筋あり(64)。

米の場合、加藤家の事例にみられるように、仕入はもはや売場での取引に限られてはいな[redacted]ったと考えられる。しかし同家にしても売場や益友社に対しては出金を継続しており、売場取引社会がこの時期[redacted]も必要とさ[redacted]ていたことは間違いない。どのような仕入の際に売場が利用されていたかを実証的に明らかにする[redacted]のところできないが、次節で述べるように、日露戦後まで売場での取引が中心であったと考えられ[redacted]であった。

## 第四節　日露戦後の変容と売場取引社会の終焉

### (一)一九〇七年まで

浦賀町の統計によれば、日露戦争の直後には浦賀港全体で塩の移入額が急増して米を上回っている。だが専売制の整備とともに、塩の移入額は一九〇七年(明治四〇)を境として激減する。こうした時期における、売場

**表4-3　浦賀商会所の「塩商内積立金」（1905年）**　（単位：円）

| 月日 | 21.200 | 合計額（「37年5月ゟ同年12月迄掛金」） |
|---|---|---|
| 1月16日 | 0.450 | ＊晟就丸分積立金 |
| 2月2日 | 2.850 | 初市分、本1500俵、赤1500俵〆、外に＊糯本・南500俵分 |
| 3月2日 | 1.640 | 本700俵／南600俵／赤800俵／寿　本300俵 |
| 4月2日 | 0.830 | 赤穂800／富吉丸　本才300 |
| 8月14日 | 2.556 | 四五両月分、亀鈴丸　140俵／徳栄丸　700俵<br>／大　妙栄丸　400俵／若栄丸、万徳丸　1600俵 |
| 計 | 29.526 | |

出典：「大福帳」1905年（「加藤家文書」Ⅲ-40）。
注：＊は太田又四郎の家印が付されている。

**表4-4　加藤家の塩取引と積立金（1904年）**

| 金額（月日） | 摘要 |
|---|---|
| 1.8円＋[illegible]00文<br>（5月[illegible]日） | 仲間積立金銀行預け、臼井儀兵衛へ渡<br>本　大黒丸　200俵／＊益丸　500俵／栄徳丸　300俵<br>／＊清喜丸　200俵／赤　笹天格丸　1100俵<br>但シ、赤穂100俵に付7歩の割、本才100俵に付9歩の割 |
| [illegible]6円＋3貫670文<br>（6月4日） | 穴沢与十郎に渡、小川隣之助米104俵の分仲間積金 |
| 2.7円＋400文<br>（6月30日） | 臼井儀兵衛に渡、塩積立金<br>豊国、自在丸　本斎　500俵／金松丸　400俵／大黒丸　700俵<br>／亀鈴丸　400俵／赤穂　700俵／幡丸　200俵／三社丸　300俵 |

出典：「金銭出入帳」1904年（「加藤家文書」Ⅲ-109）。
注：「益丸」は撫養・土井長五郎の所有船である（逓信省管船局編『日本船名録』1904年版、194頁を参照）。
＊は宮井清左衛門の家印が付されている。

**表4-5　加藤家の臼井儀兵衛家宛て塩仕切状況（1905年）**

| 月日 | 金額（円） | | 摘要 | | 輸送船名 |
|---|---|---|---|---|---|
| 1月4日 | 78.342 | | 本才151俵2分、本俵140俵 | 〈1.93〉 | 勇一丸 |
| 1月30日 | 234.35 | | 南斎430俵、外に38俵7分出 | 〈2俵0〉 | |
| | | 内7.817 | 口せん引 | | |
| | | 304.874 | 渡す | | |
| 1月30日 | 784.197 | | 赤穂1074俵3分5厘 | 〈13.70〉 | 笹　万全丸 |
| 2月8日 | 370.310 | | 本才714俵7分 | 〈1.93〉 | 末広丸 |
| | | 28.863 | 口せん引 | | |
| | | 1125.645 | 渡す | | |

出典：「諸品仕切帳」1905年（「加藤家文書」Ⅲ-129）のうち、臼井儀兵衛の口より。
注：〈　〉内の値は、単価を示すと思われる。

での取引の推移をみていこう。

売場に対する加藤家の掛金支払状況は、一九〇四年から一一年の分にかけて連続的にわかるが、それによれば、一九〇七年まではほぼ毎月コンスタントな金額が支払われていた。[65] 一方同家の「大福帳」には一九〇三年以降「商会所積立基金」（一九〇三〜〇五年）、「商会所塩商内積立金」（一九〇四〜〇五年）といった名目の積立金が記されている。このうち塩商内《あきない》積立金について、帳簿に表4―3のように現れる船は、塩生産地における廻漕業者の所有船とみられる。たとえば徳栄丸や万徳丸は、撫養《むや》最大の廻漕業者であった山西庄五郎家の所有船である。[66] ちなみに、この積立と個別取引との関係については、一九〇四年の「金銭出入帳」から、表4―4のように、より具体的にうかがえる。

加藤家の場合、米についてはこの時期生産地問屋からの直接仕入がすでに大半を占めていた。だが塩については、なおも一部の浦賀同業者からの仲間取引に依存している。同家の仕入帳面は基本的に「万買帳」であるが、塩については「諸品仕切帳」という別の帳簿に記録されている。表4―5は専売制による取引が開始される直前、一九〇五年一月における臼井家との取引状況である（決済は一月三〇日と二月八日に分かれている）。表中の右欄にあるのは塩を浦賀まで運んだ船名とみられ、万全丸や末広丸は赤穂坂越の廻漕業者として知られた奥藤研造家の所有船である。[67] そして金銭の授受としては、塩代金のうち口銭を引かれた金額が臼井家に対して支払われている。これはどのように解釈すべきだろうか。右の取引において加藤家は、臼井家が廻漕業者・荷主から購入した塩の販売を委託されている立場にあり、それゆえ口銭を領収していたとみるべきではないか。加藤家が塩の仕切取引によって実質的に仕入れているのは、ほかに宮井清左衛門家と太田又四郎家であり、こうした同業者との仲間取引は、売場を空間として行われていたと思われる。[68]

ところでこの時期、臼井家はプライベート面でも転換期にあたっていた。すなわち一九〇四年一一月には

「律義者」[69]と称された当主が死去し、「先代と違って〔中略〕中々遊びの方も達者」といわれる嗣子が跡を継いだのである。[70]そしてこの頃から、同家では期米取引の帳尻が次のように悪化する。

中村清蔵、臼井儀兵衛等諸氏を中心とし居る売方は昨冬来連戦連敗の結果、益全力を尽して相場を売崩さんとし、買物の有ん限り之に売向ひ、而して松沢、松村を中心とし居る買方一派は連戦連捷の余威を以て愈々買募る始末とて、取組高は増加一方となり、以て今日に至りたるものなるが[71]〔後略〕
七月は天候の経過極めて佳良なりしと例の大受渡の崇にて遂に十四円台を破りて十三円七十九銭五厘の安直あり、同月の最高十四円九十六銭に比して実に一円十三銭方の下落なりとす、当時松沢、臼井等買方大手の更に買はざるのみか買玉の手仕舞に汲々たるものありしと、確かに有力なる安原因を為せり[72]

## （二）一九〇七年以降

### 売場への支払

加藤家の売場への掛金支払額の推移をみると（注（65）を参照）、一九〇八年（明治四一）中の合計額が突出しているものの、一九〇九年以降は金額が減ってゆき、支払回数も複数月をまとめることが多くなって、同家にとって売場の役割は明らかに低下してゆく。一九〇四年当時、同家はおもに塩を売場で仕入れていたと考えられるが、専売制による流通機構の統制は[73]、売場で行われてきたような取引の存在を否認するものであった。折しも鉄道輸送に転換していた米に加え[74]、塩も扱えなくなったことで、ここに売場取引を支える存立基盤が失われたと考えられる。

## 益友社出資金

加藤家の益友社出資金は、一九〇六年二月二日には月額五〇円に引き上げられていたが、ちょうど一年後の一九〇七年二月一日が最後の出金となっている。売場支払の動向とは若干ラグがあるものの、益友社の活動もこの時期に停止されたわけである。

臼井儀兵衛家の破産が新聞に報じられたのは、一九〇七年五月のことであった。これが浦賀の経済界に多大な影響を与えたことは想像に難くない。もっとも、同家の破産と売場取引社会の衰退にどれほどの因果関係があったのかは評価しがたい。仮りに臼井家の破産がなくとも米や塩を扱えなくなることで、売場における取引はすでに存立基盤を失っていたとみるべきであろう。なお臼井家の破綻自体についても、従来塩専売制との関係から説明することがみられたが、同家の経営が「縮小」ではなく一挙に「破綻」にまで至った理由としては、『新横須賀市史』で述べたように株式や期米取引の失敗を指摘すべきであろう[75]。

加藤家の売場への支払は一九一六年（大正五）まで確認できるため[76]、売場での取引は、一九〇七〜〇八年をもって完全に消滅したわけではないようである。この取引が衰退する大きな画期は、米について尾州廻船の活動が終焉し、また塩について専売制の整備が進んだ一九〇七年前後とみられるが、厳密にいえばその後第一次世界大戦期にかけて、浦賀港の工業港への変質と軌を一にする形で、最終的に終焉をむかえたのである。

## おわりに

本章では明治期浦賀の卸商による仕入のあり方について、従来指摘されていない、集団的な要素の解明に重心を置いて検討してきた。結論は下記のとおりである。

明治期浦賀の取引システムの前提は、天保期に形成された改所取引のシステムに求められる。そこでは荷物仕入の場が改所に制限され、また価格も協定されていた。水揚の手続を行うのは東西両村の一番組商人であり、彼らは冥加とは別に掛銀を徴収して、これを改所の維持費に充てていた。

維新後も、浦賀商人は西岸に統合常置された商会所、すなわち売場において、米や塩、干鰯などを、相場を建てて買い取るという形の仕入形態を継続させていた。のみならず、一八八〇年(明治一三)頃には益友社という出資団体を新たに設立している。こうして改所取引社会は明治前期には売場取引社会へと再編された。

明治期の各卸商の仕入全体のなかで、売場での仕入がどれほどの割合を占めていたのかは、時期的な推移を含めて残念ながら判明していない。一九〇四年(明治三七)まで浦賀港移入額の筆頭であった米の場合、加藤家の事例では、明治初期には同業者からの仕入のウェイトが高かったのが、一九〇四年までに生産地問屋からの直接仕入に変わっていた。しかしその加藤家も、近世の掛銀を引き継ぐとみられる売場への掛金支払を継続しているほか、益友社への出資金も年を追うごとにむしろ増加させている。これは、塩の仕入が売場を通じたルートにほぼ限定され続けていたことが一因であったと考えらえる。

一九〇五年になって、浦賀港では塩の移入額が急増する。しかし専売制が整備されたことで、売場を通じての仕入は認められなくなった。折しも当時は米の廻船輸送が鉄道輸送に切り替えられ、横須賀における駅前取引社会への移行が決定的となる時期でもあった。かくして浦賀の売場取引は、一九〇七年頃を境として米、塩という主たる存立基盤を失い、終焉へと向かったのである。

注

（1）「東西商人水揚荷物御趣意御改革根元」（横須賀市編『新横須賀市史　資料編　近世Ⅰ』（二〇〇七年）三五九頁。また同『新横須賀市史　資料編　近世Ⅱ』（二〇〇五年）九八〇頁〈四七三〉なども参照。

（2）加藤晴美・千鳥絵里「浦賀港の景観及び機能とその変容過程―西浦賀を中心として―」（筑波大学人文社会科学研究科歴史・人類学専攻歴史地理学研究室編『歴史地理学調査報告』第一二号、二〇〇六年）七八～七九頁。

（3）宮本又次『株仲間の研究』（有斐閣、一九三八年）三七六～三七九頁。

（4）「差上申御請証文之事」（前掲『新横須賀市史　資料編　近世Ⅱ』八四九頁〈四三五〉。ただし注（45）の史料から、実際には一八七〇年代にも、一番組の呼称は水揚掛金とセットの形で用いられていたことがわかる。

（5）一八七二年（明治五）三月二九日太政官布告第一〇七号による。

（6）横須賀市編『新横須賀市史　通史編　近現代』（二〇一四年）三一九頁を参照。

（7）伊藤久志「明治末期における浦賀港の変容と卸商人」（浦賀研究会報告レジュメ、二〇一五年一一月二一日付）。

（8）横須賀市編『新横須賀市史　通史編　近世』（二〇一一年）第四章第二節・第五章第二節で体系的に扱われているほか、前掲『歴史地理学調査報告』第一二号では、前掲、加藤・千鳥「浦賀港の景観及び機能とその変容過程」ならびに吉村雅美「明治期西浦賀における問屋の経営の変遷―宮井家と清喜丸の航海を中心として―」が発表され、議論が掘り下げられた。

（9）鈴木直二『江戸における米取引の研究　増補版』（柏書房、一九六五年）五五～五六頁。

（10）鈴木亀二「解説」（横須賀史学研究会編『相州三浦郡東浦賀村（石井三郎兵衛家）文書　第三巻』横須賀市立図書館、一九八七年）一一頁、前掲、吉村「明治期西浦賀における問屋の経営の変遷」九四～九六頁。

（11）前掲、吉村「明治期西浦賀における問屋の経営の変遷」九五頁。また斎藤善之『内海船と幕藩制市場の解体』（柏書房、一九九四年)第三章第四節を参照。

(12)「御番所十一品諸色下荷物引合帳」(四冊)一八六五～六八年(慶応元～四)(横須賀市自然・人文博物館所蔵「山内家旧蔵文書」)。横須賀市編『横須賀市史資料所在目録　第五集』(二〇一〇年)による通番は〈二一四九、二一六三、二一七九、二一八九〉。

(13)浦賀にとって特に重要だったのは仙台藩の「免米」である。この点については鈴木亀二「解説(三)」(横須賀史学研究会編『新訂臼井家文書　第三巻』一九九八年)二三頁を参照。

(14)前掲、斎藤『内海船と幕藩制市場の解体』第二章第二節、上村雅洋『近世日本海運史の研究』(吉川弘文館、二〇〇四年)第一〇～一三章。

(15)「相模国三浦郡西浦賀村船数改帳」一八五三年(嘉永六)(前掲『新横須賀市史　資料編　近世Ⅱ』七六八頁〈三七一〉)。

(16)注(12)史料のうち一八六六年(慶応二)八月二〇日条では、塩五〇〇〇俵が西浦賀伝六船により運ばれ、これを西浦賀の鎌倉屋伝六(船主と同一であろう)が水揚げしている。鎌倉屋伝六については前掲、鈴木「解説(三)」を参照。また一件史料とは一八三六年(天保七)「塩買入御免願書面」(前掲『新横須賀市史　資料編　近世Ⅰ』三五二頁〈一二九〉)のことである。

(17)前掲『新横須賀市史　資料編　近世Ⅱ』九八五頁〈四七五〉。

(18)同前、九八〇頁〈四七三〉。

(19)同前、九八六頁〈四七六〉。

(20)同前、九八七～九八八頁〈四七八〉。

(21)前掲、加藤・千鳥「浦賀港の景観及び機能とその変容過程」七九頁。

(22)前掲、鈴木「解説(三)」二一～二二頁、前掲『新横須賀市史　通史編　近世』二二六～二二七頁。史料は前掲『新横須賀市史　資料編　近世Ⅱ』九八七頁〈四七七〉など。

(23)「御内尋ニ付、廉々御答書(仮題)」一八六五年(慶応元)(前掲『新訂臼井家文書　第三巻』一一二頁)。なお旧「石井学家文書」には一八六七年「水揚荷物懸り物割増書取覚」があり、同年には「懸り物」が増率されたことがわかる。

(24)前掲「御内尋ニ付、廉々御答書(仮題)」一一二頁。

(25)前掲『新横須賀市史　資料編　近世Ⅱ』二一九頁〈一七二〉。なお同、一〇〇三頁〈四九四〉も同内容である。

(26)前掲『新横須賀市史　資料編　近世Ⅱ』二二一頁〈一七七〉。

(27) 前掲「御内尋ニ付、廉々御答書(仮題)」一一一頁。
(28) 前掲『新横須賀市史　資料編　近世Ⅱ』八四九頁〈四三五〉。
(29) 同前、一〇〇九頁〈四九七〉。
(30) 「東西一番組水揚商人冥加金上納につき書上」一八六一年(文久元)(前掲『新横須賀市史　資料編　近世Ⅱ』一〇二四頁〈五〇七〉)ならびに「村高家数職業書上」一八七〇年(同、八七二頁〈四五五〉)を参照。
(31) 「浦賀商人水揚荷物御趣意御改革根元控」一八三九～四一年(天保一〇～一二)(前掲『相州三浦郡東浦賀村(石井三郎兵衛家)文書　第三巻』)二五九頁。
(32) 前掲『新横須賀市史　通史編　近世』二二二～二二三頁。引用文は前掲『相州三浦郡東浦賀村(石井三郎兵衛家)文書第三巻』二六二頁。
(33) 前掲『新横須賀市史　資料編　近世Ⅱ』八五一頁〈四三八〉。
(34) ただし、同前、九九九頁〈四九〇〉によれば、一八五二年(嘉永五)には、番所裏通りにあたる百姓善八の持地に改所を建てたいとの願いが西浦賀村商人取締から出され、これが聞き届けられているため、以降同村においては常置の施設が設けられていたと考えられる。
(35) 前掲、鈴木「解説」一一頁。なお、この改所統合一件については平川新「日本近世地域社会の研究」(東北大学博士論文、一九九五年)一五一～一五四頁がある。
(36) 明治初年の浦賀役所については、いまだ本格的な検討が行われていない。ただし一八七一年(明治四)三月には「浦賀役所々管の郷村本庁へ引渡に付、同役所取扱制限の事(浦賀)」が達せられており(神奈川県編『神奈川県布達全書目録自明治元年至同十年』一八七八年、九六頁)、この時期から権限の縮小が段階的に行われたとみられる。
(37) 伊藤久志「西浦賀の旧問屋・加藤家の所蔵史料について」(横須賀市編『市史研究横須賀』第一三号、二〇一四年)九七頁。
(38) 「万買帳」一八七六年(「加藤家文書」Ⅳ—七一)。ただし帳面は裏返して再利用されており、現表題は、一九〇三年頃とみられる「荷物売□帳」である。
(39) 「店卸勘定帳」一八七六年(「加藤家文書」Ⅲ別—A—一—二一)。
(40) 前掲『新横須賀市史　資料編　近世Ⅱ』八四八～八五一頁〈四三四～四三八〉、「浦賀三崎水揚荷物税銀分合仕訳留」(横須賀史学研究会編『浦賀書類(下)・他二編』横須賀市立中央図書館、一九九四年)一一九頁。研究としては、引用

文を含めて前掲『新横須賀市史　資料編　近世Ⅱ』一一〇五、一一一〇〜一一一一頁（吉田ゆり子執筆）を参照。ただし一一一〇頁で「元値段銀七二一貫四匁の五パーセントに当たる」とあるのは、「〇・五パーセントに当たる」の誤りである。またここで課せられた五厘税は、幕末期から明治初期にかけて長崎・神戸・大阪・横浜などの各開港地で課せられていた「五厘金」と同様のものであった可能性が高い（五厘金については、国史大辞典編集委員会編『国史大辞典　第六巻』吉川弘文館、一九八五年、五九頁、石井寛治執筆などを参照）。浦賀がこうした全国的な港湾政策に組み込まれていたとみることは、浦賀の廻船改め廃止が太政官布告によって達せられている事実とも対応しているといえよう。

(41)「西浦賀東浦賀合村一件」（前掲『相州三浦郡東浦賀村（石井三郎兵衛家）文書　第三巻』）八九〜九三頁。

(42)「差上申一札之事」（同前、第四巻、一九八八年）六六〜六七頁。なお横須賀市編『新横須賀市史　資料編　近現代Ⅰ』（二〇〇六年）三七六頁〈二四一〉には「干鰯渡世の儀〔中略〕元西浦賀の者百拾三人願済に相成」とある。

(43)前掲『浦賀書類（下）・他二編』一三〇頁。なお「自明治五歳壬申九月　九番御用留」（横須賀市所蔵）には、この件に関する願書が収録されている。

(44)「東西水揚商人規則並ニ掛リ銀控」一八七三年（「山内家旧蔵文書」一六二九）（前掲『横須賀市史資料所在目録　第五集』二〇一〇年、一一三頁）。

(45)尋常高等浦賀小学校の「沿革誌」には、次のような記述がある。「〔一八七一年〕当時右等〔郷学校〕の経費は、西浦賀商人壱番組（壱番組とは地方商人の第一位に在るもの、団体を云ふ）の水揚掛金及ひ浜町、紺屋、田中、宮下、谷戸、築地新町等の各町に割賦して、取締役川村喜太郎、太田又四郎両人之を徴収し且支払をなせり、東浦賀も亦西浦賀と郷学校創立の年月を同ふし〔中略〕経費は東浦賀壱番組（西浦賀に同し）商人の水揚金及新井、洲崎、新町、大ヶ谷町、築地古町等の各町に割賦して、取締役栗生利兵衛、前田清兵衛両人之を徴収し且支払をなせり、〔一八七四年〕爾後右等の経費、浦賀町商会所水揚金の外、出金額を各町に割賦、西岸に於ては取締役臼井儀兵衛、宮井清左衛門、東岸に於ては取締役栗生利兵衛、岡本彦八等徴収及支払をなせり、本年度〔一八七八年〕より各町割賦金の校費を改めて、戸長役場より毎月金七拾円を領収（世話役）して俸給其他の支払をなすこととなれり」（前掲『新横須賀市史　資料編　近現代Ⅰ』八八九〜八九二頁〈五七六〉）。一方、ここに現れる「船改所」とは、神奈川県が港内取締や手数料徴収のために横浜港など県内一七ヵ所に設けられていた機関であり、一八七五年まで「村吏の家を以て仮設」する形で置かれていた（神奈川県立図書館編『神奈川県史料　第五巻』一九六九年、五一三頁）。前掲『新横須賀市史　資料編　近現代Ⅰ』三六〜三七頁〈一二〉に現れる船改所も同じものである。

(46)「加藤家文書」Ⅳ—一—一九。

(47)最上克雅『山本小松刀自伝』(山本耕三、一九六〇年)四一頁。

(48)鶴本重美編『日本食塩販売史』(全国塩元売捌人組合聯合会、一九三八年)二五一～二五二頁。臼井家が一八九一年当時、東京市深川区佐賀町一丁目四〇番地内に「廻米問屋兼食塩商」の支店を構えていたことは、白崎五郎七編『日本全国商工人名録』初版(日本全国商工人名録発行所、一八九二年)一〇五頁で確認できる。なお、ここで同書が典拠としているのは「東京市深川区佐賀町財部倉吉氏覚書」である。財部家は西浦賀村の水揚商人であった紀伊国屋六兵衛の家系であり、明治期に倉吉は臼井儀兵衛家の東京支店の番頭をしていたという。のち一九二六年には、東京再製塩業株式会社を東京市日本橋区浜町に設立して取締役に就いていた(横須賀市編『新横須賀市史　別編民俗』二〇一三年、六八六～六八八頁、帝国興信所編『帝国銀行会社要録　大正一五年版』一九二六年、東京府一一五頁)。

(49)「店卸勘定帳」一八三九～一八八六年(「加藤家文書」Ⅲ—A—一—一～二五)。

(50)「両岸の論理」を象徴するものとしては、浦賀の両岸をむすぶ渡船があげられる。この点については伊藤久志「明治期の浦賀渡船と町共同体」(横須賀市編『市史研究横須賀』第六号、二〇〇七年)を参照。

(51)前掲、伊藤「明治末期における浦賀港の変容と卸商人」。

(52)「金銭出入帳」一八九四年(「加藤家文書」Ⅴ—一八)。

(53)「宮井清左衛門日記」一八九三年六月二二日条(「宮井新一家文書」)。

(54)「商会所新築諸費扣」一八九四年四月(「宮井新一家文書」)。

(55)宮井清左衛門日記の一八九六年七月一二日条には「益友社勘定あり〔中略〕一、心付金三十銭　売場滝蔵」、九七年一月九日条には「商会処に於て益友社勘定〔中略〕一、金三十銭、売場山本に遣す」とあり、売場には事務員(山本滝蔵か)が詰めていたと思われる。

(56)表4—3では掛り物の支出として「売場入費」とともに「初市入費」が差し引かれており、初市も売場取引の一環であったことがわかる。初市については、「加藤家文書」に掲出史料のほか「御祝儀初市」一九〇六年(「加藤家文書」Ⅳ—一五一—四〇)があり、一八九八～一九〇一年「日記相場帳」(同、Ⅱ—一—一—七)、一九〇七～一一年「諸相場日記帳」(同、Ⅲ—一三二)の各年一月四日条にも初市の出来高が記録されている。初市が現れる最後の記事は一九一〇年のもので、このときの出来物は三次六兵衛・増田太兵衛が売った、太平丸(これは愛知県亀崎の新美昇平の所有船とみられる)による白米二五〇俵のうち二五俵を「割受」したもののみである。この取引については「水揚帳」同年(同、Ⅲ—

三八)からも確認できる。宮井清左衛門日記には一八九四年のほか一九一〇～一二年の一月四日条に「初市売場に於てあり」(一九一二年)といった記述があるが、一四年の同日条には初市の記事がみられない。

(57) 逓信省管船局編『東京海事局管内航通運輸ニ関スル報告　第三回』(一九〇五年)二一二～二一五頁。内容は前掲『新横須賀市史　通史編　近現代』九一頁の表1—2—8にまとめた。

(58) 「加藤家文書」の「金銭出入帳」には、「売場割月かけ、万清・三次に渡す」などの記載がたびたびみられる。

(59) 一八九八年七月九日付、宮井清左衛門宛「益友会解散ニ付出資金返済証」(「宮井新一家文書」二二一、横須賀市教育委員会編『横須賀市文化財総合調査報告書　第一集』一九八一年、二三六頁)。ほかに副頭取の三次六兵衛、取締の太田又四郎が連署している。

(60) たとえば一九〇一年の販売高は、食塩が一一万六八二八円、米が七一万一一二円である(浦賀町「自明治32年1月　統計に関する書類」横須賀市所蔵)。なお申告表の欄外には次のように記されている。「右当市場に於て弊店の販売したる商品数量に御座候也、尚此外帳簿上に於ては販売高有之候へども、夫れ等は各国にて買入れたれども当地にては売捌への見込なきにより東京又は各地に元積の儘転送し、或は汽車汽船便により当港に関係なく甲地より乙地に輸送して売買したるものなれば、当地の商勢を見るに之れ等を合算するは其当を不得候に付、大略見積して除きたり」。

臼井家は近世から自前の所有船を駆使しており、注(16)で述べたように、これによって塩を浦賀へ運ぶ事例も存在した。しかし前掲、上村『近世日本海運史の研究』二四六～二六九頁によれば、赤穂の塩を扱った廻漕業者である奥藤研造家の記録に臼井家が登場するのは一八九八年以降のことであり、奥藤家の記録で、それ以前に浦賀の塩荷受先とされていたのは阿波屋鈴木甚右衛門家である。鈴木家は、近世に徳島藩から塩の独占的な荷受権を与えられていた家でもあった(落合功『江戸内湾塩業史の研究』吉川弘文館、一九九九年、三一一～三一三頁)。なお前掲、鶴本『日本食塩販売史』は注(48)の「覚書」(財部)に基づき、明治期浦賀における「塩問屋」としてこの鈴木家と松崎屋菅井与兵衛家をあげており、ほかに「塩仲買」として西浦賀の三次六兵衛、加藤小兵衛、増田太兵衛、太田友吉、宮井清左衛門、香山清兵衛、臼井儀兵衛、臼井辰右衛門、赤井久兵衛、野間太兵衛、川村喜兵衛、東浦賀の宮井与右衛門、中川与八、宮井利右衛門、宮田太兵衛の各家をあげている(二五一～二五二頁)。この職分や氏名が時期を問わずに正しいものかどうかは検討の余地があるが、これまで注目されていない鈴木家が、明治期まで浦賀の塩取引において特異な地位を占めていたことの傍証にはなるだろう。

(61) 富田広重編『宮城県米穀同業組合沿革史』(原田印刷所、一九四一年)七二～七三頁。

(62) 前掲、最上『山本小松刀自伝』三七頁。
(63)『東京朝日新聞』(一八九九年五月四日)。
(64) 同前(一九〇三年一〇月一九日)。「両臼井」とは、本家・分家の関係にある臼井儀兵衛・臼井辰右衛門両家のことと思われる。また「上清」とは、注(63)の記事にも登場する上総屋中村清蔵のことである。中村は一九〇七年七月に一時経営危機が伝えられ(破産はしなかったが、以後は正米などの取引を離れた)、その際は「或は第二の臼井家たらんとの評さへありし程」と報じられていた(同前、一九〇七年七月二日)。
(65) 一九〇四〜一〇年「運賃雑用帳」(「加藤家文書」Ⅲ—一一四〜一一七)、一九一一年「金銭出入帳」(同、Ⅲ—一四五〜一四七)。ただし後者の記録は一月一〜二七日までと、一二月二一〜三一日の分が欠落している。
(66) 近世における山西家の経営については前掲、上村『近世日本海運史の研究』第一一〜一三章を参照。
(67) 万全丸の活動については、同前、二六五〜二六六頁で分析されている。
(68) 一八七六年の「万買帳」(「荷物売□帳」、注(38)、「加藤家文書」Ⅳ—七一の裏面)には、加藤家が臼井家や太田家から米などともに塩を買い入れている記録があるが、やはり塩のみ口銭が差し引かれている。当時「万買帳」に一括されていた仕入のうち、こうした取引を同家はのちに「諸品仕切帳」に記録するようになったと考えられる。
(69) 小西福松『米界大手血戦秘史』(大阪経済倶楽部、一九三四年)六一頁。
(70) 前掲、最上『山本小松刀自伝』三八頁。
(71)『東京朝日新聞』(一九〇五年五月二三日)。
(72) 同前(一九〇六年一二月三〇日)。
(73) 日本塩業大系編集委員会編『日本塩業大系』近代(稿)(日本専売公社、一九八二年)第一二章。
(74) 前掲「諸相場日記帳」(「加藤家文書」Ⅲ—一三一)によれば、一九〇七年一月四日の項には「初市、仲間出来左に」として各銘柄の米が書き上げられている。これらの売り手は三次六兵衛、増田太兵衛、宮井与右衛門の三者であった。
(75) 前掲『新横須賀市史　通史編　近現代』三二〇頁を参照。なお注(64)の説明も参照。
(76)「運賃雑用帳」(「加藤家文書」Ⅲ—一一八)によれば、一九一六年四月七日付で「売場勘定　十二月より四月まで」の名目で、五ヵ月分の三円四五銭をまとめて支払ったのが最後とみられる。なお売場(商会所)という施設自体については、一九二二年に関東倉庫株式会社が解散した際の臨時株主総会が「浦賀町紺屋、商会所に於て開催」とあるため(関東倉庫株式会社「臨時株主総会決議録」一九二二年四月二五日、「加藤家文書」Ⅲ—二六〇—二八)、この時期まで存在していたらしい。

コラム4

# 明治後期の浦賀歌壇と小出粲

伊藤　久志

経済的繁栄を遂げた都市や町場は、文化の面でも拠点となることが多く、浦賀もその例外ではなかった。近世の浦賀では俳諧がとりわけさかんであったが、『近世浦賀畸人伝』(1)で紹介されているように、当地の商人たちは漢詩や書なども嗜み、まさに「業雅一体」(2)の暮らしを送っていた。そのなかで歌壇、すなわち和歌は、幕末から明治前期にかけて隆盛をみせたものの、その後については不明な点が多い。よってこのコラムでは、明治後期の浦賀歌壇の実像について、若干の史料をもとに光を当てたいと考える。

浦賀歌壇については、川島孝平氏が俳壇と対比しつつ、体系的に究明している。(3)川島氏によれば、俳壇と異なり歌壇は近世を通じて長くその萌芽をみなかったものの、幕末に至り西野前知《さきとも》が現れてさかんになったという。前知は一八二二年（文政五）、浦賀付きの下田廻船問屋の家に生まれて家職を継いだ。しかし一八七二年（明治五）に廻船改めが終わると、以後はしばらく浦賀の役場につとめ、隠居したのちは歌道に専心した。前知のもとには浦賀における「知名の人」やその子女たちが集い、最盛期には門下が一〇〇名近くになったという。

川島氏は、前著の執筆にあたって西野家にも資料を求めている。惜しいことに、同家ではその五〇年も前、当主がすでに南米に移住しており、資料はほとんど散逸していた。それでも川島氏は資料を博捜し、明治前期を中心とした彼の活動を丹念に紹介している。

しかしながら、前知が一八九四年に没したのちの浦賀歌壇の行方については「この和歌流行の気運は〔中略〕前知の死を契機として消え去ったと見る」、「前知は明治二十七年、七十二才で没した。中心を失った浦賀の歌壇は、代わるべき指導者もなく、離散消滅した」と述べるにとどまっている。[4] 確かに前知の後、その後継者というべき人物などは知られていない。それでは川島氏が述べるように、浦賀歌壇は前知の死とともに「離散消滅」したと断じてよいのであろうか。筆者は、こうした見方は適切でないと考える。というのも、「加藤家文書」[5]には明治後期の和歌関係史料が残されているためである。

残された史料のうち、最もまとまったものは月刊誌『くちなしの露』である。この雑誌は、後述する歌人の小出粲《こいでつばら》の門人たちが主宰する、東京梔蔭社という団体が一九〇二年（明治三五）に創刊したものである。同誌は毎月和歌の課題を発表して読者から作品を募り、すぐれた作品を掲載する投稿雑誌であった。「加藤家文書」には、その第一号（一九〇二年六月一〇日刊行）から第七八号（一九〇八年一一月二八日刊行）までのうち、七二冊が残る。そして創刊当時の同誌には、浦賀の歌人（掲載者には作者の居住地名もある）の作品が折々掲載されている。常連は菅井清光・松本勇雄・永田賛知・河野富子・加藤嘉徳などであった。もっとも、第二八号（一九〇四年九月一五日）以降になると、作品が載るのはほぼ菅井清光に限られている。

また「加藤家文書」には、浦賀梔蔭社の名で作成された、一年間の和歌の月次兼題をまとめた一覧表が、一九〇六～〇八年の三ヵ年分残されている。このほか、年代は不明であるが詠草提出のやりとりを述べた「加藤嘉徳」宛ての書簡などがいくつか残されており、小出粲が差出人で浦賀梔蔭社が宛て名となっている一九〇二年と一九〇四年の空封筒もある。

右の説明で言及した小出粲は、幕末から明治にかけての官吏であるが、(6) むしろ歌人として著名であった。彼の歌道の師は島原藩の瀬戸久敬で、瀬戸は賀茂真淵に発する江戸派の歌人であった。粲は一八三三年（天保四）、浜田藩（現島根県）の江戸別邸につとめる家臣松田家に生まれ、のち同藩給人の小出家へ養子に入った。幕末の浜田藩は、徳川慶喜の実弟松平武聡が藩主をつとめる親藩であり、第二次長州征討の際には幕府方としてこれに参加したものの長州藩に敗れ、飛び地であった美作（現岡山県）に鶴田藩を立藩していた。

粲自身は、維新後も藩主の家令にあげられたために東京に暮らし、一八七七年（明治一〇）からは三条西季知の世話によって宮内省に出仕した。これは歌道の才を認められての処遇であり、はじめ文学御用掛、のち御歌所寄人、さらに同所主事心得となった。粲は「梔園」を号とした。梔とはクチナシという意味であり、名の粲もやはりクチナシの意味である。なお、粲の代表的な歌集は『くちなしの花』（四篇）と題されている。

「加藤家文書」に残された史料からは、浦賀で一九〇四年頃にも歌壇の活動が続いていたこと、そしてこの歌壇は浦賀梔蔭社と称しており、粲の門人たちが主宰する東京梔蔭社の活動の影響下にあったことがうかがえる。なぜ当時の浦賀歌壇は、粲のような高名な歌人の活動と結びついていたのだろうか。それは、粲が西野前知の年少の師であったという縁故によるものと考えられる。

粲と前知の交流については川島孝平氏が詳述しており、二人の間柄を評してこう述べている。

粲と前知の関係は師弟というより、むしろそれを超えた人と人との心の交流とでも云ったらよいか。ちなみに、師である粲は、前知より十九才も若く〔中略〕粲はこの老弟子に対するに『翁』と呼んで彼を遇している。(7)

前知が粲と面識を持った具体的な機会などは明らかではない。しかし前知ははじめ、やはり江戸派の歌人として著名な加藤千浪に師事していたことが知られているため、その知遇によって粲ともつながりが生じたのではないだろうか。二人の接点を示す確実な史料で最も早いものは、『浦のもくず』と題する粲の著作である。(8)これは一八七二年(明治五)四月、粲が前知や菅井清光の招きによって浦賀へ来遊した際の旅行記である。著者名は小出粲となっているが、後序は前知が記しており、また川島氏によれば本文全体の筆跡も前知のそれを版に起こしたものである。ほかに、川島氏が若い頃に見た前知の歌稿『山のしづく』には、一八八三〜八九年までの歌二〇〇〇首余りが収められ、これには粲の朱筆が入っていたという。

前知は一八八九年(明治二二)に、奥州松島を訪れた。そしてその折の紀行文が前知の没後、門人によって『松島紀行』と題して出版された。(9)その序文を記したのは粲であり「いさゝかの事記さむとするにも涙せきあへず」と、前知の死を悼んでいる。また「加藤家文書」の史料について、書簡の宛て名として先に紹介した加藤嘉徳とは、『松島紀行』巻末に前知の門人として和歌を寄せている加藤忠七、つまりのちの一四代加藤小兵衛のことにほかならない。嘉徳宛ての書簡に差出人として現れる永田賛知・高橋惇因・藤原成章なども、同じく『松島紀行』巻末に門人として名を連ね、和歌を捧げた人びとである。

粲と前知の親密な敬愛ぶりからすれば、前知を失った浦賀の門弟歌人たちが、粲との縁に頼ろうとした可能性は高いであろう。一九〇二年に創刊された『くちなしの露』に浦賀歌人の作品がたびたび掲載されていることは、当時の浦賀歌壇の活発さを示すとともに、粲と彼らとの結びつきの強さを示している。一九〇四年後半から、菅井清光以外の作品がほとんど掲載されなくなる理由には、いくつかの可能性があるだろう。しかし同誌投稿者の居住地をみると、当初は大半が関東地方にとどまっていたのが、一九〇四年頃になると北海道や「満州」にまで広がっており、投稿の競合相手が増えていたことは間違いない。一方で、前に触れた月次兼題の一覧表からわかるように、一九〇四年以降も浦賀歌壇が浦賀梔蔭社の名を捨てることはなかった[10]。

「加藤家文書」の関係史料で最も時期が下るものは、いずれも一九〇八年(明治四一)のものである。その一つは浦賀梔蔭社の月次兼題一覧表であるが、もう一つは小出林吉から加藤嘉徳に宛てて送られた、粲の遺稿集『梔花拾遺』[11]を進呈する旨の書簡(謄写版)である。粲は一九〇八年四月一五日に死去しており、林吉とは粲の子息の名である。

以後の年代がある関係史料は、「加藤家文書」中に確認できない。その理由には、加藤嘉徳個人が浦賀梔蔭社を離れたという可能性もあるだろう。しかし、同社そのものが解散したという可能性もある。加藤家文書には『くちなしの露』が一九〇八年一一月刊行分まで存在するが、この時期の同誌に浦賀歌人の作品がまったく見られないことから、後者の可能性のほうが高いのではないか。

なお、浦賀の商人は一九〇七年の頃に大きな経済的危機に見舞われており、こうした事態も業雅一体の伝統を維持することを、より困難にしたと思われる。
以上、推測をまじえながら導かれる結論は次のとおりである。浦賀歌壇は、一八九四年に西野前知が死去したのちも、その師であり宮内省の顕職にあった小出粲との関係を頼りとしながら活動を続けていた。粲の門人たちが主宰する東京梔蔭社にならって、この時期の浦賀歌壇が浦賀梔蔭社を称したことは象徴的である。しかし東京梔蔭社の活動が全国化するにつれて、粲と浦賀歌壇との関係は疎遠にならざるをえなかった。そして一九〇八年に粲が没するに至り、文柱を失った浦賀歌壇はついにその幕を下ろしたと考えるのである。

注

（1）樋口有柳『近世浦賀畸人伝』（一八二八年）。
（2）横須賀市編『新横須賀市史　通史編　近世』（二〇一一年）第一〇章。「業雅一体」の概念については杉仁『近世の在村文化と書物出版』（吉川弘文館、二〇〇九年）などを参照。
（3）川島孝平『近世浦賀の文化史』（浦賀古文書研究会、一九七九年）。以下、西野前知の事績や明治前期までの浦賀歌壇については、原則として同書に依拠している。
（4）前掲、川島『近世浦賀の文化史』一三〇、一四六頁。
（5）「加藤家文書」の概要については、本書、第四章を参照。
（6）小出粲の略歴については、井上通泰ほか編『現代短歌全集　第二巻』（改造社、一九三〇年）、昭和女子大学近代文学研究室編『近代文学研究叢書　第九巻』（昭和女子大学光葉会、一九五八年）を参照した。なお歌集『くちなしの花』のうち初篇三巻（文石堂、一八九四年）は、国立国会図書館が本文をデジタル公開している。一方『くちなしの露』については、国会図書館リサーチ、CiNii Booksの各データベースで検索したが、今のところ「加藤家文書」以外の所蔵は確認できない。
（7）前掲、川島『近世浦賀の文化史』一三六～一三七頁。

（8）国立国会図書館は、小出粲『浦の藻屑』（菅井与兵衛、一八八三年）の表題で本文をデジタル公開している。菅井与兵衛は浦賀卸商の一人である。
（9）西野前知『松島紀行』（文華堂、一八九八年）は、国立国会図書館が本文をデジタル公開している。
（10）『くちなしの露』には、いくつかの地方歌壇の記事がある。それによると、ほかにも「熱田梔蔭社」・「吉備梔蔭社」といった団体名が見られるが、梔蔭の語を用いていない団体名もあり、投稿する地方歌壇が「～梔蔭社」を名乗ることは、義務だったわけではない。
（11）小出粲『梔花拾遺　上・下』（西東書房、一九〇八年）は、国立国会図書館が本文をデジタル公開している。

# 第五章　東浦賀における干鰯問屋の経営変容

## ―湯浅屋橋本家を中心として―

加藤　晴美

## はじめに

本章の目的は、東浦賀における干鰯問屋の経営変容を、干鰯商売が縮小していくなかで商家がいかにしてその経営を持続したのかという観点から明らかにすることである。

浦賀湊は干鰯の集散地として発展した。浦賀における干鰯商いは天正年間（一五七三～一五九二年）にはじめられたと伝えられ、一六四二年（寛永一九）には東浦賀商人に対してはじめて干鰯問屋株が許可された。東浦賀商人は主に房総半島から九十九里、東京湾沿岸地域で生産される干鰯を関西方面に中継し、干鰯商いを独占した。一方で、江戸干鰯問屋との競合や新規問屋の参入、鰯の不漁などによって近世中期以降には浦賀湊への干鰯入荷量の減少がみられた。

古田悦造氏は、元禄年間（一六八八～一七〇四年）までは浦賀干鰯問屋の集荷圏は関東地方の太平洋岸一円に

**表5-1　近代東浦賀における肥料商**

| | 商人名 | 業種 |
|---|---|---|
| 1898年（明治31） | 臼井儀兵衛 | 米穀商兼肥料商運送業 |
| | 宮井与右衛門 | 肥料商 |
| 1915年（大正4） | 宮与商店（宮井与右衛門） | 海陸産肥料・米穀・醤油・炭販売<br>過燐酸完全肥料　大日本人造肥料会社特約店 |
| | 宮井啓次郎 | 人造肥料（多木肥料）・洗濯石鹸・洗ソーダ<br>末広醤油・日本生命保険株式会社 |

出典：(1)1898年は『日本全国商工人名録』（渋谷隆一編『都道府県別資産家地主総覧　神奈川県』日本図書センター、1988年）。
(2)1915年は神奈川県三浦郡浦賀町尋常高等浦賀小学校内職員懇話会編『浦賀案内記』（信濃屋書店、1915年）。

およぶ広範囲であったが、その後江戸干鰯問屋からの圧迫によって集荷量が激減し、集荷圏も房総半島南部に限定されるようになったことを指摘した[(1)]。西川武臣氏は干鰯問屋飯塚屋を事例として、生産地への前貸しによる干鰯の集荷が天保改革によって行き詰まり、問屋経営の衰退につながったことを論じている[(2)]。干鰯商いは東浦賀の基幹産業でありながら浮き沈みが激しく、東浦賀商人は特権的に干鰯商いを独占してきたとはいえ、その経営は安定していたとはいい難い。これを示すように干鰯問屋の休業・廃業は跡を絶たず、近世初期から後期まで経営を維持し続けた干鰯問屋は少ない。

それでは、これらの浦賀干鰯問屋の経営は明治期以降、どのように変容したのであろうか。明治中期の浦賀では外房産の干鰯を伊勢湾方面へ中継する遠隔地との取引がなされていた。とはいえ数量的には幕末期と比較して大幅に減少しており、干鰯流通における浦賀の中継機能には一定の限界が生じていたという（本書第三章第二節（二））。明治期以降、北海道産鯡魚肥が鰯魚肥の生産量を上回るようになって干鰯の需要が低下したことも、浦賀における干鰯流通量減少の要因であろう。

こうした魚肥中継拠点としての機能縮小は、干鰯問屋の進退にも大きな影響を与えた。「東浦賀村高職業書上」によれば、一八七〇年（明治三）において東浦賀には一九軒の干鰯問屋が確認される[(3)]。ところが、表5―1に示したように一八九八年（明治三一）および一九一五年（大正四）において史料上で確認できた浦賀の肥料商は各二軒であった。一八九八年の『日本全国商工人名録』[4]には「肥料商」として東浦賀の宮井与右衛門（宮与）と西浦賀の臼井儀兵衛（大黒屋）の名がみえるほか、一九一五年『浦賀案内記』[5]の広告欄には宮与および宮井啓次郎（宮啓）が肥料商として登場している。資料の性質上、必ずしもすべての商家を網羅しているわけではないが、一八七〇年時点で営業していた干鰯問屋のほとんどは大正期には確認できなくなっている。大正期において肥料商として記載されている宮与・宮啓の両家も、兵庫県を拠点とする人造肥料会社多木肥料の特約店や保険会社の代理店となっており、近代的な企業との接触をはかることによって経営を維持していた。そのほかの干鰯問屋としては米穀商へと転身した幸保六兵衛家の例などがあるが[6]、従来の干鰯問屋のうち多くは明治後期までに順次転出したか、業種転換を迫られたとみられる。

このような状況のなか、近代以降も浦賀において存続した干鰯問屋は、近世後期から近代以降、家業の変更も含めてどのように経営を維持、展開したのであろうか。その際は、干鰯という商品の不安定性を考慮せねばならない。干鰯の移入量は鰯の豊漁・不漁に大きく依存することもあって、干鰯問屋が経営を維持するには近世期においても不安定な干鰯商いを補完する他の商品の扱いが必要であったはずである。実際に前出の「東浦賀村高職業書上」によれば干鰯問屋のほとんどが米・雑穀・塩などの「水揚仲買」や小売商を兼ねていたことがわかる。そのため、干鰯問屋の存立形態とその変容を明らかにするには、干鰯以外の商荷物の取引も含めた経営の総体を意識しつつ、特に干鰯の重要性が低下する近代以降における経営転換を検討する必要がある。そこで本章では、明治期以降も経営を維持した干鰯問屋の一つである湯浅屋（橋本家）を事例として、近世後期における商取引の概要を検討するとともに、明治期以降における経営の変容を明らかにしたい。

## 第一節　湯浅屋橋本家の概要

事例とする橋本家は薬種商に転身し、近代以降も経営を維持した数少ない浦賀干鰯問屋の一つである。同家は寛文年間（一六六一～七三年）に紀州有田郡湯浅村（現和歌山県有田郡湯浅町）より浦賀に来住したと伝えられる。湯浅屋の屋号を名乗り、代々の当主は「与三（惣）右衛門」もしくは「与三（惣）左衛門」・「与左衛門」を通り名とした。東浦賀新町に居を構え、近代には通りに面して二階建ての店舗兼住宅が建ち、その脇に土蔵が並んでいたという。

橋本家は「橋本与惣左衛門は干鰯仲間へ加り申さず候以前、材木・板等の問屋にて手広商売いたし」とされ、来住当初は材木問屋を経営していたとみられる。(7)干鰯問屋となったのは二代目のころと推測され、干鰯問屋としての史料上の初見は一七三〇年（享保一五）であった。一八五一年（嘉永四）の史料では干鰯問屋としては「仲間預」となっており、この時点では干鰯問屋を一時的に休業していたものとみられるが、その後復帰した。(8)

本章において検討の対象とする幕末期から明治期において、橋本家の当主をつとめたのは主に九代目および一〇代目益太郎である。九代目当主は千葉県曽我野村（現千葉市）の出身であり、豪商であり網元でもあった小河原家からの婿養子であった。このとき生家より付きしたがった櫻井九兵衛は漢方の心得があり、野草などを用いて薬を作っていたという。(9)この九兵衛の影響もあってか、橋本家では一八四八年（嘉永元）に薬種業へ進出した。九代目は一八七三年（明治六）に急逝し、その跡を長子である益太郎が継いで一〇代目与三左衛門を名乗った。益太郎は薬剤師をつとめるかたわら浦賀村役場に勤務し、浦賀町議会議員を経て一九一九年（大正八）

からは三浦郡会議員もつとめた。益太郎は最初の妻みねをコレラで、二番目の妻イワを出産時に亡くしたのち、一八九二年（明治二五）に三人目の妻セツをむかえた。セツは三浦半島でも有数の大地主・大庄屋であった三浦郡金田村の菱沼本家の長女であった。

このように橋本家は東浦賀において一八世紀初期までに問屋株を取得した、比較的新興の中堅干鰯問屋の一つであったと推測される。近代以降、橋本家は薬種商に転身し、経営を維持しつづけた。「明治三十年営業及課税標準届」(10)によれば橋本家は「物品販売業　薬種商」とされており、その年間の小売金は一二五二円三銭であった。橋本家が明治中・後期以降、浦賀町政および三浦郡政に関与し、さらに三浦半島地域における有力者から妻をむかえた事実からは、橋本家が近代浦賀において一定の家格と資産を有する商家として周知されていたことが推測される。明治期以降に他の干鰯問屋や近世以来の有力水揚商人が次々と廃業するなか、橋本家がどのように経営を転換したのかを検討することは、明治期における浦賀港の機能変化と商人の特質を明らかにすることにつながるであろう。

「橋本憲和家文書」（以下、「橋本家文書」と略す）において、経営帳簿は近世後期から明治後期まで、「金銀出入帳」や「水揚帳」、「売留帳」、「大福帳」などが散見される。史料の残存状況はまとまりを欠き、多種の帳簿が揃う年次は少なく取引の総体を追うことは難しい。ただしこれを補完するものとして、仕切状や商用に関する書簡類などが比較的豊富に残存している。本章ではまず第二節において近世後期における橋本家の取引状況を検討したのち、第三節では明治初年、第四節では一八八〇年代における経営の変容を明らかにする。

## 第二節　近世後期における橋本家の取引

### (一)仕入れの状況

表5―2は「橋本家文書」に含まれる嘉永年間(一八四八～五四年)以降のものと推測される仕切状および書簡、送り状などから判明する仕入れ先と取扱い品目である。仕入れについては、すでに浦賀干鰯問屋が房総半島や九十九里の生産地への前貸しによって鰯魚肥を集荷していたことが知られている。橋本家に対しても、上総栗生村(現千葉県九十九里町)および勝浦(同勝浦市)のほか、所在地不明のものを含め多くの生産者から干鰯・〆粕などが送られてきた。とくに栗生村の飯高重兵衛家からは頻繁に荷が到着している。飯高家からは一度に五〇俵前後と比較的まとまった量の荷が送られているが、そのほかの生産者からは一〇俵以下の単位で送付されることも多い。いずれにしても、橋本家が近世後期において九十九里や房総などの生産者から干鰯・〆粕の集荷を行っていたことが確認される。

こうした産地からの集荷以外では、宮原屋利兵衛、宮原屋次兵衛など浦賀の干鰯問屋仲間からの仕入れをみることができる。干鰯問屋から購入した商品には、内海粕や魚油に加え、東北地方から回漕されてきたと推測される南部粕が含まれており、宮原屋利兵衛から購入した南部粕は「仲間持参分」とある。これらは浦賀に荷揚げされたのちに干鰯問屋に買い取られた荷と考えられ、産地からの直買を補完するかたちで浦賀干鰯問屋

**表5-2　近世後期における橋本家の仕入先と品目**

| 所在 | 商人名 | 品目 | 備考 |
|---|---|---|---|
| 浦賀 | 宮原屋利兵衛 | 南部粕 | 「南部粕仲間持参分」とあり |
| | 宮原屋次兵衛 | 魚油39樽、内海粕100俵<br>干鰯・粕 | |
| 鍬ケ崎浦 | 秋田屋新右衛門 | 上昆布70丸、雑昆布110丸、生鮪15本<br>雑昆布 | |
| 走水 | 飯島宗左衛門 | 魚油、大豆<br>の崎分塩150俵、地小豆1俵、地大豆750俵、地小麦23俵、地大豆1俵 | |
| 上総栗生村 | 飯高重兵衛 | 干鰯52俵<br>干鰯42俵<br>干鰯20俵<br>干鰯52俵 | 苫屋権六船に積送り<br>苫屋権六船に積送り<br>石井吉三郎船にて積送り<br>吉田屋嘉兵衛船にて積送り |
| 上総勝浦 | 渡辺甚三郎 | 干鰯 | |
| 不明 | かつさや　小浦吉十郎<br>岡田や長次郎<br>芝次兵衛(治兵衛)<br>竹原円兵衛 | 干鰯23俵<br>干鰯3俵<br>干鰯6俵<br>干鰯5俵<br>干鰯3俵 | いづミや太郎兵衛舟にて積送り<br>小湊勘五郎船にて積送り<br>金谷三左衛門船にて積送り<br>住吉屋利兵衛船<br>大川佐平太船にて積送り |

出典：「橋本家文書」。

からの仕入れが行われていたものとみられる。また、東廻り航路の拠点として繁栄した鍬ケ崎(現岩手県宮古市)の秋田屋新右衛門からは、蝦夷産と推測される昆布や鮪の仕入れを行っている。走水(現横須賀市)の飯島宗左衛門からは、周辺農村で生産されたとみられる地大豆および地小麦などを購入した。

すなわち、近世後期において橋本家では①産地との直接取引による関東産鰯魚肥の集荷、②浦賀干鰯問屋との仲間取引による魚肥の仕入れ、③遠隔地商人との取引による蝦夷・東北産物資の仕入れ、④生産地問屋からの関東産穀類の仕入れが確認できる。これらを数量的に把握することはできなかったが、魚肥については①を基本としつつ②によって入荷を補い、さらに③や④を補完的に扱っていたと推測される。

## (二)問屋および廻船との取引状況

### 遠隔地問屋との取引

表5―3にみるように、「橋本家文書」に含まれる仕切状および商用書簡などのなかでは、取引相手として半田(現愛知県半田市)の万屋(小栗)三郎兵衛や伊勢四日市(現三重県四日市市)の米屋伊兵衛など、伊勢湾沿岸地域における商人の名がみられる。浦賀は尾州廻船によって伊勢湾方面とのネットワークを構築しており、浦賀から伊勢湾方面へは魚肥・大豆などが、伊勢湾方面から浦賀へは米穀などが送られていた[11]。橋本家がこれらの遠隔地商人とどのような方法によって取引していたのか、当時の商慣行に不明な点が多いため必ずしも明確ではないが、仕切状および書簡類から推測されるのは以下のとおりである。

「橋本家文書」には、万屋三郎兵衛の名がある仕切状が五通確認される。万屋三郎兵衛は肥料商であり醤油醸造も行う、半田では有数の豪商であった[12]。まず、これらの仕切状から魚肥取引の具体的な事例をあげたい[13]。栄宝丸中野悦三郎は干鰯などを積み、二月一四日に半田に入港した。このとき荷揚げした荷物について、万屋三郎兵衛から栄宝丸中野悦三郎および橋本家宛に出された「売仕切」二通が残されている。一通は「橋与出」の「本場古寒川」(干鰯)七五俵が販売額約二四両弐分で、もう一通は「本場寒川」八五俵を約一七両弐分で販売した記録である。それぞれ、ここから仲介料に相当する「口銭」が差し引かれており、ここでは万屋は自らこれらの荷を購入したのではなく荷受問屋としての仲介業務を行っていたことが推定される。ただし、この干鰯が栄宝丸の買積荷物なのか、橋本家が栄宝丸に委託・販売したものか、史料からは判断できない。

そこで、伊勢湾沿岸地域の荷受問屋との関わりについてもう一つの事例を参照したい。ここでは尾州亀崎

（現愛知県半田市）の山城屋代蔵から橋本家宛の書簡を取り上げる[14]。この書簡では、「大栄丸清太郎殿積」の橋本家の荷物である「内海〆粕」について報告している。山城屋はこの荷物について、「吉良屋重吉」ならびに「下店」に取引を持ち掛けたものの、「何分秋仕舞之時せつ」であることから相場が大幅に下落していることを述べた。また、「半田徳三良・悦太郎」の船によって橋本家から尾州へ回漕された「南部粕」は、四月に亀崎に入津したものの一向に買い手がつかず、六月になってようやく徐々に販売できるようになり、最終的には相場が下落する前に売ることができたと報告している。ここでは、荷受業務を担う山城屋が橋本家から委託された荷物を荷揚・保管し、相場情報に気を配りながら買い手を模索していたことが推測される。

## 廻船業者との取引

「橋本家文書」からは、前述の栄宝丸悦三郎のほか、亀崎の大豊丸弥三郎や半田の徳三郎船、伊勢四日市の嘉福丸与三郎など、複数の廻船業者との関係をみることができる。同家はこれらの廻船に「運賃」や「運賃心付」を支払っており、主に運賃積によって伊勢湾方面まで輸送されたとみられる（表5―3）。橋本家と廻船との金銭のやり取りを記した「覚」にみる廻船業者と橋本家の関係を、前出の半田「栄宝丸悦三郎」との事例からみておく[15]。卯一〇月二三日、栄宝丸悦三郎は橋本家の「粕五拾俵」について、「為替かし」として金一四〇両を書き上げている。これは荷の買い手がいまだ見つからない段階で先渡しされていたものとみられ、「利金」が合計一二両ついている。また、「運賃心付」として二四両二分が記載された。翌年五月に粕が販売されたが、その販売額は約一二七両であり、大豊丸が橋本家に渡した金額の満額には満たず、差額は「かし」（貸）として記されている。これらの史料からみる限り、橋本家はこれらの廻船業者に運賃を支払って荷の運搬をさせ、伊勢湾地域における問屋（仲買）への販売を委託していたように推測される[16]。

**表5-3　近世後期における橋本家の販売先と品目**

| | 所在 | 商人名 | 品目 | 備考 |
|---|---|---|---|---|
| 伊勢湾沿岸地域 | 尾州半田 | 万屋三郎兵衛 | 本場古寒川75俵 | 中野悦三郎宛仕切状<br>「2月14日入　橋与出」とあり |
| | | | 本庭寒川85俵 | 中野悦三郎・橋与宛仕切状<br>「2月14日入　はし与出」とあり |
| | | | 松前にしん20俵 | 中野徳三郎・橋与宛仕切状<br>「正月8日入　橋与出」とあり |
| | | | —18俵 | 中野徳三郎・橋与宛仕切状<br>「正月8日入　南権出」とあり |
| | | | 能代〆口分粕50俵 | 中野悦三郎・橋与宛仕切状<br>「去10月28日入　橋与出」とあり |
| | 尾州亀崎 | 熊野屋五兵衛 | 本場羽粕28俵 | 栄昌丸徳蔵宛仕切状 |
| | | | 西方□行75俵 | 栄昌丸徳蔵宛仕切状 |
| | | 間瀬屋礒右衛門 | 本場〆粕117俵 | 栄昌丸徳蔵宛仕切状 |
| | 伊勢四日市 | 徳田屋武兵衛 | 粕47俵 | 橋与・栄宝丸悦三郎宛仕切状 |
| | | 米屋伊兵衛 | 太白内海魚油50樽 | 注文の書簡 |
| 廻船 | 尾州半田 | 栄宝丸悦三郎 | 干鰯160俵ほか | 橋本与右衛門宛「覚」。他に運賃の記載 |
| | | 徳三郎 | 粕18俵、粕20俵、「時田売り内海粕」40俵、「同人売り」40俵 | 橋本与左衛門宛「覚」。他に運賃心付の記載 |
| | 尾州亀崎 | 大豊丸弥三郎 | まつまへ粕85本、まつまへ粕63本 | 橋本与左衛門宛「覚」。他に運賃心付の記載 |
| 関東 | 浦賀 | 宮井清兵衛 | 小本昆布311貫、細布昆布660貫目 | 宮清の仲介により販売 |
| | 厚木 | 日野屋忠兵衛 | 茂印84本ほか<br>干鰯<br>鮭<br>刻みたばこ | 代金引延願の書状<br>他、干鰯と推測される符丁で記された4品<br>注文の書簡 |
| | 金沢 | 糀屋佐兵衛 | 鯡9俵 | |
| | 長沼村 | 甚五右衛門 | 干鰯 | 代金引延願の書状 |
| | 曽我野 | 沢本屋 | ろうそく | |
| | 下総五田保 | 君塚辰六郎 | 醤油30樽、醤油50樽 | 注文の書簡 |

出典：「橋本家文書」。
注：「伊勢湾地域」および「廻船」の項目では、橋本家が荷を廻船業者に対して販売したのか、あるいは問屋に販売したのか史料からは判別し難いものがある。ここでは仕切状及び書簡の作成者を「商人名」の項目に示した。

廻船業者から同家に対しては、四日市や亀崎においての販売状況を報告する書簡も送られていた。四日市の嘉福丸与三郎からの書簡を事例として取り上げると、「当月廿一日相登り候得ば入船沢山故哉相場不人気ニ御座候得共、情々懸合仕候相成丈働キ売捌キ方可仕候」、あるいは「登り荷物之儀も当時成行ゆへ未タ捌方ニも相成不申」など、廻船業者が橋本家の荷を委託され、現地の商人への販売を担っていたことをうかがわせる記述がある。[17] 嘉福丸から同家へは、四日市における相場の情報を知らせる書簡も送られ、相場をふまえたうえで「宜敷御欠引可被成下候」と記載されている。[18] 相場が記載された品目は、伊勢湾地域で産出される米穀類(「忍御蔵米」・「中印米」・「亀山米」など)のほか、「御地物」としてあげられている「大豆」・「小豆」・「油」・「干か」・「〆粕」・「南部」などである。前者は浦賀への下り荷、後者は浦賀からの上り荷であった。橋本家ではこれらの相場情報を廻船から得ることにより、遠隔地との取引を行っていたものと推測される。

一方、伊勢四日市の肥料商米屋伊兵衛(米伊)からの書簡では、上記のような廻船業者に荷を委託して行うものとは異なる取引の形態を確認できる。米伊は書簡によって橋本家に魚油の購入を申し込んでいる。[19] 四日市に入港した嘉福丸与三郎から米伊が魚油一四樽を購入した際、米伊は橋本家の「御買持之油」の見本によってその品質を確認した。そのうえで「太白内海魚油」五〇樽の注文を行ない、「舟」に積み込むよう要請している。同家は米穀および魚肥などを四日市の荷受問屋から購入していたが、[20] ここでは廻船業者を仲立ちとして浦賀干鰯問屋との直接取引を模索していたとも考えられる。

## (三)関東地域における販売状況

表5―3によると、関東地域における販売先としてとくに取引が多いのは相州厚木の日野屋忠兵衛であっ

た。日野屋への主な販売品目は干鰯であることから、日野屋は周辺村落部に肥料を販売する肥料問屋あるいは小売店であったとみられる。そのほか金沢（現神奈川県横浜市）へは鮃を送っていた。一方、鰯魚肥の生産地であり積出港でもあった曽我野へはろうそくを、五田保（以上、現千葉県千葉市）へは醤油を送っており、東京湾内の魚肥生産地に対して浦賀に集まる生活物資などを供給していた。

以上のように、橋本家では関東地域の魚肥生産地との直接取引によって集荷した干鰯だけではなく、浦賀の干鰯問屋から購入した魚肥、関東地域における生産地問屋から集荷した地大豆、奥筋廻船によって移入された東北産および松前産魚肥・海産物などを扱っていた。こうした商品は主に伊勢湾方面へ中継されていたと考えられる。橋本家の仕切状および書簡から類推する限り、同家から伊勢湾方面へは、廻船業者もしくは現地の問屋に荷を委託して販売する形態での取引であったとみられる。

一方で、米伊の事例のように、一部には現地の商人からの注文によって荷を送る、直接的な取引形態の模索もみられた。橋本家は干鰯問屋としての機能だけでなく、他の商荷物を扱う水揚商人としての取引も展開し、東北太平洋岸や伊勢湾方面の商人、廻船とのつながりを基盤に遠隔地取引を行っていたことが確認された。近世後期には、浦賀における有力商人らは尾州廻船を介して魚肥および穀物を伊勢湾沿岸地域に移出しており[21]、橋本家もこれと同様の取引を行っていたことがわかる。

## 第三節　明治初頭における取引の変容

### (一)取引の状況

浦賀では一八七〇年(明治三)に東西浦賀村が合併すると干鰯商売への自由参入が可能となり、早速西浦賀商人から営業願いが出されて許可された[22]。また、七二年(明治五)には船改めが停止となっている。ここでは、浦賀湊が近世的な機能と構造を有していた最後の時期に相当する六九年(明治二)の「金銭出入帳」を取り上げ、検討する[23]。

「金銭出入帳」は一八六九年七月一九日から七〇年七月一五日までの約一年間の金銭の出入を記録したものである。日付ごとに出金および入金について、支払先・入金元の名称と金額、品目を記載している。金銭の出入について記録されているため、内金などの名目が多く一回あたりの取引の総額や数量を正確に明らかにすることは困難であるが、取引の概要を復原することは可能である。また、今回は冠婚葬祭に付随する贈答や寺院への布施、日用品の購入などに関する金額は除外し、商取引に関するもののみを分析の対象とした。品目が記載されないものも多いため、取引の状況を正確に明らかにすることは困難であるが、今回分析した二ヵ月分では入金が約二六五二両、出金は約二一五九両八分であった。

入金・出金の状況を表5―4、表5―5に示した。この期間において入金の項目は塩代がもっとも多く、全体の約五割を占める。これに次ぐのは干鰯・〆粕などの鰯魚肥である。橋本家では一八四八年(嘉永元)に薬種

**表5-4　橋本家への入金（1869年〈明治2〉7〜9月）**

| 所在 | 入金元 | 金額 | | | 主な品目 |
|---|---|---|---|---|---|
| | | （両） | （分） | | |
| 浦賀 | 江戸屋六兵衛 | 234 | 1 | 2貫2024文 | あら粕 |
| | 師崎屋与八 | 200 | | | 粕 |
| | 石井宗兵衛 | 170 | | | 干鰯 |
| | 松崎屋与兵衛 | 55 | 2 | 7匁6分9厘 | 粕 |
| | 宮原屋清兵衛 | 40 | | | 粕 |
| | 宮原屋吉三郎 | 60 | | | |
| 神奈川 | 近江屋清兵衛 | 500 | | | 塩・内海粕 |
| 鴨井村 | 喜左衛門 | 78 | | | |
| 相州厚木 | 日野屋忠兵衛 | 38 | | | 塩 |
| — | 浦賀屋万吉 | 377 | | | 塩 |
| | □□惣七 | 298 | 2 | | 塩 |
| | 金子米四郎 | 223 | | | |
| | □□や藤八 | 160 | | | 干鰯 |
| | さの屋宗七 | 50 | | | 塩 |
| | 鈴木岩吉 | 40 | | | |
| | のまや | 2 | | | 粕 |
| | 木村善蔵 | 1 | | | 煙草 |
| | 八木勘七 | 7 | 2 | | 干鰯 |

出典：「金銭出入帳」（「橋本憲和家文書」1415）。
注：(1)商用以外のものと推測される項目は除外した。また、基本的に合計10両以上の取引相手のみ示した。
(2)「—」は所在が不明であることを示す。以下、同様。

業に参入していたとされるが、「金銭出入帳」の範囲ではこれに関する入金と出金は確認されなかった。

表5―4によって取引相手をみていくと、干鰯・〆粕は主に江戸屋六兵衛や師崎屋与八、松崎屋与兵衛など西浦賀を含む浦賀商人からの入金が多い。この時期、東浦賀商人が保有する干鰯・〆粕を西浦賀の水揚商人が購入する取引が一定量行われていたとみられる。そのほか神奈川や鴨居、厚木など近隣地域の商人からは塩や〆粕代として入金が確認された。このうち相州厚木の日野屋忠兵衛に対しては近世後期にも干鰯などが販売されており、明治初頭にも取引関係が継続されていたことがわかる。一方、塩は浦賀のおもだった水揚商人へは販売されておらず、その多くが近隣地域の商人へ販売されていたと推測される。

出金は塩代七〇八両三分、干鰯生産地への前金二五二両二分、干鰯・〆粕三九七両三分であった。表5―5に示したように、塩は西浦賀の松崎屋与兵衛や江戸屋六兵衛、東浦賀の南部屋権兵衛や宮原屋清兵衛など、浦賀の有力な水揚商人からの仕入れがほとんどである。一方で、近世後期にみられた伊勢湾・三河湾方面をはじめとする遠隔地との取引は確認できなくなっている。また、房総半島の太夫崎や江見、浦賀近郊の久里浜などへは干鰯・〆粕の「荷為替金」や「荷前金」を出金しているが、これは魚肥生産者に対して鰯漁の資金を事前に貸付けるものである。

## (二)鰯魚肥の取引

**表5-5　橋本家の出金(1869年〈明治2〉7〜9月)**

| 所在 | 支払い先 | 金額 | | | 主な品目 |
|---|---|---|---|---|---|
| | | (両) | (分) | | |
| 浦賀 | 松崎屋与兵衛 | 270 | 6 | | 塩 |
| | 宮原屋利兵衛 | 228 | | | 塩・干鰯 |
| | 江戸屋六兵衛 | 96 | 4 | | 塩 |
| | 南部屋権兵衛 | 112 | 3 | 100文 | 塩 |
| | 石井宗兵衛 | 109 | | | 干鰯 |
| | 宮原屋清兵衛 | 77 | 3 | 1貫670文 | |
| | 宮原屋与右衛門 | 73 | 2 | | 塩 |
| — | 飯島(?)屋友右衛門 | 52 | 5 | | 塩 |
| | 和泉屋忠八 | 40 | | 800文 | 粕 |
| | 北村茂右衛門 | 80 | | | 粕 |
| | いつみや清三郎 | 50 | | | 内海粕 |
| | 丸屋伊八 | 25 | | | 粕 |
| | 木村喜右衛門 | 20 | 2 | | 粕 |
| 太夫崎 | 四郎右衛門 | 37 | 1 | | 荷前金かし |
| 天津 | 嘉助 | 13 | 1 | | |
| 久里浜 | 清五郎 | 10 | | | 〆粕荷為替金 |
| 江見 | のた屋平蔵 | 2 | | | |
| | 吉左衛門船 | 5 | | | あら粕 |
| | 善八船 | | 2 | 310 | 運ちん |
| | 七次郎船 | 3 | 1 | | |
| | 鈴木岩吉 | 34 | 1 | | |
| | 利七船 | | | 22文 | 〆粕運ちん |
| — | 平井屋甚兵衛 | 65 | | | 荷為替金 |
| | いせ屋喜太郎 | 57 | 2 | | 〆粕荷為替金 |
| 長沢村 | 弥七 | 18 | | | |

出典:「金銭出入帳」(「橋本憲和家文書」1415)。
注:(1)商用以外のものと推測される項目は除外した。また、基本的に合計10両以上の取引相手のみ示した。
(2)そのほか「干鰯仲間月掛」として15両を支出している。

上記のように、明治初頭においてはいまだ活発な干鰯取引を行っていた。橋本家の「干鰯取調書」[24]によれば、幕末から明治初年の三ヵ年における干鰯取扱量は表5―6のとおりである。干鰯の年間取扱量は約二〇〇〇〜約二〇〇〇俵と年によって取扱量の変

**表5-6　橋本家における干鰯・〆粕等の取扱量**

| 年 | 生産地 | 品目 | 取扱量 | 金額 |
|---|---|---|---|---|
| 1867年（慶応3） | 三ヵ国 | 干鰯 | 226俵 | 222両2分 |
| | 三ヵ国 | 〆粕 | 250俵 | 258両1分 |
| | 相州 | 魚油 | 91樽 | 446両 |
| | 相州 | 〆粕 | 119俵 | 435両 |
| 1868年（明治元） | 三ヵ国 | 干鰯 | 1345俵 | 326両 |
| 1869年（明治2） | 三ヵ国 | 干鰯 | 2088俵 | 1162両3分 |
| | 三ヵ国 | 〆粕 | 89俵 | 91両3分 |
| | 三ヵ国 | 鱗 | 8俵 | 1両1分 |
| | 相州 | 〆粕 | 448俵 | 1143両 |
| | 相州 | 魚油 | 5樽 | 28両2分 |

出典：「干鰯取調書」（「橋本家文書」1424）。

動が大きく、入荷量が安定しない状況であったことを示唆している。また、表中の「三ヵ国」とは安房・下総・上総を示しているが、これらの地域からは主に干鰯を、相州（相模）からは〆粕や魚油を主に集荷していた。

　具体的な集荷状況を示すものとして、橋本家が浦賀で荷揚げした鰯魚肥の品目（干鰯・〆粕などの別）と数量、購入金額を荷主名とともに記載した「水揚帳[25]」がある。図5—1は一八六九年（明治二）の「水揚帳」から判明する、橋本家の干鰯・〆粕の集荷圏と集荷量を示したものである。橋本家は房総半島からは干鰯二一四六俵、〆粕七五俵を集荷していた。東京湾内を示すと推測される「内海所」からは干鰯五三七俵、〆粕八四二俵、魚油八俵、田作二俵が集荷された。「干鰯取調書」にみられたのと同様、房総半島東岸では干鰯、「内海所」からは〆粕を中心に集荷していたが、合計としては房総半島東岸産の割合が大きい。

　橋本家へ魚肥を送った荷主のうち、所在が判明している者の分布を図5—1に示した。所在をみると、太東崎以西の房総半島東岸、とくに太夫崎・江見・吉浦・小湊・平舘（以上、現千葉県鴨川市）など、太東崎および現在の鴨川周辺地域に集中している。とくに集荷量が多い荷主としては太東崎の山口庄兵衛（一三五俵）、平舘の大野長兵衛（二〇四俵）があげられる。「内海所」では具体的な地名が確認できるのはごく少数であるが、久里浜および走水（以上、現横須賀市）などの名がみえる。橋本家の取引先を書き上げた一八七一年（明治四）の「諸国名寄帳[26]」では、九十九里四天木（現千葉県九十九里町）、下総曽我野（同千葉市）、寒川（同）の魚肥生産者が記載

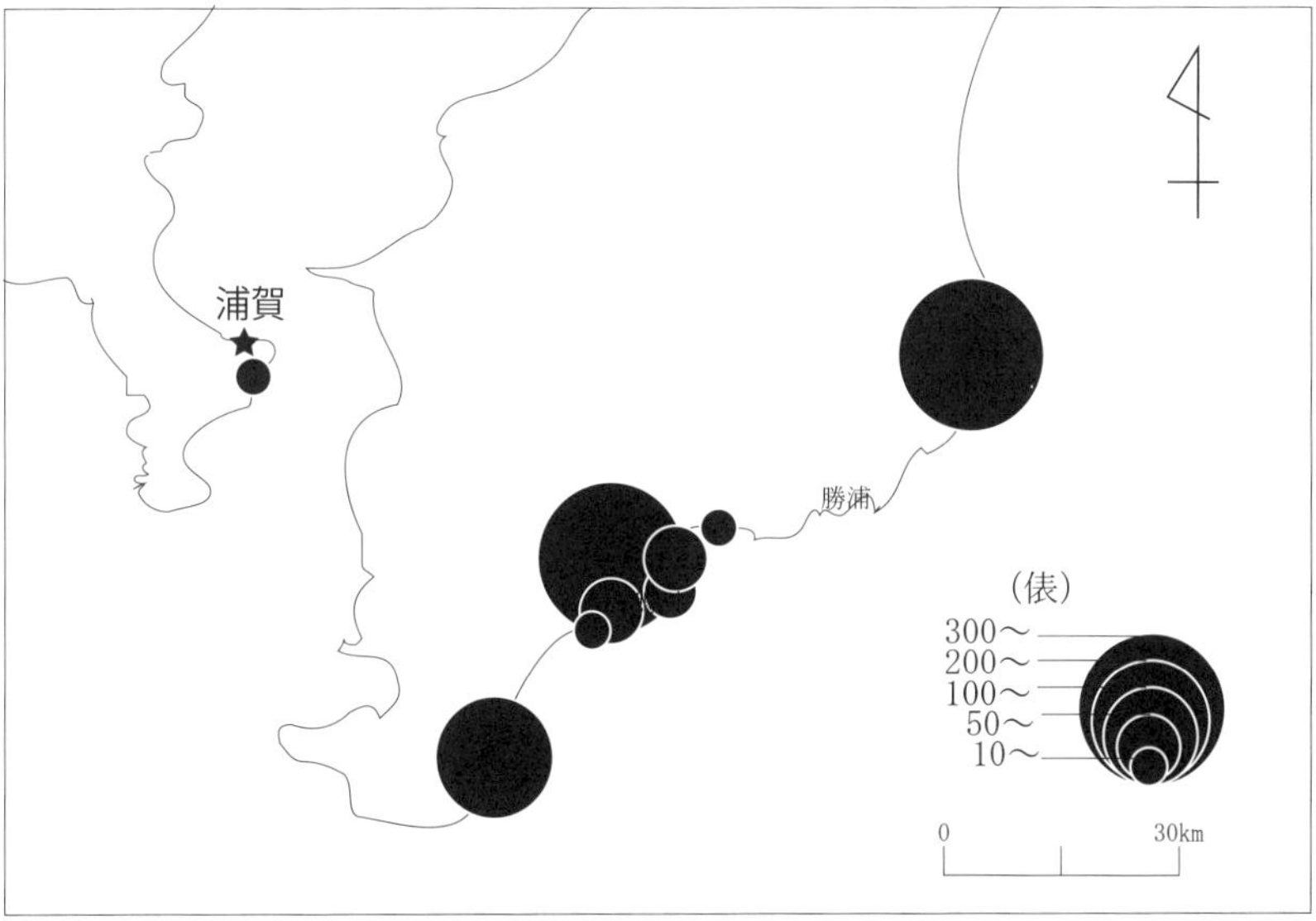


**図5-1　橋本家の干鰯・〆粕の集荷圏（1869年）**

出典：「水揚帳」（「橋本家文書」1416）。

されているが、「水揚帳」ではこれらの荷主の名はみられない。

橋本家では明治初頭において近世期と同様に産地との強い関係性から干鰯を集荷しており、この時期まで干鰯取引は活発に行われていたといえる。集荷圏については、前述のとおり、浦賀の干鰯問屋飯塚屋では一九世紀初期までは九十九里平野からの集荷が主体であったものの、近世末期には九十九里沿岸の集荷圏を失い、房総半島勝浦周辺からの集荷に限定されるようになった[27]。同様に、橋本家でも九十九里からの集荷は行われなくなり、その後房総半島東岸とくに鴨川周辺の荷主との関係性が強化されたものとみられる。

集荷される干鰯・〆粕の浦賀への輸送方法を確認しておくと、「水揚帳」には「江見善八舟」・「勝山源七舟」などへ支払った運賃の記録がみえる。例えば余瀬町の「半平」は平舘・江見・吉浦など、鴨川周辺の比較的広い範囲で産出された荷を浦賀へ回漕していた。「水揚帳」の記載をみる限り、干鰯・〆生産地やその付近に東京湾内の海上輸送を担う業者が存在しており、これらの船によって浦賀に運ばれたとみられる。また、内海で生産された干鰯・〆粕は浦賀や久里浜・大津・鴨居・走水などの「舟」によって輸送されていた。浦賀の輸送業者としては利七・与平次・市兵衛などの名があがっている。

以上、「金銀出入帳」および「水揚帳」の内容から、明治初頭における橋本家の取引については次の三点が指摘できる。一点目は、塩の取引量が相当に増加しており、干鰯問屋である橋本家においても移入量の不安定な鰯魚肥を補うかたちで塩取引の重要性が増していたことである。明治初年には、すでに干鰯のみに依存する経営は成立しなかったといえよう。

二点目は、近世後期にみられた伊勢湾沿岸地域との取引がすでにみられず、一方で浦賀商人同士の仲間取引が活発化していることである。「諸国名寄帳[28]」には「勢州四日市　米屋伊兵衛」、「泉州尾崎　橋井屋七兵衛」、「三州鶴ヶ崎　熊屋八右衛門」の名があげられているものの、前節で検討した亀崎・半田などの商人や廻船の名はみえない。明治初年、同家は遠隔地との取引からはほぼ撤退していたか、大幅に縮小していたとみてよいであろう。塩は浦賀商人からの仕入れに依存しており、橋本家は二次卸として近隣消費地への販売を行っていた。西浦賀の有力商家であった加藤家（淡路屋小兵衛家）も、幕末期には仕入れの大半を他の浦賀水揚商人からの二次卸に依存し、卸商仲間との活発な取引を行っていたという（本書第四章第二節（一））。幕末・明治初頭の浦賀では加藤家や橋本家をはじめ、浦賀商人間で行われる仲間取引に主軸を置く商家が増加していた可能性がある。

三点目には干鰯・〆粕取引の状況である。これに関しては従来通り「荷為替金」による房総・東京湾地域の生産者との緊密な関係から入手していた。ただし、一部には東浦賀商人からの仕入れもみられる。産地との直接取引と、それを補完する形で浦賀商人から仕入れた干鰯・〆粕は、他の浦賀商人や近隣地域に販売されていた。ここでは、干鰯・〆粕についても浦賀商人との取引が活発に行われていたことに留意するべきである。天保改革以降、干鰯を取り扱う西浦賀商人が現れたものの彼らによる干鰯取引は制限されており、橋本家は西商人に対して干鰯を多量に販売していた。橋本家が他の浦賀水揚商人から塩を入手していたことを考慮すると、この時期、浦賀において卸商・仲買を介した仲間取引が活発化していたと考えてよいであろう。いいかえれば、それぞれの商家が得意とする商荷物を、その入手手段をもたない商人へ融通し合う、相互補完的な状況が生まれていたようにみえる。

## 第四節　一八八〇年代における取引の変容

### （一）一八八〇年代の橋本家

一八八〇年代には東浦賀商人はすでに干鰯商売に関する特権的な地位を失っており、船改めも廃止されていた。さらに八〇年代には不漁によって関東産鰯魚肥の製造量が減少し、その主要消費地であった東海・関東地方においても北海道産鰊魚肥が用いられるようになったという[29]。船改めの廃止によってただちに流通構造が変化したわけではないが、浦賀をとりまく政治的・経済的な状況の変化に対し、橋本家はどのように対応したのであろうか。

橋本家の家族構成にも大きな変化があり、一八七三年（明治六）に九代目当主が急逝して当時九歳の益太郎が後継となった。当時同家には九代目当主の実弟勇蔵がいたものの病身であり、経営を取り仕切ることは難しかった[30]。代わって、この時期における同家の史料には「梅川九兵衛」の名が頻出している。この人物については不明な点が多いが、九代目が同家に婿入りした際、実家から漢方に通じた「櫻井九兵衛」なる人物が付きしたがっていたことがわかっている。姓は異なっているものの、この九兵衛が「梅川九兵衛」に相当するならば、九代目死去後に従来から番頭などとして経営に参画していた九兵衛が、幼少の当主に代わってこの時期の橋本家の経営を担っていたことになる。いずれにしろ、浦賀や魚肥をめぐる流通構造の変化に加え、このような家族の状況から橋本家では従来と同様の経営を継続することは困難であったとみられる。

「橋本家文書」では、一八八二年(明治一五)の「干鰯懸方取調明細簿[31]」を最後に干鰯関連の史料は確認できなくなり、おそらくこの時期に干鰯の扱いを停止したとみられる。九代目当主の死去から八〇年代初期にかけては橋本家にとって経営の転換期に相当したと考えられる。

## (二)東京からの移入

表5―7は「橋本家文書」に含まれるこの時期の仕切状から、移入元商人と取り扱い品目を示したものである。まず注目されるのは、東京日本橋・深川の商人からさかんに物資を購入していることであろう[32]。例えば東京日本橋本町の富屋(円城)半右衛門からは「薬種入瓶もの」や「胃散詰合」、「甘草」などを購入している。『東京商工案内』によれば富屋半右衛門は日本橋区本町一丁目の売薬商であった。現存する仕切状の範囲内では、薬種はほとんどが富屋半右衛門からの仕入れである。また、東京室町の方波見平兵衛や日本橋の山形屋弥兵衛などからは小豆・砂糖・山椒・葛などを仕入れていた。興味深いのは、深川佐賀町の小林権兵衛からビー

**表5-7　1880年代における橋本家の物資購入**

| 年月日 | 所在地 | 購入元 | 品目 |
|---|---|---|---|
| 1883.3.2 | 東京深川佐賀町 | 小林権兵衛 | ビール2本・山梨白ブドウ酒4本・白ジン5本 |
| 4.1 | 東京本町 | 富屋半右衛門 | 薬種入3個 |
| 4.2 | 東京日本橋 | 山形屋弥兵衛 | 小豆 |
| 6.17 | 東京室町 | 方波見平兵衛 | 上白砂糖2俵 |
| 7.7 | 東京本町 | 富屋半右衛門 | 薬種入り瓶物 |
| 7.19 | 東京深川佐賀町 | | 銘酒2箱(ツバメブラン・レモン水・ハウスブラン・房ブラン) |
| 8.1 | 東京室町 | 方波見平兵衛 | 上白砂糖 |
| 10.11 | 東京日本橋 | 北海道商会 | シヘトロ鮭500本 |
| 11.10 | 東京四日市 | 渡辺清右衛門 | 西別鱒 |
| 11.12 | | 明治 | マシケ西別鱒120本 |
| 1884.2.3 | | 北海道商会 | 十勝鮭300本・カラフト棒鱈 |
| 1888.7.19 | 東京日本橋 | 山形屋弥兵衛 | 瓶物1個 |
| 11月 | 東京日本橋 | 山形屋弥兵衛 | 朝倉山椒15袋・栄吉葛1袋 |
| (年次不詳) | 東京本町 | 円城半右衛門 | 極上粕 |
| (年次不詳) | 東京本町 | 富屋半右衛門 | 壜物〆 |
| 3.1 | 東京本町 | 伊勢屋与兵衛 | 丸藤青務合 |
| 4.11 | 東京本町 | 富屋半右衛門 | 胃散詰合 |
| 8.4 | 東京本町 | 富屋半右衛門 | 薬種・甘草 |
| 8.14 | 東京本町 | 富屋半右衛門 | 薬種 |
| 10.7 | | 明治 | 数の子2俵 |

出典：「橋本家文書」1546〜1550、1553、1558〜1560、1569、1572、1573。

ルや山梨白ブドウ酒・ブラン(ツバメブラン・ハウスブラン)・白ジンなど、当時としては珍しい洋酒類を購入していることである。これは浦賀周辺で消費されたと推測され、浦賀港のにぎわいを示すものでもあろう。北海道産海産物の購入も確認できるが、これについては後述したい。

東京から浦賀への輸送は、おもに東京湾内を航行する汽船の航路を利用していた。仕切状には「蒸気積」または「汽船ニテ」発送したことを伝えるものが多い。とくに北海道商会からの仕切状には一八八一年(明治一四)に設立され、東京―浦賀航路での営業を行った「房州会社」(安房共立汽船会社)の汽船を利用する旨が頻繁に記入されている。これは、この時期に運航された汽船の定期便による東京―浦賀間の物資輸送がさかんに行われていたことを示すものである。浦賀港全体への移入をみると、九二年の時点ではいまだ東京からの移入は確認されず、東京からの移入が拡大するのは日露戦後であるという（本書第三章第三節（一））。橋本家は、こうした流れに先がけて、売薬・薬種や食品類、洋酒など、浦賀近隣の地域住民の日常生活を支える品々を東京から移入し、近隣地域における需要に対応したといえる。

## (三)北海道産物資の移入

もう一つの特徴は、橋本家が北海道からもたらされる鮭・鱒・昆布・数の子などの海産物を移入していることである。明治初頭において、政府は北海道産物の移出税徴収のために北海道産物取扱所を設けて流通の統制をはかった。この流れは浦賀にもおよび、一八六九年（明治二）には浦賀の宮原屋次兵衛・宮原屋与右衛門ら三名を「通商司商社頭取並北海道産物掛」に、南部屋権兵衛・宮原屋清兵衛・大黒屋儀兵衛ら五名を「通商司商社肝煎北海道産物掛」に任じる動きがあった。浦賀に設置された「商社」とは北海道産物の取扱機関であったとみられ、その後、浦賀商人六名が開拓使産物輸入を取り締まる「御用達並」に任ぜられたという(33)。

一八七三年の「船税御検査控」では、「御用達並」の一人である東浦賀の南部屋権兵衛が所有する廻船比沙門丸が「松前へ罷越未帰船不仕候」と記録されている(34)。浦賀商人による北海道との実際の取引に関する史料は少ないが、これは浦賀における有力な水揚商人が実際に自家所有船で北海道交易に進出していたことを示すものとして興味深い。浦賀は政府の北海道産物の流通政策の一画をなすとともに、浦賀商人自身も開拓が進み魚肥および海産物の流通拡大が期待される北海道との取引に関心をいだいていたことを推測させる。

また、橋本家は船宿としての業務も行っていた。一八八一年（明治一四）から八四年（明治一七）における橋本家の「客船」の記録をみると、箱館を根拠地とする船のほか、北前船の根拠地である加賀橋立、能登輪島などの船が浦賀に入港していることがわかる（図5―2）。これら廻船の積荷は鯡粕・根室〆粕・茅部〆粕などの北

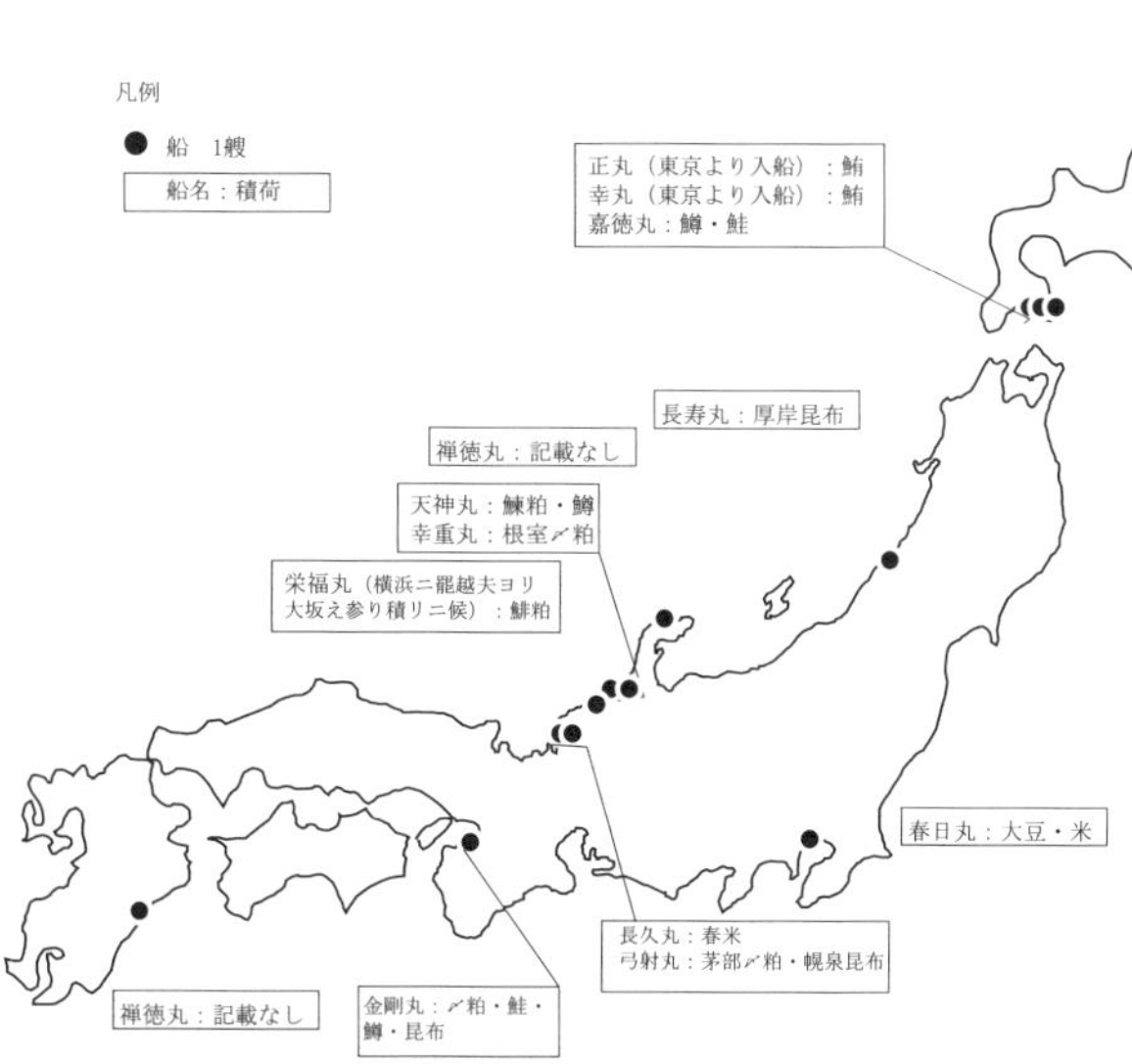


**図5-2　橋本家における「客船」の船籍と積荷**（1811～1884年）
出典：「客船入船帳」（「橋本家文書」1521）。

海道産魚肥や、鮭・鱒・厚岸昆布などの北海道で産出された海産物である。これらの船は「東京より入船」、「東京へ向ケ出帆ス」、「東京ニテ商内相成候よし」などと記載されているものがあり、多くの船が東京を経由しているとみられる(35)。また、越中を根拠とする永福丸は北海道産と推測される鯡粕を積み「横浜え罷越、夫ヨリ大阪え参り」など、横浜・浦賀を経由して大坂へ向かう予定である旨が記されている。北海道産海産物の浦賀への移入は統計上に現れるほどではなかったものの、東京・横浜などを経由しつつ、浦賀が全国規模の海運拠点として一定の地位を保ち、北海道取引を行う北前船の寄港地となっていたことを示すものである。

　しかしながら、橋本家では北海道との直接取引によって同地域からの産物を得ていたわけではなく、東京日本橋に本拠をおく北海道商会やその他

の商人から購入していたとみられる。例えば、一八八〇年代の仕切状では、北海道商会からシヘトロ鮭五〇〇本・十勝鮭三〇〇本・カラフト棒鱈などを、その他の商人からは西別鱒・マシケ西別鱒一二〇本や、数の子などを購入していた（表5―7）。なお、北海道商会から橋本家宛には、東京に入港した船がもたらした北海道産海産物の品目と数量などを書いた「相場書」が頻繁に送付されていた。橋本家ではこうした相場書などをもとに、北海道商会に北海道産品を発注していたものとみられる。

## （四）販売先と販売品目

「橋本家文書」には一八八〇年代の販売先と品目を示す史料として一八八二年（明治一五）の「大福帳[36]」がある。これは販売先ごとに販売金額・品目を示したものである。

まず販売先としては宮井与右衛門・西谷徳次郎（蒲鉾屋）・小川藤右衛門・桐ケ谷藤左衛門・乗誓寺・飯田清治二郎など、浦賀やその周辺地域の居住者とみられる人びとを確認することができる。同時期の「金銭出入帳[37]」によれば、販売先として「大ヶ谷」・「田中」・「紺屋」・「新井」など東西浦賀の町名がみえるほか、「幸保」や「加渡屋」といった浦賀商人の名がみえ、この時期同家の販売先はほとんどが浦賀やその周辺地域に居住する人びとであったとみられる。一回の販売額は二、三銭から高くとも二〇銭程度であることが多く、すでに近隣地域を対象とした小売りへと経営形態を転換させていた。なお、「金銀出入帳[38]」によれば一八八二年九月の同家への入金は一二三円八九銭、出金一〇二円一二銭であった。

「大福帳」にみられる販売品目は、前項でみた東京の商人から購入した品目とおおよそ一致していた（表5―8）。これらの品々は、この時期の浦賀における人びとの生活史としても興味深い。販売品目としてまずあげられるのは売薬や薬種である。この時期すでに薬種商としての経営が強化されており、同家では頓服薬や葛根湯・胃散・小青龍湯などのほか、宝丹・清心丹・三光丸・赤玉・実母散など、各地で家伝薬として製造されていた多様な種類の売薬が販売されていた。薬ではとくに葛根湯がよく売れているが、これに次いで宝丹の販売量も多い。宝丹は東京上野の守田治兵衛によって製造販売されたもので、胃腸薬としての効果のほか、コレラの予防薬としても服用されていた。清心丹は胃腸薬、実母散は婦人薬として利用されたものである。肩こりなどの鎮痛に用いる膏薬もよく売れており、安摩（按摩）膏、角力膏、人参膏などの商品名がみられる。目薬は目洗薬と表記されるもののほか、岸田吟香が銀座の薬店楽善堂で製造・販売した目薬、精錡水の名がみえる。[39] そのほか甘草・甘松（小瓶甘松）・サフラン・山梔子といった薬種、薬を塗って患部に貼り付けるための即効紙も販売されていた。

　続いて目立つのは食料品類である。白砂糖や黒砂糖、葛粉・蕨粉・上新粉などの粉類、干瓢や椎茸などの乾物、蜂蜜や胡麻・山椒、油ではヒマシ油やレモン油、薄荷油などが販売されていた。北海道商会などから移入されていた北海道産の海産物としては、鮭の販売が散見される。鮭は一本一八銭から二〇銭で販売されることが多く、標津鮭・マシケ鮭など産地名が冠されたものもみられる。また、酒としてビール・ブランデー・リキウル（リキュール）などの販

**表5-8　1872年（明治5）における橋本家の販売品目**

| 種別 | 品目 |
| --- | --- |
| 売薬・薬種 | 葛根湯・頓服薬・胃散・小青龍湯・□勝散<br>宝丹・清心丹・赤玉・実母散・疝□湯・甘泉・安息膏<br>安摩膏・角力膏・人参膏・外用薬・散薬<br>精錡水・目洗薬・点眼水<br>甘松・小瓶甘松・黄柏・サフラン・山梔子 |
| 食品 | 白砂糖・葛粉・蕨粉・片栗粉・干瓢・胡麻・小椎茸・鮭・標津鮭・十勝鮭・切囲鮭・数の子・生麩・煎茶・素麺・葡萄糖 |
| 日用品 | 岩城墨・刷毛・草履・眼鏡ブラシ |
| 洗剤・薬品 | 樟脳・洗曹・焼明礬・ニカハ・三十度アルコール・ふのり・松脂 |
| 酒 | ブランデー・リキウル・ビール |

出典：「大福帳」（「橋本家文書」559）。
注：(1)特に多く販売されたとみられる品目を挙げており、品目は順不同で記載している。
(2)□は判読不能であったことを示す。

売が確認される。洋酒類は全体としての販売量はそれほど多くないものの、東浦賀でも有数の有力商家である宮与はこれらを頻繁に購入しており、豪商の暮らしぶりの一端をうかがわせている。

薬種商としての橋本家は日常生活に用いられる薬品類も取り扱っていた。とくに樟脳・竜脳などの防虫剤や洗曹・重曹といった洗濯・清掃用とみられる薬剤、ほかに三〇度アルコールやミョウバン、水ニカハ（ニカワ）などが販売されている。また、コロロホルム（クロロホルム）やアンモニアなどの薬品や、墨・刷毛・草履・眼鏡ブラシなどの日用雑貨品も売られていた。

一八八〇年代初期までに、橋本家は周辺地域で消費される品々を扱う小売商へと転身した。明治初期からの干鰯需要の低下によって本格的に経営の変容を迫られ、薬種を中心とする小売業態への転換をはかったものとみられる。同家の販売品目は売薬・薬種を基盤としつつも、洗剤などの薬品から粉類・乾物などの食料品、日用雑貨まで多種多様である。取扱品目の多様化とともに、橋本家ではそのなかに当時としては珍しい洋酒類や北海道産の海産物などを取り入れ、浦賀港周辺の需要に応え得る独自性のある商品を取り揃えていた。なお、橋本家の一九一二年（明治四五）の「金銭出入帳」によると、一年間の入金額は約三三四〇円であり、約五〇〇円の利益を出している。[40] 明治末期においても、多額ではないものの安定的な収益を出し、その家業を維持し得たと考えられる。

## おわりに

本書においてこれまで指摘されてきたように、一九〇〇年頃までの浦賀港は規模を縮小したとはいえ海運拠点として一定の機能を果たしていた。浦賀港の商圏縮小が顕著になるのは日露戦後であり、これ以後浦賀の集散地的機能は急速に後退していったという（本書第三章第三節（一））。しかしながら、東浦賀の基幹産業である干鰯取引は、天保改革を契機とした独占権の動揺、産地への前貸金の回収不能、さらに入津量および鰯魚肥需要の低下などによって、これより以前に限界に達していたとみられる。

このような状況を背景に橋本家の経営をみるとき、近世後期以降、二つの大きな画期があったことを指摘できる。最初の画期は幕末期から明治初年である。これを画期とみるのは、同家において鰯魚肥の集荷・販売は継続しつつも、遠隔地との取引停止や魚肥以外の商荷物（塩）の取扱量増加、薬種業への参入といった新たな動向が確認されるためである。同家がこの時期に伊勢湾沿岸地域を中心とした販売ルートを放棄したことは、従来の魚肥取引に困難が生じ、新たな経営形態を模索せざるを得ない段階にあったことを示唆している。

この時期の特徴として、魚肥・塩ともに同業者である浦賀干鰯問屋および水揚商人からの仕入れが増加していること、さらに伊勢湾沿岸地域に代わる鰯魚肥の卸先として西浦賀商人を含む浦賀商人の存在が目立ってきたことがあげられる。遠隔地との取引は高収益が期待できるが、一方でリスクも高いのに対し、浦賀の同業者間での取引は相対的に低収益・低リスクであったはずである。入荷の不安定な干鰯の商品特性を考慮した場合、中堅規模の商家にとって浦賀の同業者間での仲間取引に主軸を置くことは、より堅実かつ安定的に経営を維持するための手段であったように思われる。

橋本家の経営におけるもう一つの画期は、一八七三年（明治六）における九代目当主の死去から一八八〇年代初期とみることができる。この時期には鯡魚肥の流通量増加に対して鰯魚肥の需要低下がみられた。このような状況に加えて同家では当主の死去という事情もあり、魚肥の取扱いを停止して薬種を中心とした小売業へと完全に転換した。また、物資の多くを東京から仕入れていることも特徴である。同家の場合、薬種という特殊な知識と技能が必要な家業へとシフトしたことにより、近隣地域では競合相手も少なく、経営を安定させることが可能となったとみられる。また、北海道産物や洋酒など特徴的な商品を取り扱い、港町としてにぎわいをみせる浦賀の地域住民のニーズにあわせた商品を展開したといえよう。

橋本家を事例として浦賀干鰯問屋および水揚商人の経営変容をみたとき、近世以来の浦賀商人は明治期以降、流通構造の変化のなかで経営に行き詰まり廃業・転出していった者と、近隣地域の需要に対応した小売業に転換することによって経営を維持し得た者に分化したようにみえる。橋本家以外の事例をあげると、例えば東浦賀の米穀問屋美川家は、明治後期までに鉄道や東京湾内の海上輸送を活用した独自の仕入れルートを構築し、横須賀市内を主要な販売先とした小売を行うようになった（本書第三章第三節（三））[41]。これらの商家は、海上輸送を基盤とする浦賀港の集散地機能に依存することなく、比較的早期に独自の仕入れルートを模索するとともに、地域社会における需要に応える地元密着型の経営を確立した。そのため、日露戦後に顕著になった浦賀港の商業港としての地位低下に影響されることなく経営を維持拡大することが可能であったのであり、近代浦賀を担う商家としての地位を獲得することにつながったと考えられる。

注

（1）古田悦造「近世相模国浦賀における干鰯問屋の集荷圏と出荷圏」（『地理学評論』第五八巻第一〇号、一九八五年）。

（2）西川武臣「東浦賀干鰯問屋飯塚屋の盛衰」（『三浦古文化』第二二号、一九七七年）。鰯漁を行う場合、網や漁船の整備、漁夫の確保などには多額の費用がかかる。浦賀干鰯問屋のなかには網主に漁のための資金を前貸し、生産された干鰯・〆粕を独占的に集荷する者があった。また、前貸金は浦賀に送られた干鰯・〆粕の代金と相殺される。しかしながら、天保改革によって干鰯問屋職が停止されると網主らがこれを棄捐令と理解し、前貸金が回収不能となる場合があった（横須賀市編『新横須賀市史　通史編　近現代』二〇一四年）二一五頁。

(3) 横須賀史学研究会編『相州三浦郡東浦賀村(石井三郎兵衛家)文書　第三巻』(横須賀市立図書館、一九八七年)一〇一～一〇九頁。
(4)「日本全国商工人名録」(渋谷隆一編『都道府県別資産家地主総覧　神奈川県』日本図書センター、一九八八年)一一一～一一四頁。
(5) 神奈川県三浦郡浦賀町尋常高等浦賀小学校内職員懇話会編『浦賀案内記』(信濃屋書店、一九一五年)。
(6) 前掲『新横須賀市史　通史編　近現代』八二～八三頁。
(7) 横須賀市総務部総務課市史編さん担当『横須賀市史資料所在目録　第六集―橋本憲和家文書(旧東浦賀村)』(横須賀市、二〇一二年)。
(8) 横須賀史学研究会編『橋本家(湯浅屋)文書　東浦賀干鰯問屋史料』(横須賀市立図書館、一九七三年)八頁。鈴木亀次は、橋本家は天保改革にともなう干鰯問屋仲間の解散によって一時休業状態に追い込まれ、その後の株仲間の再編によって再度干鰯商売に復帰したものと推測している。
(9) 横須賀市総務部総務課市史編さん担当によって二〇一三年三月に行われた橋本憲和氏らからの聞き取り調査による。
(10)「明治三十年営業名及課税標準届」(「橋本家文書」一六七三)。
(11) 斎藤善之『内海船と幕藩制市場の解体』(柏書房、一九九四年)。
(12) 中西聡・井奥成彦編『近代日本の地域事業家―萬三商店小栗家と地域の工業化』(日本経済評論社、二〇一五年)。
(13)「橋本家文書」七八九、七九〇。
(14) 同前、一一一八。前掲『橋本家(湯浅屋)文書　東浦賀干鰯問屋史料』一六〇頁。
(15) 同前、一六五五―二。
(16) 曲田浩和氏は、天保期における江戸干鰯問屋から尾張方面への魚肥輸送は、買積ではなく運賃積が基本であったと指摘している。このとき尾張からの下り荷である酒の代金と、江戸からの魚肥代金が為替決済されている(「近世後期の魚肥市場としての名古屋・四日市」『知多半島の歴史と現在』第一九号、二〇一五年)八一頁。同様に、浦賀から伊勢湾方面への魚肥輸送についても、運賃積での輸送が主体であったと考えられる。
(17)「橋本家文書」一〇五七。前掲『橋本家(湯浅屋)文書　東浦賀干鰯問屋史料』一五九～一六〇頁。
(18)「橋本家文書」一一一六。前掲『橋本家(湯浅屋)文書　東浦賀干鰯問屋史料』一五九頁。
(19) 前掲、曲田「近世後期の魚肥市場としての名古屋・四日市」一〇〇頁。この住田屋では、江戸や浦賀において内田家の手船に積み込んだ魚肥を直売したほか、廻船による買積荷物の購入を行っていたという。
(19)「橋本家文書」一二一六。前掲『橋本家(湯浅屋)文書　東浦賀干鰯問屋史料』一五八頁。
(20)米屋伊兵衛は四日市南納谷町の肥料商兼米穀商であった。四日市は米穀や肥料の集散地となっており、四日市へは内海船の船主として知られる内海(現愛知県南知多町)の内田佐七家も支店を出していた。米伊はこの内田佐七家四日市店からも米、魚肥を購入していた記録がある。(前掲、曲田「近世後期の魚肥市場としての名古屋・四日市」一〇〇頁)。
(21)例えば、内海(現愛知県南知多町)の内田佐七家の手船住吉丸の一八五九年(安政六)における航海記録では、浦賀の松崎屋与兵衛・宮原屋与右衛門・宮原屋次兵衛・宮原屋清兵衛・木屋市兵衛などから購入した干鰯・〆粕・大豆・小麦などを輸送していたことがわかる(髙部淑子「上方における尾州廻船の活動と兵庫・大坂」『知多半島の歴史と現在』第二〇号、二〇一六年)九〇~九二頁。
(22)前掲『新横須賀市史　通史編　近現代』八二頁。
(23)「橋本家文書」一四一五。
(24)同前、一四二四。
(25)同前、一四一六。
(26)横須賀市『新横須賀市史　資料編　近現代』(二〇〇五年)三九五~三九七頁。「水揚帳」にみられる干鰯の生産者としては平館村の大野長兵衛、太東崎の鶴屋四郎右衛門・山口庄兵衛・斎藤瀬兵衛などがあげられる。
(27)前掲、古田「近世相模国浦賀における干鰯問屋の集荷圏と出荷圏」。
(28)前掲『新横須賀市史　資料編　近現代』三九五~三九七頁。
(29)中西聡・花井俊介「収益基盤の転換と多様化」(石井寛治・中西聡編『産業化と商業経営―米穀肥料商廣海の近世・近代』名古屋大学出版会、二〇〇六年)五三頁。
(30)前掲『橋本家(湯浅屋)文書　東浦賀干鰯問屋史料』八頁。
(31)「橋本家文書」一五三〇。
(32)前出の「諸国名寄帳」には東京本町・伊勢町・深川などの商人の名が書き上げられている。このことから、東京との取引は幕末期から明治初年にはすでに行われていたものと推測される。
(33)前掲『新横須賀市史　通史編　近現代』八四~八六頁、大豆生田稔「北海道産物会所と浦賀商人―北海道立文書館所蔵「『開拓使公文録』」から」(『市史研究　横須賀』第二号、二〇〇三年)。

（34）前掲『相州三浦郡東浦賀村（石井三郎兵衛家）文書　第三巻』一四〇頁。
（35）前掲『新横須賀市史　資料編　近現代』三九七～四〇二頁。
（36）「橋本家文書」五五九。
（37）（38）同前、五五四。
（39）前出の「諸国名寄帳」にも岸田吟香の名がみえ、明治初期から岸田との取引があったことがうかがえる。
（40）「橋本家文書」五六七。
（41）加藤晴美「近代浦賀における商家経営とその変容―東浦賀・米穀問屋美川家を中心として」（『歴史地理学野外研究』第一三号、二〇〇九年）。

コラム5

# 東浦賀の景観と干鰯場

加藤　晴美

第五章では、干鰯によって発展した東浦賀における経済活動とその変容を検討した。それでは、そのような経済活動の舞台となった東浦賀とはどのような場所であったのだろうか。村の「景観」をキーワードに、歴史地理学的な観点から眺めてみたい。

## (一)東浦賀の開発

浦賀村は当初一つの村であったが一六九二年(元禄五)に東岸と西岸とに分割し、東浦賀村および西浦賀村が成立した。図5―1は東浦賀村の「地押図」から、東浦賀の地割を示したものである。東浦賀には湾奥から順に築地古町・大ヶ谷・新町・洲崎・新井町の五つの字がみられる。山林が海岸線近くまで迫り、宅地はわずかな平地に立地して海岸線に沿うように伸びている。可住地が少ないこともあって、街路に沿った短冊状の地割は比較的狭いものが多い。

**図コラム5-1　東浦賀の地割**
出典：浦賀文化センター所蔵「地押図」。

このようななかにあって、整った広い区画が目立つのは岬の突端部に位置する新井町付近である。新井町は明神山の麓に位置する。明神山には戦国期、後北条氏によって対岸の房州里見氏への備えとして浦賀城が築城されたと伝えられる。また、村の鎮守である叶神社も新井町に立地している。聞き取りによれば、新井町には東浦賀村の名主をつとめた石井三郎兵衛家や、干鰯問屋であった石井八郎右衛門家などが居を構えていたという。[1] 両家はいずれも一六四二年(寛永一九)に東浦賀ではじめて干鰯問屋株を取得した干鰯問屋の「元祖」とされる家である。[2] また、同じく寛永年間(一六二四〜四四年)に干鰯問屋株を取得した木屋市兵衛家も新井町に居住していたという。[3] こうしたことから、東浦賀では明神山の麓に位置する新井町から開発がはじまったと推測することができる。

一方、東浦賀村のなかほどに位置する新町には第五章で取り上げた橋本家のほか、宮原屋利兵衛や南部屋権兵衛などの有力商人が居住した。湾奥に近い大ヶ谷には、東浦賀における有力な干鰯問屋の一つである宮原屋与右衛門家（宮与）があった。浦賀は紀州とのつながりが深く、東西ともに紀州出身の商人が多い。宮与もその一つであり、元禄年間（一六八八～一七〇四年）に初代が紀州有田から東浦賀の石井三郎兵衛家に奉公にあがり、寛延年間（一七四八～五一年）に独立したと伝わる。また、紀州湯浅から浦賀に移住した橋本家（湯浅屋）は一七三〇年（享保一五）までに、宮原屋利兵衛家は五六年（宝暦六）までに干鰯問屋株を取得している。新町・大ヶ谷には他地域から浦賀に来住し、一七世紀末から一八世紀以降に干鰯問屋株を取得した商家が多い。

浦賀の風俗や伝承をまとめた文化年間（一八〇四～一八年）の「浦賀事跡考」には「東浦賀も古へは新井町にて大家十四、五軒、洲崎に七、八軒、新町に四、五軒、大ヶ谷には更になし。今は之に反す」[4]とある。こうしたことからも、東浦賀の開発は新井町周辺からはじまり、湊町としての繁栄と人口増加によって町屋はしだいに湾奥へと拡大していったとみられる。

一八七〇年（明治三）の「東浦賀村村高職業書上」[5]によれば、干鰯問屋は新井町四軒、洲崎町二軒、新町七軒、大ヶ谷に五軒であった。これらの商家はほとんどが米や雑穀・酒・塩などの「水揚仲買」や「船附小宿」を兼任している。こうした湊町特有の業種のほか、新町や大ヶ谷を中心に米や雑穀のほか太物や荒物・茶・紙など多彩な商品を扱う小売商が集まっていた。大ヶ谷には煮染船売や質屋、大工などの職人も居住し、多くの人びとが集まる湊町として賑わいをみせていたようである。

## (二)干鰯の集荷と干鰯場

干鰯の集散地となった東浦賀では、多くの干鰯が荷揚げされて特有の景観をみせることがあった。第五章で示したように、浦賀の干鰯問屋はおもに房総半島や九十九里浜など、関東近辺の干鰯産地との直接取引によって干鰯を集荷していた。古田悦造氏によれば、九十九里浜における鰯漁は地引網によるものが多く、房総半島の村々では八手網と呼ばれる漁法が卓越したという(6)。これらの操業には船や網の準備、漁業労働力の確保などに多額の費用が必要であり、東浦賀商人は漁の資金を網主に貸与して、その代わりに加工後の干鰯・〆粕などを独占的に集荷していた。

明治初期に作成されたと推測される干鰯問屋の「商法規則書」によれば、房総の村々では八月から一〇月に網主から浦賀商人に対して金銭の貸与を申し入れ、その資金をもとに鰯漁の準備を行うとされている(7)。鰯漁は一一月一五日からはじまる慣例となっており、漁がはじまると浦賀商人は飯米や漁具を送って支援したという。房総では、捕獲された鰯は産地において干鰯や〆粕、魚油に加工され、その後浦賀に送られた。浦賀商人はこれらの代金から前貸ししていた分を差し引き、勘定する。これに対し「武蔵、相模及び両総西海岸通浦々」の干鰯産地を「内海」と呼び、ここでは地引網のほか「まかせ網」によって鰯漁を行っていた。「商法規則書」によると、内海の網主は小前であるため自ら干鰯・〆粕などへの加工はせず、「あてんぼう」と称する商人が生鰯を購入して〆粕に仕立てるという。そのため内海の場合、浦賀商人は網主ではなくあてんぼうに鰯の買取り用の資金を貸与し、加工後の干鰯・〆粕を集荷していたと記されている。このようにして集荷された鰯は、浦賀にて荷揚げされ、取引された。

「商家見聞集」に含まれる「諸問屋再興につき東西干鰯問屋掛合い一件」は、干鰯問屋仲間を再興するにあたり、問屋仲間が解散になっている間に干鰯取引に参入した西浦賀商人と、干鰯の独占権を保持しようとする東浦賀商人との間に起きた対立とその経緯をまとめたものである。(8) この史料からは、東浦賀において荷揚げされた干鰯の保管場所であり、売買取引の場でもあった「干鰯場」の設置経緯を読み解くことができる。(8) これによれば、干鰯場設置以前、干鰯は東浦賀の突端部にあたる叶神社付近から大ヶ谷までの海岸一帯に荷揚げされていた。荷揚げされた干鰯が多いときにはこれだけでは間に合わず、神社の敷地内や商家の軒下、寺院の境内など、村中いたるところに干鰯俵が積み上げられたという。まさに干鰯集散地ならではの景観であるが、干鰯商売の独占権を主張する東浦賀商人らは、寺社や商家も含め村中に干鰯俵を積み上げることが差支えなく認められていたのは、干鰯商売が東浦賀の「村附株」であるからだとも強調している。

一八三〇年(天保元)の冬から三一年の春にかけては干鰯が大量に荷揚げされ、「川岸通一面土塀を付、明神社地を始新井町ゟ大ヶ谷町迄中通江干鰯積置候」という状況になったという。ところがこの時期の浦賀は「海防筋御場所柄」となっていた。浦賀奉行所が東京湾の海防を担い、その重要性を増すなか、町中に干鰯俵が積み上げられているという状況は「諸家様御通行差支、又ハ非常之節等心配」と判断された。そこで村役人と干鰯問屋によって干鰯場の設置が計画されたのである。当初、湾奥の干潟を埋め立てて干鰯場としようとしたがかなわず、大ヶ谷のうち新屋敷と呼ばれた場所に干鰯場を設置した。ところが、これが波風によって流出したため、一八四二年(天保一三)に新たに湊の浚渫土を用いて湾奥の干潟を埋め立て、完成後の翌四三年にこれを干鰯場とする許可が下りた。石垣によって築き立てられた干鰯場の敷地は「惣囲ひ」がなされ、取引の場である「売場」が三軒建築された。

干鰯場の設置は、災害時の住民避難にも貢献したようである。一八五六年(安政三)、西浦賀宮下町より出火して東浦賀にも飛び火し大火災となった際、東浦賀の人びとは家財を持ち出して海岸通りへのがれた。旧来であれば海岸通りには干鰯俵が積まれていたため避難に難渋したであろうが、干鰯場を設けたため支障なく通行できたという。なお、この火災後、東西浦賀商人が困窮する住民を相互に支援しあったことが和解の糸口となり、干鰯取引をめぐる両村の対立は一応の解決へと向かったようである。

幕末期、湾奥の干鰯場には干鰯蔵が立ち並び干鰯取引を行うための「売場」が存在した。その後、干鰯取引の縮小によって干鰯場は廃されたとみられ、明治期には湾の最奥部は軍の駐屯地として利用された。こうした干鰯場の景観は干鰯商売を中心として生きた東浦賀特有のものであり、干鰯に依拠した地域経済のあり方を示すものといえよう。

**注**

(1)　宮井新一氏のご教示による。
(2)　「株式取調書」一八七〇年(横須賀市編『新横須賀市史　資料編　近現代Ⅰ』二〇〇七年)三七一〜三七五頁。
(3)　注(1)に同じ。
(4)　「浦賀事跡考」。『浦賀案内記』(信濃屋書店、一九一五年)所収。

（5）横須賀史学研究会編『相州三浦郡東浦賀村（石井三郎兵衛家）文書　第三巻』（横須賀市立図書館、一九八七年）一〇一～一〇九頁。

（6）古田悦造「近世相模国浦賀における干鰯問屋の集荷圏と出荷圏」（『地理学評論』第五八巻第一〇号、一九八五年）六六三～六七三頁。古田氏によれば、九十九里の地引網は元禄年間以降、従来の肩地引網からより多額の資金を要する両地引網へと発展し、干鰯問屋の前貸金も増加したという。一方、房総で卓越した八手網には漁獲技術の発展がみられず、前貸金の増加もほとんどなかった。そのため、浦賀干鰯問屋よりも経営規模の大きい江戸問屋が九十九里の漁村に介入し、仕入金の増加に対応できなかった浦賀問屋は九十九里の集荷圏を失ったと指摘している。

（7）前掲「株式取調書」三八二～三八五頁。

（8）横須賀市編『新横須賀市史　資料編　近世Ⅱ』（二〇〇五年）一〇一一～一〇一九頁。

〔付記〕

本章執筆にあたり、宮井新一氏に貴重なご教示を賜わりました。記して御礼申し上げます。

# 第六章　明治期における西浦賀商家の経営と浦賀町

## ―廻船との関わりを中心に―

吉村　雅美

## はじめに

本章では、明治期に浦賀の廻船入港地としての役割が縮小する中で、浦賀商家がどのように経営を維持していたのか考察する。特に、西浦賀の問屋である宮井清左衛門家を取り上げ、商家が近世以来の廻船取引をいかに継続させ、あるいは変容させながら、近代へどのように対応していったのか検討する。

一七二〇年（享保五）、江戸幕府は下田奉行所を西浦賀の川間に移し、下田六三軒、東浦賀二〇軒、西浦賀二二軒が廻船問屋（廻船改問屋）となった。これにより、江戸内湾に出入りする船はすべて浦賀湊における積荷の検査を受けることを義務づけられ、東西浦賀の水揚商人は、廻船荷物を扱うことを許可された。

その後、一七世紀末から一八世紀前半にかけて、江戸十組問屋（菱垣廻船）と大坂二十四組問屋（樽廻船）が上方・江戸間の流通を担っていたが、一八世紀末以降に新興海運勢力である尾州廻船が台頭する。尾州廻船は、江戸・大坂を経由しない移送ルートを開拓し、浦賀はその寄港地の一つとなったのである。尾州廻船が扱った代表的な商品である塩は、赤穂・撫養《むや》などから移出され、浦賀・神奈川・利根川（江戸川）河口を経て、関東内陸へ移送された[1]。このようにして穀物を入手することが可能であった浦賀商人は、文政期以降には台場や浦賀奉行所に対して、異国船対応のための米・味噌等の物資を提供する役割も果たしていた[2]。

明治期には全国的には産業革命が進展し、鉄道網が整備されたことにともない、海上輸送の比重が相対的に低下した。しかし、浦賀港では明治二〇年代から三〇年代（一八八八～一九〇七年）にかけて、米・酒・塩の移入額が増加した。地形の制約上、鉄道網の恩恵を受けにくい三浦半島周辺では、浦賀港の果たす役割が大きく、水揚商人が浦賀経済界の前面に立つことが可能な時期となったのである[3]。明治期の浦賀商家の経営については、これまでの研究によって、地元密着型の問屋として存続する事例や、船による移送から鉄道による移送へ転換する事例、新たに北海道の産物の移入・販売に乗り出す事例などが紹介されている[4]。筆者も、西浦賀商人の宮井清左衛門家が尾州廻船の運航ルートを引き継ぐ廻船清喜丸を所有し、取引の形態を変容させたことが、浦賀商家が経営を維持した一因となったことを指摘した[5]。

ただし、帆船を所持していた浦賀商人は宮井清左衛門家のみではない。宮井家や浦賀商家がどのように経営を行っていたのか、商家相互の関わりや、廻船以外の収入という観点からも考察する必要がある。宮井家を含む浦賀商家は廻船の運航を継続しつつも、新たな収入の道も模索し、互いに連携しあって経営を維持していたのではなかろうか。

そこで本章では、廻船を所有していた宮井清左衛門家を中心に、浦賀商家の経営の変容について、廻船の勘定帳や日記を用いて考察する。そのうえで、明治期における浦賀の商家と地域の関わりについて、商家による会合や文化的な交流を中心に考察する。

## 第一節　幕末期から明治期にかけての西浦賀商家の変容

### (一)西浦賀商家と穀物の移送

一八二五年(文政八)の時点で、浦賀の商人は東西それぞれ五つの組に編成されており、一番組は問屋、二番組は仲買、三番組は小売商人によって構成されていた(6)。このうち、一番組商人は特に有力な水揚商人であった。近世後期の有力浦賀商人の特徴について、一八三四年(天保五)に作成された「有米取調帳(7)」から考察したい。

「有米取扱帳」は、一八三四年五月晦日に東浦賀商人二三名・西浦賀商人三〇名の米保有量を銘柄別に書き上げさせたものである。これによると、東浦賀商人の合計は八三五三俵、西浦賀商人の合計は六二八一俵であった。銘柄は勢州米(伊勢)・濃州米(美濃)・三州米(三河)が多く、これは浦賀商人と尾州廻船との結びつきを反映していると考えられる。

同史料から、東西の有力商人ごとに米保有状況を比較してみよう。保有量の多い商人を東西五名ずつあげると、東浦賀は宮原屋与右衛門(三二二一俵)、宮原屋次兵衛(二七五九俵)、宮原屋清兵衛(六八五俵)、飯塚吉太郎(五九〇俵)、木屋市兵衛(二六〇俵)である。一方、西浦賀商人は大黒屋儀兵衛(一四五〇俵)、紀伊国屋六兵衛(九一〇俵)、和泉屋太兵次(五九〇俵)、加渡屋七兵衛(六〇五俵)、尼屋喜太郎(五二五俵)である。なお、後述する宮井清左衛門の保有量は一五〇俵であり、西浦賀商人のなかでは十番目である。この史料のみから商人の位置づけを判断できないため、あくまでも目安としてみる必要があるが、近世の段階では、宮井清左衛門家は浦賀商家のなかでは中堅程度の商家であったと推測することができる。

米保有量から推察しうる西浦賀商人の特徴として、次の二点を指摘することができる。一点目は、経営規模の大きい商人は少ないが、中堅規模の複数の商人が拮抗していることである。二点目は、取扱量は少ないものの、東浦賀商人より幅広い銘柄を扱っていることである。[8]「有米取調帳」の時点で、宮井清左衛門は「三州米」のみを扱っており、商家ごとに多く扱う銘柄が異なっていたと推測される。

続いて、明治期における有力商人の変遷について考察したい。一八七〇年（明治三）の「村高家数職業書上」[9]を見ると、西浦賀の商家四九三軒のうち、「有米取調帳」において保有量の多かった有力商家を含む二二家が、「水揚仲買」として記載されている。しかし、九九年（明治三二）発行の『日本電信符号同盟会員名簿』に「問屋」として記載されているのは、臼井儀兵衛・宮井清左衛門・加藤小兵衛・三次六兵衛・太田又四郎の五名のみである。天保期（一八三〇～四四年）には必ずしも経営規模の大きくなかった商家が、明治三〇年代に経営を維持していたのである。

これらの商家には共通点がある。加藤家を除く四家は、一九〇三年（明治三六）の時点で洋式帆船を所持していた。この年の『東京海事局管内交通運輸ニ関スル報告　第三回』によると、浦賀船籍の洋式帆船は計一八艘あり、宮井家のほか、臼井儀兵衛家・太田又四郎家・三次六兵衛家が帆船を所蔵している。[10]帆船による物資の輸送が、明治期の商家の経営を支えた一要素であったといえよう。

そこで、宮井家を事例に、近世・近代の商家と廻船の関係について考察したい。

## （二）近世の宮井清左衛門家

宮井家の由緒によると、西浦賀の宮井清左衛門家の祖は、紀州有田郡宮原の宮井伝右衛門とされる。伝右衛門の次女と生駒次左衛門の子は、紀州有田郡宮原に本店を置き、東浦賀に出店を構える干鰯問屋宮原屋次兵衛家の初代となった。一方、伝右衛門の次男与兵衛は一六九四年（元禄七）頃に東浦賀の干鰯問屋石井三郎兵衛家に奉公にあがり、一七四九年（寛延二）までに独立したと伝わる。与兵衛の長子与十郎は病弱であったため、弟藤助（のち、与右衛門）に家督を譲り、西浦賀紺屋町へ移住したという。藤助（与右衛門）は東浦賀の宮原屋与右衛門家（「宮与」）を継ぎ、婿の清左衛門が西浦賀の万屋清左衛門家（「万清」）の初代となったとされる[11]。

以上が宮井家に伝わる由緒であるが、近世における宮井清左衛門家の位置づけを裏づける史料が、「浦賀史料[12]」のなかに収録されている。まず、「西浦賀商人番組名前書上[13]」は、一八二五年（文政八）の西浦賀商人の番組編成について、一番組から五番組の組ごとに名前（屋号と名）を列記したものである。組ごとの人数は、一番組一九名、二番組一九名、三番組一六名、四番組三八名、五番組六四名である。三代目宮井清左衛門は「万屋清左衛門」として、一番組商人の一人として名を連ねている。一番組商人は全商人一五六名中一九名であり、上位一二％ほどにすぎない。宮井清左衛門家も有力な家の一つであったことがうかがえる。

同じく、「浦賀史料」に収録された史料によると、一八一九年（文政二）と二六年、東西浦賀商人は浦賀奉行所から「非常之節」に米・味噌・薪・蝋燭などを上納することを命じられている[14]。このうち、宮井清左衛門を含む一番組商人が米を、二番組以下の商人が味噌・薪・蝋燭等を供出するよう定められた。一番組商人は穀物を扱う商人であり、異国船来航時などの非常時には米を提供することが期待されていたといえよう。

また、「宮井新一家文書」の一八三九年(天保一〇)正月の加入証文によると、三代目宮井清左衛門は、灘の廻船問屋辰屋与左衛門の樽廻船「辰栄丸」(一六〇〇石積)に加入している。[15] その契約内容は、次のようなものであった。

①加入銀四貫三四一匁を支払う
②毎年、航海と勘定が終了した後、「徳用銀」を受け取る
③万一、赤字となった場合は、資金を提供する

その後、安政期(一八五四〜六〇)には宮井家は自ら五大力船を所有し、浦賀と小田原・九十九里・銚子などを結ぶ近距離の運送を行っていたと伝わる。[16] 近世段階の宮井家の経営状況を示す史料は現存していないが、遠距離航海に関しては他所の廻船に加入して「徳用銀」を得る一方で、近距離については自らの船あるいは浦賀商人の所有する船を利用して、商品を調達していたと考えられる。

それでは、明治期に宮井家がどのような船を運用していたのか、次節で検討する。

# 第二節　明治期の宮井清左衛門家と廻船

## (一)「素封家」としての宮井清左衛門

一八七〇年(明治三)の「村高家数職業書上」には、四代目宮井清左衛門の後家「かや」が、「穀物酒醤油塩其外諸品水揚仲買商人」として名を連ねている。(17) この後、「かや」は新たに田中町の平戸佐助より婿をむかえ、この婿が五代目として宮井清左衛門を継いだ。

一九〇九年(明治四二)に加茂元善が著した『浦賀志録　上巻』において、五代目宮井清左衛門は次のように紹介されている。(18)

氏ハ浦賀ノ素封家ノ一人ニシテ本年ハ六十八ノ高齢ナルニモ拘ラズ、元気猶矍鑠トシテ壮者ヲ凌ゲリ、①家業ハ米酒ヲ営ミ其青年時代ニハ太平洋海岸ノ有数ナル良港デアリシ故、充分ニ繁昌シタル家柄デアリシ、氏ハ自営ノ外ニ②頗ル公共事業ニ尽瘁セラレ、町道ノ開鑿、矢ノ津坂・久比里坂ノ開鑿、愛宕山公園ノ開設ニ力ヲ尽シ、戦死者ノ忠魂碑建設ヲ発起シ、其外町ノ為メ尠カラヌ恵沢ヲ与ヘラレタリ、町会議員・町長ナド名誉職ヲ経テ、今ハ谷戸四十二番地ノ③隠宅ニ風流ニ余念ナク世ヲ送レリ〔中略〕④氏ノ家は代々風流ニ富ミ、殊ニ書画ヲ愛シ又女子ニハ琴絃等ノ仕込ヲナスヲ以テ家業外ノ習ワシトナリ、然ルガ故カ息女ノ芳子ノ如キハ幼ヨリ書画ヲ鍛錬セシメテハ優ニ一家ヲナシタリ、室ノ屏風ノ唐紙ハ芳子女史ノ手ニナリタルモノ多カリシ

傍線部①によると、「家業」としては「米酒」を主要な商品として扱っており、清左衛門の「青年時代」には「太平洋海岸ノ有数ナル良港」であったために「繁昌シタル家柄」であったという。清左衛門の青年期には、海運を利用した移送が盛んであり、「家業」も海運に依拠していたことがうかがえる。また、②からは公共事業に尽力するなど、地域有力者としての役割を果たしていたことがわかる。さらに、③には隠居後に「風流ニ余念ナク」過ごしたことが記される。中略部においては、清左衛門が「石蔵老人」と称されるほど、全国・外国から「珍石・奇石」を収集して愛好していたことが紹介される。[19]そして、④には宮井家が代々「風流」に富んで特に書画を愛好しており、女子には「琴絃」を習わせていたと記述されていることから、文化の担い手としての側面もうかがえる。

この記述を参考にしつつ、「宮井新一家文書」の「清喜丸勘定帳」および「懐中日記」から、①の「家業」がどのように営まれていたのか、②地域有力者としてどのように活動していたのか、廻船との関わりを中心に考察する。宮井清左衛門家は、一八九五年(明治二八)時点で清喜丸・国宮丸・清雄丸の三隻の廻船を所有していた。九五年の「懐中日記」によると、清喜丸は石巻へ、国宮丸はいわきに向けて出帆したという記述があり、九〇年代には東北方面へも航行していたことがわかる。

この三隻の船のうち、清喜丸のみ「勘定帳」が現存している。宮井清左衛門家は、「清喜丸」という同じ名称で船を何回か買い換えているが、初代の清喜丸は、一八八四年(明治一七)一〇月、尾張知多常滑村の山本長次郎から一二〇〇円(諸道具付き)で購入した七五〇石積の和船であった。宮井新一家所蔵の鑑札によると、

八五年二月にも「清喜丸」の船名で九八五石積の和船が登録されており、船を買い換えたものと思われる。この時の船長は常滑村の土井梅吉であった。[20]その後、一九〇五年（明治三八）の『東京海事局管内航通運輸ニ関スル報告　第三回』にも、宮井清左衛門家の一六八トン積の洋船が掲載されている。「主として瀬戸内海諸港及稀には九州地方」を航行する船であり、船長は同じく土井梅吉であった。なお、宮井清左衛門家は一九二一年（大正一〇）に清喜丸が尾鷲で沈没したことを機に問屋を廃業し、八代目から化粧品雑貨商へ転じている。[21]

## （二）清喜丸の取引

「清喜丸勘定帳」（「宮井新一家文書」、以下「勘定帳」）は、一八九七～一九〇七年（明治三〇～四〇）の計四四回の航海の勘定帳である。この帳簿には、取引内容（取引先・積荷・勘定など）が、一航海ごとに記されている。「勘定帳」は、①第三二号航海（一八九七年七月締）～第四一号航海（一八九九年八月締）と、②第一号航海（一九〇〇年一一月締）～第三三号航海（一九〇七年一一月締）の二つの部分からなる。①は、第一号航海から第三一号航海を収録する前の帳簿（現存せず）の続きであると思われる。しかし、清喜丸は第四一号航海中の一八九九年一〇月、赤穂で塩を購入したのちに難破し、「皆損」となった。そのため、②は新たに購入した船により、改めて第一号航海から開始された取引である。

清喜丸の取引の形態としては、買積（商品をある港で購入し、他港で販売して利益を得る方式）と運賃積（委託された荷物を運搬し、運賃を取る方式）がある。表6―1は、「勘定帳」に記載されたすべての航海について、買積・運賃積の別と、寄港地・積載商品・損益を記したものである。取引先については、表には浦賀の商家のみ記載した。そのため、運賃積の場合は、浦賀商家が商品を直接取引していない場合が多い。以下、「勘定帳」

| | | | | | | | |
|---|---|---|---|---|---|---|---|
| 23 | 1906 | 1/28 | 運賃 | 板材・塩 | 兵庫新川・神戸・撫養 | 臼井儀兵衛 | 275 |
| 24 | 1906 | 4/10 | 運賃 | 板材・鉱石・木炭 | 長島・兵庫新川・大坂・東京・尾鷲・船津 | ― | 136 |
| 25 | 1906 | 6/10 | 運賃 | 雑貨・木材・塩 | 東京・名古屋・常滑・神戸・西大寺・赤穂 | 浦賀各店 | 421 |
| 26 | 1906 | 8/1 | 運賃 | 塩 | 撫養 | 各家 | 179 |
| 27 | 1906 | 9/24 | 運賃 | 板材・砂・塩 | 長島・兵庫新川・大谷・西大寺・赤穂・撫養 | 宮井新店・宮井店 | 209 |
| 28 | 1906 | 12/8 | 運賃 | 砂・塩 | 大谷・坂越・西大寺・撫養 | 浦賀各家 | 179 |
| 29 | 1907 | 2/13 | 運賃 | 砂・塩 | 大谷・坂越・赤穂・撫養 | 加藤小兵衛・宮井店・浦賀各家 | 244 |
| 30 | 1907 | 4/22 | 運賃 | 砂・塩 | 大谷・坂越・撫養・赤穂 | 宮井店・浦賀各商店 | 233 |
| 31 | 1907 | 6/16 | 買積・運賃 | 砂・塩・麦 | 大谷・西大寺・下田 | 宮井店・浦賀各商店 | 241 |
| 32 | 1907 | 9/4 | 運賃 | 砂・塩・素麺 | 大谷・赤穂 | 宮井店・宮井新店 | 197 |
| 33 | 1907 | 11/20 | 運賃 | 塩 | 赤穂・撫養 | 宮井店 | 164 |

出典：「清喜丸勘定帳」(「宮井新一家文書」)。
注：損益額は銭以下を四捨五入したもの。無印は利益、△印は損失を指す。

をもとに、清喜丸の取引形態や積荷がどのように変容していったのか検討する。

表6―1に示したように、一八九七年から九八年までの第三五号から第三八号航海はすべて買積であり、買い入れた商品をすべて「宮井店」(宮井清左衛門の店)に販売している。主な商品は塩・米・麦であり、たとえば、第三七号航海の場合、八月二〇日に撫養《むや》の村澤宗十郎・天羽兵太郎より「改良本斎田塩」計八三〇〇俵余を購入し、九月一八日に浦賀の「宮井店」で販売している。同日、「立会勘定」があり、売上金から、「仲買口銭」ならびに航海諸経費(「道具」・「ペンキ修理費」・「飯米」・「税金」・「身賃」など)を差し引いた三〇七円八四銭五厘を利益として計上している。一八九〇年代まで、清喜丸の取引は塩の買積がメインであった。

しかし、一九〇一年(明治三四)以降、清喜丸は買積と並行して、東海地方・瀬戸内海・

**表6-1　1897年～1907年における清喜丸の取引**

| 号 | 年 | 勘定日 | 取引形態 | 積荷 | 主な寄港地 | 浦賀商家 | 損益(円) |
|---|---|---|---|---|---|---|---|
| 32 | 1897 | 7/11 | 買積 | 塩 | 赤穂 | 宮井店 | 157 |
| 33・34 | 1897 | 10/28 | 買積 | 塩・米 | 撫養・赤穂 | 宮井店 | 925 |
| 35 | 1898 | 1/19 | 買積 | 塩 | 撫養 | 宮井店 | 150 |
| 36 | 1898 | 5/18 | 買積 | 塩・麦・米 | 撫養 | 宮井店 | 438 |
| 37 | 1898 | 9/18 | 買積 | 塩 | 撫養 | 宮井店 | 308 |
| 38 | 1898 | 11/8 | 買積 | 塩 | 赤穂 | 宮井店 | 9 |
| 39 | 1899 | 4/8 | 運賃 | 石炭 | 愛知 | — | 61 |
| 40 | 1899 | 6/7 | 買積 | 塩・大豆 | 撫養 | 宮井店 | △ 26 |
| 41 | 1899 | 8/14 | 買積 | 塩 | 瀬戸田 | — | 289 |
| 1 | 1900 | 11/29 | 買積 | 塩 | 撫養 | 宮井店 | △ 80 |
| 2 | 1901 | 3/14 | 買積 | 塩 | 撫養 | — | △100 |
| 2(ママ) | 1901 | 7/27 | 運賃 | 竹・煉瓦・石炭 | 下田・丸亀・観音寺・撫養 | — | 207 |
| 3 | 1901 | 7/27 | 買積 | 石炭・塩 | 撫養 | 宮井店 | 283 |
| 4 | 1902 | — | 運賃 | 石炭 | 「伊勢海航海」 | — | 193 |
| 5 | 1902 | — | 運賃 | 砂 | 高松 | — | 34 |
| 6 | 1902 | 3/9 | 買積 | 塩 | 撫養 | 臼井(石巻支店) | 177 |
| 7～8 | 1902 | 7/11 | 運賃 | 石油・石炭・セメント・砂糖・素麺 | 筑前・門司・熱田白鳥・神戸 | 宮井新店 | 726 |
| 9 | 1902 | 10/13 | 買積 | 塩 | 撫養 | 宮井店 | △135 |
| 10 | 1903 | | 運賃 | 石炭 | 熱田 | — | 109 |
| 11 | 1903 | 2/6 | 買積 | 塩・米 | 撫養 | 宮井店 | 624 |
| 12 | 1903 | 9/4 | 買積・運賃 | 鉄屑・石炭・砂・重油・塩 | 東京・筑前枝光・名古屋・新潟・門司・撫養 | 宮井店 | 464 |
| 13 | 1903 | 11/10 | 買積 | 塩 | 撫養 | 宮井店 | 309 |
| 14 | 1904 | 4/4 | 買積 | 塩 | 撫養 | 宮井店 | △ 79 |
| 15 | 1904 | 6/2 | 買積 | 塩 | 撫養 | 宮井店 | △ 42 |
| 16 | 1904 | 8/8 | 買積 | 塩 | 撫養 | 宮井店 | 191 |
| 17 | 1904 | 10/2 | 買積 | 塩 | 撫養 | 宮井店 | 245 |
| 18 | 1904 | 11/28 | 買積 | 塩 | 撫養・赤穂 | 宮井店 | 895 |
| 19 | 1904 | 12/19 | 買積・運賃 | 塩・麦・麺 | 撫養・赤穂 | 宮井店・宮井新店 | 193 |
| 20 | 1905 | 5/13 | 運賃 | 板材・石炭 | 兵庫新川・名古屋 | — | 665 |
| 21 | 1905 | 8/14 | 運賃 | 砂・石炭 | 常滑・備前西大寺・観音崎 | — | 10 |
| 22 | 1905 | 12/16 | 運賃 | 砂・石炭・塩・素麺 | 大谷・坂越・撫養 | 臼井儀兵衛宮井新店 | 385 |

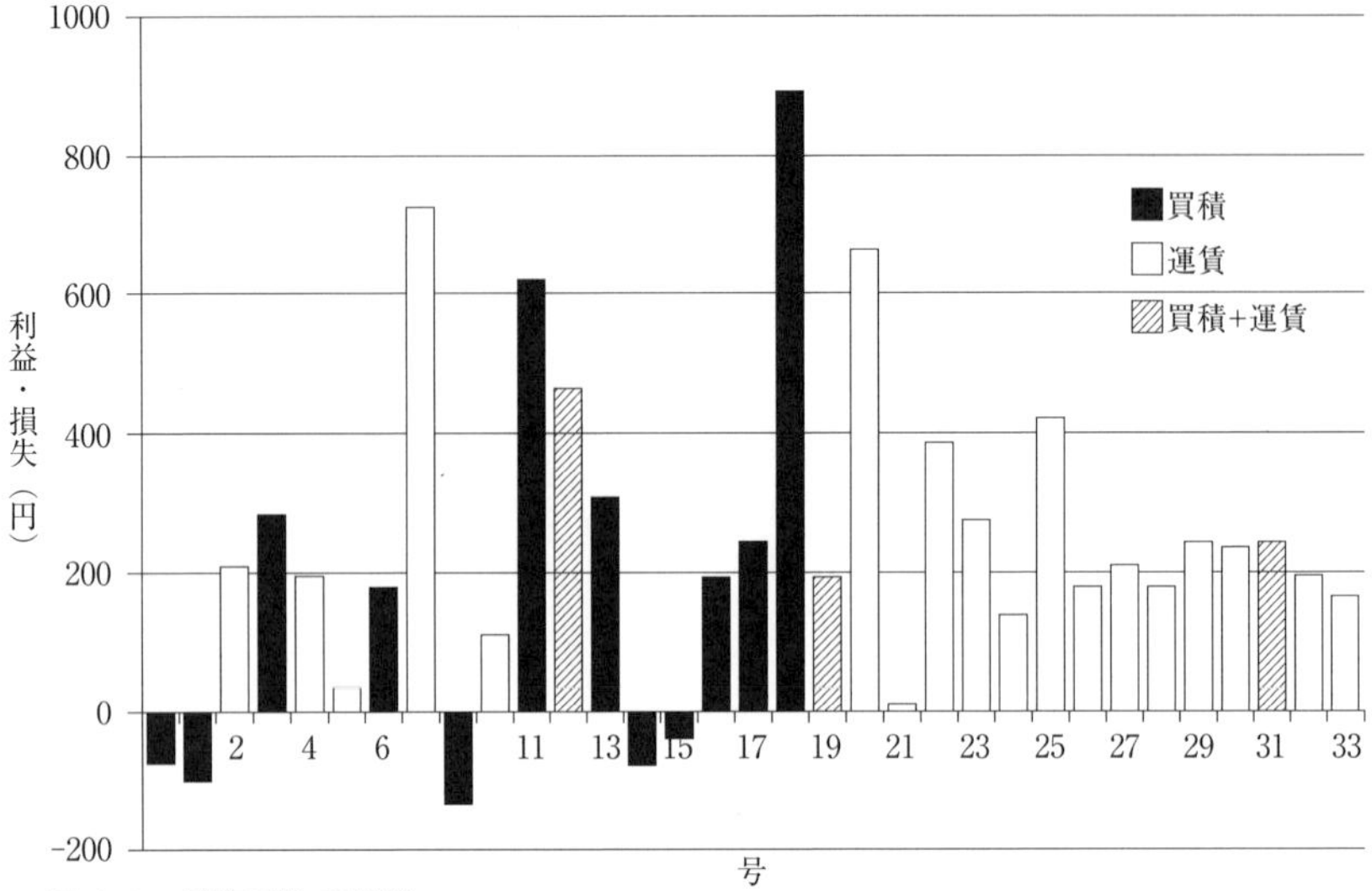


**図 6-1　航海ごとの損益**

出典：表 6-1 に同じ。

北九州をつなぐ運賃積も行うようになった。図6―1は、表6―1のうち一九〇〇年以降の航海について、各航海の損益を航海の形態ごとに示したものである。これをみると、買積の場合は損益の幅が大きいが、運賃積もしくは一度の航海で買積と運賃積の双方を行う場合、安定的に利益を得ていることが明らかである。表6―2は、一九〇二年の航海と取引内容を示したものである。各航海の形態と損益をみてみよう。第五号・第六号航海は二回の航海を合算する形で勘定が行われており、炭・磨砂の運賃積と塩の買積によって、利益を得ている。第七号・第八号航海は運賃積であり、筑前・門司・神戸の業者の委託により、石油・セメントなどを運搬して利益を計上している。なお、表中の「宮井新店」とは、五代目宮井清左衛門の娘婿宮井啓次郎が、一八九四年に浦賀町の新町に構えた店のことである。[22] 一方、第九号航海は塩の買積であったが、損失が発生した。

なお、「懐中日記」によると、宮井家の廻船である国宮丸についても、一九〇二年一二月七日条に

「国宮丸東京より播州行運賃アル、電来」、同月八日条に「国宮丸東京より播州行百石手取金十弐円ノ割、千弐百石積入ル事」と記述されている。[23]清喜丸と同じ頃に、国宮丸も運賃積に移行していたと考えられる。

そして、一九〇五年（明治三八）以降の清喜丸の航海は、塩の移送も含めて、運賃積が大半を占めるようになっている。表6―1に示したように、運賃積の積荷として、木材・木炭・砂を扱っている。これらの運賃積の積載品は浦賀商人と直接関わるものではない。たとえば、第二四号航海では、紀州長島から兵庫新川へ板材を移送し、北牟婁郡船津から東京へ木炭を移送している。[24]一方、浦賀へは引き続き塩が移送されており、宮井家以外の商家（臼井家・加藤家）や「浦賀各店（各商家）」にも塩を販売するようになっている。

以上のように、一九〇〇年以降、清喜丸が運搬する商品と取引先が多様化したといえる。商品は、一八九〇年代までは浦賀と撫養・赤穂から浦賀への塩の移送が中心であったが、東京と瀬戸内海を結ぶ運賃積も行うようになった。こうして、経営を安定させたことで、清喜丸は宮井家に加えて浦賀の他の商家へも塩を移送・販売するようになった。このことが、一九〇〇年から一〇年前後における西浦賀の商家経営を支える一要素となったと考えられる。

## (三)「懐中日記」にみる家業と株式運用

「宮井新一家文書」のなかには、五代目宮井清左衛門が一八九五年（明治二八）から一九一五年（大正四）まで、計二一年にわたって記した「懐中日記」がある。清左衛門はこの日記に、役場・銀行などへの出勤、宮井家の家業と余暇の様子、浦賀町の行事などを書き留めている。本章では「懐中日記」から、家業である問屋業に関係する記述と、新たな収入源となった株式の運用に関する記述を見ていきたい。[25]

| 運賃積 | | | | | 勘定 | | |
|---|---|---|---|---|---|---|---|
| 日付 | 委託者 | 品名 | 量 | 利益(円) | 日付 | 内訳 | 金(円) |
| — | (伊勢海航海) | 石炭 | — | 193.468 | 3/9 | 残金 | 528.108 |
| — | 木曽屋商店<br>(高松市鶴屋町) | 磨砂 | 1,500俵 | 34.000 | | 航海諸経費<br>利益 | 350.800<br>177.308 |
| 4/7 | 太田清蔵<br>(筑前) | 石油 | 2,800箱 | 171.000 | 不明 | 残金 | 627.000 |
| 3/29 | 浅野出張所<br>(門司) | 石油 | 1,200箱 | 58.000 | | 航海諸経費 | 154.485 |
| 5/5 | 川口屋治右衛門<br>(熱田白鳥) | 赤唐津塊炭 | 35万斤 | 485.500 | | 利益 | 472.515 |
| 7/11 | 西村回漕部<br>(神戸市栄町) | セメント | 800樽 | 90.000 | 7/11 | 残金 | 576.475 |
| | 宮井新店 | 渋 | 50樽 | 7.500 | | 航海諸経費 | 323.161 |
| | | 砂糖 | 11樽 | 2.200 | | 利益 | 253.314 |
| | | 素麺 | 120箱 | 6.000 | | | |
| | | | | | 10/13 | 残金<br>航海諸経費<br>損 | 155.000<br>289.877<br>134.877 |

まず、問屋業については、廻船の運航に関する記述と米・酒の出荷量に関する記述が目立つ。先述のように、宮井家は廻船の清喜丸・国宮丸・清雄丸を運航していた。清左衛門は、航海の状況を電報で把握しており、「懐中日記」に寄港地・積み入れ品や船長・船員の動向について記している。そして、浦賀に帰航した際には「勘定祝」を行い、利益額を記録している。[26] これらの船の浦賀停泊中には、「船中」(乗組員)を宮井家の掃除や隣家の屏の修繕のために雇用している。[27]

また、一八九九年(明治三二)から一九〇二年の「懐中日記」には、年間の酒・米の出荷量が記入されている。九九年は酒一五一〇駄・米六一六九俵、一九〇〇年は酒一七二五駄・米四七九六俵、一九〇一年は酒一八八五駄・米六一四七俵、一九〇二年は酒一八二〇駄半・米五三四五俵であっ

表6-2　1902年の清喜丸の取引

| 号 | 買積 | | | | | |
|---|---|---|---|---|---|---|
| | 売買 | 日付 | 取引先 | 品名 | 俵数 | 値段(円) |
| 4～6 | 買 | 2/7 | 村澤宗十郎 | 本斎田塩 | 3,300 | 834.900 |
| | | | 天羽兵太郎 | 本斎田塩 | 1,900 | 480.700 |
| | | | 山西庄五郎 | 本斎田塩 | 3,200 | 668.400 |
| | 売 | 3/3 | 臼井支店 | 本斎田塩 | 8,923 | 2,563.139 |
| | | 3/9 | 宮井店 | 本斎田塩 | 220 | 62.174 |
| 7 | | | | | | |
| 8 | | | | | | |
| 9 | 買 | 8/21 | 村澤宗十郎 | 本斎田塩 | 4,500 | 1,690.500 |
| | | | 天羽兵太郎 | 本斎田塩 | 1,500 | 554.500 |
| | | | 山西庄五郎 | 本斎田塩 | 2,400 | 889.200 |
| | 売 | 10/13 | 宮井店 | 本斎田塩 | 8,000 | 3,120.000 |

出典：表6－1に同じ。

た。おおむね、酒一五〇〇～一八〇〇駄、米五〇〇〇～六〇〇〇俵の間で推移しており、一九〇〇年前後は酒・米を安定的に入手・販売を行っていたことがわかる。なお、一九〇六年の「懐中日記」には、米・酒に加えて塩に関する情報も記されている。この年の三品の年間出荷総量は記されていないが、四月から九月までの出荷量は、酒七二九駄半、米二八二四俵、塩は一万五一〇五俵であったことが書き留められている。半年分の量であることを勘案すれば、米・酒も一九〇〇年前後と大きな相違はない。また、塩については専売制が導入された年であったが、一定量は取り扱っていたことが確認できる。

廻船も利用した問屋業を継続する一方で、一八九七年（明治三〇）以降、「懐中日記」には株の購入に関する記述が散見される。先行研究においても、臼井儀兵衛・三次六兵衛らの浦賀の有力商人が浦賀船渠株式会社（浦賀ドック）の株主となっていたことが指摘されているが[28]、宮井清左衛門を含む浦賀の商人は浦賀船渠以外の株も購入している。表6―3は、一九〇六年の「懐中日記」から株式に関する記述を示したものである。これ

**表6-3　1906年の宮井清左衛門の株取引**

| | 内容 |
|---|---|
| 1/19 | 屋代氏に水力株の件を依頼 |
| 1/23 | 東京水力株の申込証を郵送 |
| 1/31 | 鹿目氏（鹿目常吉）から石川島株2枚買い求める |
| 4/20 | 臼井氏（臼井儀兵衛）が来宅し、株を売り渡したい旨を伝える |
| 5/31 | 尾崎氏まで株券を届ける（石川島66株など） |
| 6/2 | 屋代氏が東京の臼井氏まで出向く（船渠株の株券受け取りのため）(1) |
| 7/14 | 臼井氏が来宅。石川島造船所株式について話あり。 |
| 7/31 | 配当118円80銭2分（石川島造船所株式66株分）を得る |
| 8/17 | 臼井氏から船渠株が戻る |
| 8/22 | 浦賀船渠株（臼井氏に貸与分）の利子が来る |
| 10/6 | 浦賀船渠株を東京大澤商店に売り渡す |
| 11/6 | 東京塩株式を申し込む（新店50株、本店100株） |
| 11/13 | 三次氏と浦崎製塩株について相談 |
| 11/14 | 塩株について商会所において集会 |
| 11/16 | 船渠株売買利益4名割分（132円80銭）を三次店より受け取る |
| 11/20 | 官塩株4株が割当になる（宮井新店は2株）<br>紡績株200株（宮井清左衛門分）・同100株（宮井啓次郎分）(2) |
| 12/8 | 官塩の株式について、売場へ集まる |

出典：「懐中日記」（1906年）（「宮井新一家文書」）。
注：(1)7月19日・22日・30日条、8月5日・8日条にも関連する記述あり。
(2)詳細は不明である。

を見ると、浦賀船渠株のほかに、石川島造船所株[29]・水力株・塩株（官塩株・浦崎製塩株）・紡績株などについても、購入・販売するか、株に関する情報を得ようとしている。ここでは、次の二点に注目したい。

一点目は、株による利益の額である。七月三一日には、石川島造船所株（六六株）の上半期（「前半部」）の配当一一八円八〇銭二分を得ているが、この額は同年の清喜丸の一回分の航海の利益とほぼ同額である。宮井家は廻船の経営方法を変容させながら、株の配当による利益も得ることで、自家の収入の途を広げていたといえよう。二点目は、宮井清左衛門家が他の浦賀商家と連携しながら株を運用していたことである。表6—3に示したように、清左衛門は、西浦賀田中町の茶商・陶器商の鹿目常吉から石川島造船所株を買い求めている。また、臼井儀兵衛には浦賀船渠株を貸与したのちに回収し、石川島造船所株についても相談している。そして、注目すべきであるのが、同年の「懐中日記」見開き部分の次の記述である。

三十九年十月六日ニ宮与、三次、穴澤、宮井四名協議之上、浦賀船渠株百株東京大澤商店ニテ五十七円十銭、来ル十二月限リ売渡ス、又十一月十四日ニ五十壱円四十銭買戻ス、依テ差引残金受取事、

一　金五百七十円　百株直送利益

内

一　金弐十三円八十銭　大澤店手数料

一　金弐円四十銭　三次店電信料

一　金十弐円六十銭　浦賀銀行金千弐百円

引金五百三十一円弐十銭全利益

此分四店割　金百三十弐円八十銭　割

三十九年十一月十六日三次店より受取済

一〇月六日、清左衛門は宮与（東浦賀商人宮井与右衛門）、三次（三次六兵衛）、穴澤（穴澤与十郎）とともに四名で協議し、浦賀船渠株百株を東京の大澤商店へ一株五七円一〇銭で売り渡した。この年の「懐中日記」によると、八月一七日に臼井儀兵衛に貸し付けていた船渠株を回収していることから、臼井家（大黒屋）の経営が悪化するなかで、株を回収して有効に利用しようとしていたとみられる。さて、一〇〇株を売ったのち、四名は一一月一四日に一株五一円四〇銭で買い戻した。差額の五円七銭の百株分である五七〇円が利益となり、大澤商店の手数料と三次六兵衛が負担した電信料、「浦賀銀行金」を引いた五三一円一〇銭が利益となった。これを四つの商家で割り、一三二円八〇銭となったのである。

このように、浦賀の有力商家は株を互いに貸与・売買することに加えて、協同で東京の商店へ販売するなどして、株の運用を行っていた。一九〇六年には臼井儀兵衛（大黒屋）が倒産したが[30]、他の浦賀商人は連携して臼井家の株を回収して対処し、利益を得ていたのである。ここで、「懐中日記」に商人の協議の場に関する記述があることに注目したい。一九〇六年の「懐中日記」には、一一月一四日条に「塩株ノ件ニ付商会処集メルコト、何分協議取極ラズ」、一二月八日条に「官塩株式ノ件ニ付、売場へ会集ス、宮内、宮井、太友、加藤、三次、香山、宮与」と記されている。いずれも、塩株に関する協議であり、専売化にどのように対応すべきか、西浦賀の有力商人で協議していたのであろう。ここで、商人が協議した場が「商会処」もしくは「売場」であった。「商会処」がどのように運営され、いかなる議題が協議されていたのか、さらに検討を加えたい。

## 第三節　浦賀商人の会合と文化交流

### （一）浦賀商人と商会所

本書第四章によると、近世の浦賀の荷物改所を引き継ぐ「商会所」すなわち「売場」は、紺屋町の渡船場付近に常置されており、米や塩に対して協定の相場が建てられていたという。商会所における経済活動については同章に譲り、ここでは商会所における商人の会合において、何が議題とされていたのか検討する。

宮井清左衛門の一八九九年（明治三二）の「懐中日記」の見開き部分に、「明治三十二年商会処入費出金割」

が書き留められている。原文書には商家の屋号と出金額が記されているため、『日本全国商工人名録』によって商人名を補い、表6―4に出資者・出資額を記載順通りに示した。主に西浦賀の問屋・穀物商を中心とする有力商人が、「商会処」に出資しており、清左衛門は太田又四郎と並んで最多の一円五〇銭を出金していたことがわかる。

表6-4　1899年における商会所の出資者

| 商人名 | 業種 | 町名 | (円) |
|---|---|---|---|
| 臼井儀兵衛 | 米穀・肥料・塩問屋 | 紺屋町 | 1.00 |
| 太田又四郎 | 米穀・肥料・塩問屋 | 蛇畑町 | 1.50 |
| 宮井清左衛門 | 酒類・米穀・塩問屋 | 紺屋町 | 1.50 |
| 三次六兵衛 | 米穀・肥料・米・酒類問屋 | 谷戸町 | 1.35 |
| 宮井与兵衛 | 米穀・肥料・塩問屋 | 大ヶ谷町 | 1.15 |
| 加藤小兵衛 | 酒類・米穀問屋及 | 宮下町 | 1.00 |
| 穴澤与十郎 | 米穀商・味噌製造販売 | 宮下町 | 1.00 |
| 長島長七 | 米穀・肥料・酒類・塩問屋 | 田中町 | 1.00 |
| 増田太兵衛 | 米穀・酒類・塩問屋并肥料醤油・油類 | 田中町 | 1.10 |
| 臼井辰右衛門 | 米穀・塩問屋 | 紺屋町 | 0.80 |
| 符丁「丸吉」 | — | — | 0.80 |
| 菅井与兵衛 | 米穀・肥料・酒類・塩問屋 | 浜町 | 0.40 |
| 太田友吉 | 砂糖・紙・荒物・蝋燭商 | 紺屋町 | 0.25 |
| 香山清兵衛 | 荒物・紙・砂糖商 | 紺屋町 | 0.20 |
| 山本平兵衛 | 和洋砂糖商兼諸紙販売 | 田中町 | 0.15 |
| 符丁「山一」 | — | — | 0.15 |
| 計 | | | 13.35 |

出典：「懐中日記」（1899年<明治32>）（「宮井新一家文書」）、日本全国商工人名録発行所編『日本全国商工人名録』（1892年）。

さて、「懐中日記」の本文には、「商会処」（もしくは「売場」、以下、便宜的に商会所とする）における会合に関する記述が散見される。記述は極めて簡潔であり、必ずしも参加したメンバーや協議の結果が記されているわけではないが、議題については確認することができる。表6―5は、一八九八年から一九〇二年の間に、商会所において開かれた集会・協議の議題をまとめたものである。なお、記述されているのは清左衛門が参加した会合に限られるため、会合自体はこのほかにも開催されていた可能性が高い。

一八九八年（明治三一）には、九月二六日に「塩業ノ件」についての会談があった。また、一二月一四日条に「浦賀銀行ノ件ニ付商会処集会、出席人名太田、臼井、宮井、穴澤、鹿目、三次、宮

**表6-5　商会所における議題**

| 年 | 月日 | 議題 |
|---|---|---|
| 1898 | 9/26 | 塩業の件 |
| | 12/14 | 浦賀銀行に関する集会 |
| | 12/15 | 浦賀銀行の総会 |
| 1899 | 2/12 | 浦賀銀行の設立 |
| | 6/18 | 所得税調査委員選挙人の件 |
| 1900 | 8/12 | 浦賀倶楽部 |
| | 11/20 | ペリー記念碑 |
| 1901 | 1/13 | 銀行(浦賀銀行)第4回総会 |
| | 1/15 | 渡船の値上げ(西岸惣代が出席) |
| | 1/28 | 石川島船渠会社の「無配当」 |
| | 2/15 | ペリー記念碑 |
| | 3/1 | 清喜丸の新造祝 |
| | 3/7 | 「山丁」(符丁：長島長七)の件 |
| | 3/10 | 銀行記念日の祝宴 |
| | 4/3 | 渡船積立金を湊浚費に充当すること |
| | 4/3 | 小学校不足金の集金 |
| | 4/27 | 学校補助費 |
| | 4/28 | 港内浚渫 |
| | 5/18 | 病院の敷地 |
| | 7/16 | 浦賀船渠株式会社と石川島船渠株式会社の合併 |
| | 12/23 | 浦賀船渠 |
| 1902 | 1/21 | 渡船入札 |
| | 5/2 | 船渠臨時会 |
| | 5/6 | 渡場後浚 |
| | 11/1 | 渡銭値上げ(議員・12ヵ町の惣代一同出席) |

出典：「懐中日記」(「宮井新一家文書」)。

与、高橋」とあり、銀行設立の中心になった、太田又四郎・臼井儀兵衛・宮井清左衛門・穴澤与十郎・鹿目常吉・三次六兵衛・宮井与右衛門・高橋勝七が会合を開いている。翌一五日条には「浦賀銀行総会ヲ商会処ニ於テ開ク」とあり、取締役・監査役を選定している。商会所を核とする商人のつながりが、浦賀銀行設立の基盤となっていたといえよう。翌九九年にも引きつづき浦賀銀行の設立に関する会合が開かれ、銀行は三月一〇日に開業した。

一八九八・九九年の商会所における会合は、塩業と浦賀銀行に関する議題が主であった。しかし、一九〇〇年(明治三三)以降、町の公共事業に関する会合も行われていたことが記録されている。一九〇〇年には、八月一二日に「倶楽部ノ談シ」すなわち浦賀倶楽部に関する相談があった。この浦賀倶楽部については後述する。また、同年一一月二〇日には「ベルリ氏紀念碑ノ件ニ付売場へ会ス」、一九〇一年二月一五日には、「ベルリ氏紀念碑ノ件ニ付売場で集会」(清一郎が出席)とあり、ペリー記念碑建立のための協議の場ともなっていたことがわかる。

一九〇一年(明治三四)は、一八九八年から一九〇二年までの間で、商会所に関する記述の件数が最も多い年である。大きな課題としては、石川島造船所浦賀分工場の業績悪化と浦賀船渠による買収の問題があった。一月二八日には石川島の「無配当」について、八月四日には「船渠合併ノ件」について会合が開かれている。(31)また、この年には浦賀町民の生活に直接関わる議題も多い。一月一五日条には「渡船上ヶ銭」すなわち浦賀港の東西を結ぶ渡船の値上げについて、「西岸惣代」が集合している。以後、四月三日には「渡船積立金千円ヲ湊浚費充ルコト」および「小学校不足金ヲ生徒壱人より金三銭宛壱ヶ月取立ル事」について、四月二七日には「学校補助費ノ件」、四月二八日には「港内浚渫ノ件」、五月一八日には「病院敷地ノ件」について会合があった。渡船の運営や港浚いのほか、学校や病院に関する問題も、商会所において協議されていたのである。

さらに、一九〇二年には、一月三一日条に「港内ノ件ニ付、市中より議員・十二ヶ町の惣代、来ル一日商会所迄出張ノ廻文出ス」、一一月一日条に「商会処ニ於テ渡船五厘ニ直上ヶノ件協議、議員・惣代一同出席」と記されている。元来、「港内」のことについて商人が集合して議論していた場に、浦賀町十二ヵ町の惣代と「市中」からの議員が加わって協議したとみるべきであろう。

以上のように、商会所は町内の教育・医療や港の整備に関する会合の場としての性格も帯びていった。ここでは特に、湊浚いの費用の捻出について議論されていることに注目したい。近世において、浦賀湊内に泥やごみが堆積し、水深が浅くなった場合には湊浚いが行われたが、実施主体と方法をめぐって請負商人・村・幕府の間で折衝が行われていた。たとえば、一八三四年(天保五)には、浦賀奉行の主導のもとで東浦賀の宮原屋清兵衛と東西浦賀の水揚商人が「湊浚御仕法」を請け負い、四二年(天保一三)には、東浦賀村一番組商人が湊浚いのための上納金と人足賃金などを出費した。六三年(文久三)には、東西浦賀村の商人が冥加金を上納し、それをもとに浚い仕法を行うことが命じられたが、延期となっている。[32]このように、近世以来、湊浚いの資金と労働力をいかに確保するのかが課題となっていたが、「懐中日記」（一九〇一年四月三日条）には、「渡船積立金千円ヲ湊浚費充ルコト」と記されている。この年には、湊浚いの費用を「渡船積立金」によって賄うことが決定されたのである。この方法が継続されたか否かはともかく、明治期には商人が主体となり、湊の維持・管理に関する方法を決定していたといえよう。

## （二）「浦賀倶楽部」における集会

「懐中日記」からは、商会所において「浦賀倶楽部」についての話し合いも行われていたことがわかる。この浦賀倶楽部について、さらに考察したい。「懐中日記」によると、浦賀倶楽部の第一回会合が開かれたのは、一八九八年（明治三一）である。同年九月二五日条には、「浦賀倶楽部初会式乗誓寺ニ於テ開ク、弁士田口卯吉氏、小川茂周其他幹事一同傍聴人」と記されている。会場は東浦賀の乗誓寺（浄土真宗）であり、弁士として、経済学者・歴史家であり衆議院議員をつとめていた田口卯吉が招かれた。この時、三浦郡長小川茂周と浦賀倶楽部の「幹事一同」が傍聴したという。乗誓寺は近世には文人たちの交流が行われた場であったが、[33]一八七一年（明治四）には東岸郷学校が置かれ、七四年に東岸学舎と改称されていた。[34]浦賀町における教育・文化活動の拠点において、浦賀倶楽部の集会も開催されていたのである。

以後、浦賀倶楽部の会合は半年に一度ほどの頻度で開催されている。「懐中日記」によると、二回目の会合は一八九九年（明治三二）一月一五日に「学校」（東岸学舎か）において開催され、出席者はおよそ五〇名であった。この時の弁士については記載がない。三回目の会合は同年一〇月一七日に乗誓寺において開催された。この時には弁士として浄土真宗大谷派の僧侶平松理英[35]が招かれ、傍聴者は四〇名ほどであった。そして、四回目の会合は一九〇〇年五月一三日に「浦賀学校」において開かれた。弁士は海軍少将肝付兼行[36]であり、傍聴者は七〇名ほどであった。以上のように、定期的な会合においては「弁士」として、学者や知識人を招いて講演が行われた。

このような定期的かつ大規模な会合のほかにも、浦賀倶楽部は小規模な会合や接待の場としても利用されていた。「懐中日記」（一九〇一年二月一六日条）には「浅田前知事、塚原氏来り、ベルリ氏及鉄道ノ件相談アリ、清一郎出張ス、但シ浦賀倶楽部へ集会ス」とあり、同年五月六日条には、「八雲艦歓迎ノ件ニ付、浦賀倶楽部ニ集会アル」と記されている。ペリーの記念碑設立や鉄道について、神奈川県前知事浅田徳則や浦賀船渠社長の塚原周造と相談した場が浦賀倶楽部であったのである。

ここでいう「鉄道ノ件」とは、横須賀線の浦賀港までの延長願のことであろう。一八九六年（明治二九）の浦賀船渠の発足後、会社に従事する職工が増加し、浦賀港への入港船舶も激増している状況を背景に、鉄道の浦賀までの延長を求める声が高まっていた[37]。浦賀倶楽部は、浦賀商人の要望を県の要人に伝える場でもあったと推測される。また、同年二月二一日条には「神奈川県知事浦賀倶楽部へ泊ル」と書かれており、現職の県知事（この年は周布公平）が宿泊することもあった。浦賀倶楽部は商会所と同様に、有力者による会合の場であったことに加えて、浦賀町民数十名が参加する集会の場、あるいは来賓を招く接待の場として、機能していたのである。

さて、浦賀倶楽部は政治的な会合の場にとどまらず、文化的な行事の場としての役割も果たしていた。「懐中日記」（二月一七日条）には、「朝鮮人浦賀倶楽部へ来り、書会ヲ開ク」と記されている。次に、明治期の浦賀商人と学問・文化の関係性について考察したい。

## (三)商家と文人の交流

近世浦賀の文化は、在村文人と浦賀奉行所詰めの武士が身分を越えて交流するなかで展開した。文人による出版物が公刊されるとともに、漢詩・俳諧などの文芸が展開したことが明らかにされている。[38] このような文化的な素地を有する商人が、明治期にはどのような活動を行っていたのか、引き続き「懐中日記」を用いて考察したい。

「懐中日記」によると、一八九五年(明治二八)九月二二日には書家の猪瀬北江が宮井清左衛門家に来宅し、この時に乗誓寺において展覧会を開催している。表6―6は、一八九八年から一九〇二年の「懐中日記」から、清左衛門の文人との交流や文物の交換に関する記述を抽出したものである。これによると、九八年四月九日条には、「朝鮮人来り、臼井別荘へ出向ク、帳博・鄭鎮弘」という記述があり、朝鮮の書家と思われる帳博・鄭鎮弘が臼井儀兵衛の別荘に招かれている。同年四月一八日条には、「朝鮮人両名より額面来ル」と記されていることから、この二名から宮井清左衛門に個人的に額が贈られたものと思われる。先述のように、一九〇一年二月一七日条には、「朝鮮人浦賀倶楽部へ来り、書会ヲ開ク」と書かれており、商人の自宅・別荘や浦賀倶楽部が、朝鮮の書家も含む文化的な交流の場となっていたのである。

また、「懐中日記」によると、遅くとも一八九五年(明治二八)には、清左衛門家には熊本出身の彫刻家・南画家の内海羊石が頻繁に訪れるようになっていた。表6―6に示したように、一八九九・一九〇一・一九〇二年の場合、羊石は一度の訪問につき五日から二週間ほど滞在している。また、「懐中日記」(一八九九年七月二八日条)には、「内海先生(タイ)来ル」、七月二九日条に「内海タイ滞在、金円用立ノ件」と記されている。タイは内海羊石の妻であり、清左衛門が内海羊石を金銭的に支援し、パトロンとしての役割を果たしていたのではないかと推測される。表6―6のように、清左衛門は羊石から熊本の銘菓である朝鮮飴の製法を教わり、東京に出向いた際には内海羊石の自宅に立ち寄るなど、交際を深めていた。

さらに、「懐中日記」（一九〇一年九月八日条）には、「小出先生」が東浦賀の専福寺で歌会を開き、四代目清左衛門の孫の静子（シズ）が参加したことが記録されている。明記されていないが、この「小出先生」とは宮内省の御歌所主事心得をつとめていた歌人の小出粲であろう（本書コラム4）。先述のように、加茂元善の『浦賀志録』には、宮井清左衛門家が「風流」に富む家であり、女性にも琴絃や書画を習わせていると記述されている。ここで紹介されたのは「芳子」（義子）であったが、静子の場合は和歌を得意としていたようである。宮井清左衛門家は、当主清左衛門のほかに女性も教養を身につけ、町を訪れる文人との交流の場に参加していたのである。

なお、表6―6に示したように、「懐中日記」には清左衛門による石の収集の様子も記されている。詳しくは本書コラム6で述べるが、先述のように、清左衛門は「石蔵老人」と称されるほどの石愛好家であった。清左衛

**表6-6　宮井清左衛門家と文人・文物の交流**

| 年 | 月日 | 内容 |
|---|---|---|
| 1898 | 4/9 | 朝鮮人（張博、鄭鎮弘）来宅、臼井別邸へ出向く |
| 1898 | 4/18 | 朝鮮人両名から額面が届く |
| 1899 | 7/4 | 内海羊石来宅 |
| 1899 | 7/28 | 内海羊石・タイ来宅（30日帰京） |
| 1899 | 8/27 | 内海羊石来宅（31日まで滞在） |
| 1900 | 9/15 | 内海羊石の内儀たいが来宅（16日帰京） |
| 1900 | 9/30 | めじろ形の石を貰う |
| 1900 | 10/8 | 内海羊石より朝鮮飴の製法書類が届く |
| 1900 | 11/10 | 内海羊石より石の台が3個来る |
| 1901 | 2/17 | 朝鮮人が浦賀倶楽部にて書会を開催 |
| 1901 | 3/19 | 朝鮮飴を製造 |
| 1901 | 4/6 | 朝鮮飴を製造 |
| 1901 | 4/7 | 鹿目氏より会津名石（シノブ石）をもらう |
| 1901 | 4/15 | 内海羊石来宅（5月1日まで滞在） |
| 1901 | 5/21 | 東京の内海羊石宅を訪ねる |
| 1901 | 9/8 | 小出先生が専福寺にて歌会を開く。静子が出席。 |
| 1902 | 2/14 | 清喜丸、肥州姪の浜の石を積んで到来 |
| 1902 | 8/10 | 内海羊石来宅（14日まで滞在） |
| 1902 | 10/5 | 穴澤氏より美濃養老の瀧の石をもらう |

出典：表6－5に同じ。

門の石収集は単なる趣味にとどまるものではなく、地域有力者や文人との交流を深める役割もあったのである。書画・歌・石の収集を通した交流が広く展開していたことが、浦賀商人の連携の背景にあったといえよう。

## おわりに

明治期を通して、浦賀の有力商家は廻船を所有しており、宮井清左衛門家の場合は近世以来の尾州廻船を引き継ぐ廻船によって塩などを移送していた。このうち、清喜丸は一九〇〇年以降に買積から運賃積へ移行して石油・木炭・木材などの託送の代金を得るとともに、浦賀の複数の商家へも塩を販売するようになった。

こうして廻船の取引形態を変容させたことに加えて、宮井清左衛門家を含む浦賀商家は、株を購入し配当を得るという新たな収入源を見出していく。株を運用する上で重要であったのが、商家相互で連携し、東京からの情報を入手しながら売買することであった。西浦賀の有力商家は、近世の荷物改所を引き継ぐ商会所において会合を開いており、株式の運用のほか、浦賀銀行や浦賀船渠の経営、港の整備など町の公共事業についても協議が行われた。さらに、商家は有力者や政治家を招く場として浦賀倶楽部を利用し、鉄道について相談するなど、交通網の変化にも対応しようとしていたのである。

また、東西の浦賀商家は、浦賀倶楽部や寺、商家の別荘における書会・展覧会・演説会など文化的な行事も開催していた。このような経済的・文化的な結びつきが、海運拠点としての浦賀港の機能が低下していくなかでも、近世以来の商家が地域有力者として活動を続ける基盤となっていたといえよう。

しかしながら、商会所や浦賀倶楽部における協議やその結果が、町政の運営とどのように関わっていたのかという問題については、慎重に検討する必要がある。「懐中日記」には清左衛門が「役場」に出勤する記事も散見され、「宮井新一家文書」には「懐中日記」とは別に清左衛門が執筆した「役場日記」も所蔵されている。商会所は近世以来の商家相互の関係性に基づく会合の場であるが、「役場」は近代の行政機関である。「懐中日記」からは、「商会処」・「浦賀倶楽部」・「役場」など、協議と意思決定の場が重層的に存在していた様子を見て取ることができる。こうしたなかで、近代の浦賀町における有力商家の位置づけがどのように変容していったのか、さらなる考察が必要であろう。

**注**

（1）斎藤善之『内海船と幕藩制市場の解体』（柏書房、一九九四年）。
（2）一八二六年（文政九）、浦賀商人は浦賀奉行所・台場への米・味噌等の上納を義務づけられた（「浦賀史料　第十」、横須賀市編『新横須賀市史　資料編　近世Ⅱ』二〇〇五年、九八一～九八二頁〈四七四〉）。また、一八三六年（天保七）には、江戸十組問屋が菱垣廻船荷物の「浦賀揚」が多い旨を訴え、江戸町奉行から浦賀奉行へ問い合わせがあった。浦賀奉行が東西浦賀商人物代に下問した際の返答書によると、浦賀商人は「浦賀揚」を停止した場合、一八二六年（文政九）以来の「御備御用」に支障が出るとし、海防への貢献という論理を用いて「浦賀揚」の継続を訴えた（「十組一件」、横須賀史学研究会編『相州三浦郡東浦賀村（石井三郎兵衛家）文書　第三巻』横須賀市立図書館、一九八七年。
（3）横須賀市編『新横須賀市史　通史編　近現代』（二〇一四年）八八～八九頁。
（4）大豆生田稔「北海道産物会所と浦賀商人」（『市史研究横須賀』二号、二〇〇三年）。加藤晴美「近代浦賀における商家経営とその変容―東浦賀・米穀問屋美川家を中心として」（『歴史地理学野外研究』一三号、二〇〇九年）。
（5）吉村雅美「明治期西浦賀における問屋の経営の変遷―宮井家と清喜丸の航海を中心として―」（『歴史地理学調査報告』一二号、二〇〇六年）。
（6）前掲「浦賀史料　第十」九八二～九八五頁〈四七五〉。
（7）前掲『相州三浦郡東浦賀村（石井三郎兵衛家）文書　第三巻』。

（8）前掲、吉村「明治期西浦賀における問屋の経営の変遷」。
（9）「浦賀史料　第九」（前掲『新横須賀市史　資料編　近世Ⅱ』八七二～八九三頁）。
（10）宮井家の清喜丸（一六八トン）のほか、臼井儀兵衛家の船一三艘（一二八～一二二トン）、太田又四郎家の船三艘（九五～一六六トン）、三次六兵衛家の船一艘（一八九トン）が記載されている（前掲『新横須賀市史　通史編　近現代』九一頁）。なお、この時期の洋式帆船は一般的に、和船を改装したものも多く見られた。
（11）以上の宮井清左衛門家の来歴については、宮井新一氏のご教示による。なお、干鰯問屋宮原屋次兵衛は、横須賀市編『新横須賀市史　通史編　近世』（二〇一一年）四五〇頁において紹介されている。
（12）西浦賀村の船宿・年寄・郷宿をつとめた倉田家の当主が作成した全一〇冊の書留。慶應義塾大学図書館所蔵。一五九〇年（天正一八）から一八七二年（明治五）にかけての文書などからなり、東西浦賀村に関する記録・願書・届書・証文や浦賀奉行所関係史料が含まれる。前掲『新横須賀市史　資料編　近世Ⅱ』所収。
（13）前掲「浦賀史料　第十」〈四七四〉。
（14）同前「浦賀史料　第十」九八一～九八五頁〈四七四〉〈四七五〉。
（15）前掲、吉村「明治期西浦賀における問屋の経営の変遷」。
（16）宮井新一氏のご教示による。
（17）前掲「浦賀史料　第九」所収。
（18）浦賀志録刊行委員会編『浦賀志録　上』（横須賀市、二〇〇九年）二二〇～二二一頁。傍線と丸数字は引用者による。
（19）本書「コラム6　石が結ぶ浦賀商人のネットワーク」を参照。
（20）宮井新一氏所蔵の鑑札。
（21）宮井新一氏のご教示による。
（22）尋常高等浦賀小学校内職員懇話会編『浦賀案内記』（一九一五年）の巻末広告によると、宮井啓次郎はこの年には「官塩元売捌・度量衡器・紙類・砂糖」を扱っており、日本生命保険株式会社の浦賀代理店を兼ねていた。なお、宮井清左衛門の跡を継いだ宮井清一郎も「酒類米穀塩元売捌所」の「宮井店」として広告を出している。清左衛門家と啓次郎は、塩の専売化ののちも、塩の「元売捌」という形で塩の取り扱いを継続していたのである。
（23）「懐中日記」（一九〇二年一二月一七日条）。
（24）詳細は前掲、吉村「明治期西浦賀における問屋の経営の変遷」。

(25)　以下、本章中の「懐中日記」はすべて「宮井新一家文書」の「懐中日記」を用いた。
(26)　「懐中日記」(一九〇六年一月二八日条、四月一〇日条)。
(27)　「懐中日記」(一九〇六年九月一〇日条、一二日条)。
(28)　市村真実「浦賀の発展における浦賀ドックの意味」(『歴史地理学調査報告』一二号、二〇〇六年)。
(29)　一九〇六年の「懐中日記」によると、この年の前期の配当金は一割二分の割であり、「浦賀十九名」の持株は一一三二株であった。
(30)　臼井家の破綻については、従来塩専売制の影響から説明されていたが、伊藤久志氏によると、株式や期米取引の失敗が背景にあった(本書第四章)。
(31)　東京石川島造船所は、日清戦争期に業績を伸ばし、一八九五年から九八年まで二〇%の配当を行っていた。しかし、工場を拡張していたところに日清戦後の恐慌に直面したうえ、浦賀船渠との競争もあり、一九〇〇年・一九〇二年には無配当、一九〇一年には配当三%と業績を悪化させた。前掲『新横須賀市史　通史編　近現代』一〇一〜一〇五頁。
(32)　前掲『新横須賀市　通史編　近世』四〇八〜四一五頁。
(33)　乗誓寺には江戸築地から僧平来が派遣され、寺の中興に尽くした。平来は俳諧を好み、存義・買明・吉門など江戸の宗匠とも親交が厚かった(前掲『新横須賀市　通史編　近世』四五一頁)。
(34)　前掲『横須賀市史　通史編　近現代』一七三〜一八二頁。
(35)　明治初年に廃仏毀釈が起こると、理英は大洲鉄然・島地黙雷らとともに仏教復興を目指し、寺田福寿・土岐善静らと仏教講談会を設立して、各地をめぐり仏教の公開演説会を開いていた。また、日清・日露戦争では布教師として従軍した。のちに、東京北品川の正徳寺住職となった。
(36)　大日本教育会・帝国教育会の役員として海事思想涵養のため、水難救済会理事として救難所新設のため、全国各地で講演を行っていた(柴崎力栄「海軍の広報を担当した肝付兼行」『大阪工業大学紀要　人文社会篇』五五(二)、二〇一一年)。
(37)　横須賀市編『新横須賀市史　資料編　近現代Ⅰ』(二〇〇八年)五七三〜五七四頁〈三二六〉。一九〇六年の『貿易新報』によると、この年、浦賀町長からの延長の請願があったことが報じられたが、鉄道局は財政上余裕がなく、相海鉄道への認可路線であることを理由に許可しなかった。
(38)　杉仁『近世の在村文化と書物出版』(吉川弘文館、二〇〇九年)。前掲『新横須賀市　通史編　近世』四三九〜四五五頁。

コラム6

# 石が結ぶ浦賀商人のネットワーク―宮井清左衛門と奇石収集―

吉村　雅美

明治期の西浦賀の有力商人宮井清左衛門（五代目、一八四五～一九二四年）は、奇石の収集家でもあった。加茂元善が一九〇七年（明治四〇）に著した『浦賀志録』のなかでは、清左衛門が隠居後に谷戸において「風流ニ余念ナク」過ごしていることが記されたうえで、次のエピソードが紹介されている(1)。

隠宅ノ潔白ナル床上ハ檳《ビン》ニテ塗リタルガ如キ艶ノアル富士山型ノ石ニ白亜ヲ以テ画キタル竹ノ賛ニ「竹ハ元より上手でないが書けぬつらさにやけでかく」と云ヘル歌ノ様ナル文字ヲ記シテ其側ニ石蔵老人ト名シテアル、石蔵老人トハ氏ノ別号ニシテ氏ハ一種ノ道楽トシテ全国果テハ外国ヨリ見聞ノ儘買受ケ、又ハ交換シテ今デハ三万何千種ト云フ珍石奇石ヲ集メテ幾百個ノ美シキ箱ニ蔵シテ客ノ需ニ応ジテ一覧セシメ、客ノ喜ブヲ見テ氏ハ一層ノ快愉トスル由、然シテ其石ヲ隔日位ニ一人ニテ手入ヲナシ家人ニハ決シテ手ヲ触レサシメザルヨシ、石蔵老人ノ名ハ

此レヨリ称セラルルト云ヘリ

これによると、清左衛門は隠宅に置いた「富士山型」の石に「白亜」（チョーク）で竹の画を描いて賛を添えており、「石蔵老人」という号を自称していた。そして、「一種ノ道楽」として全国および外国から「三万何全種」もの珍石・奇石を収集し、客に見せることを楽しみとしていたというのである。

このような奇石趣味は、すでに近世の知識人の間でも流行していた。最もよく知られているのは、近江坂本出身の木内石亭（一七二四〜一八〇八年）である。石亭は生涯をかけて石を収集・研究し、「石」の百科事典ともいうべき『雲根志』（前編・後編・三編）を著した。一七七三年（安永二）に上梓された前編のなかで、石亭は石の愛好家仲間について次のように記している(2)。

かつて弄石の社を結んですでに数百人。今その一、二を挙ぐるに濃州赤坂駅市橋村谷某、五百余種の奇石、鏃石の最上なる五百品を蓄う。もっとも清玩なり、みずから雲根堂、一に鏃石亭と号す。またその近郷に弝石亭（諦乗坊）、闡提山人（西念坊）の同癖あり。江州石部なる未石翁好んで数百品を得たり。中に天狗爪石七十余枚あり。奇と称すべし。また坂本なる蕉石亭に馬山の石卵とて同好に照らすべき美観あり。石玉寿亭の主人百品の介石を愛す。京師笛石道人の神代の笛石は、そのたぐいあるべきともおぼえざる珍物なり。そのほか眠石山人（高橋氏）等弄石家のすすむこと日一日より多し。

石亭は各地の「弄石家」と親交を結んでおり、彼らは宮井清左衛門が「石蔵老人」と称したのと同様に、「雲根堂」・「鏃石亭」・「笛石山人」など石に因んだ号を自称していた。また、「弄石家」が鏃石・「天狗爪石」・「馬山の石卵」など、外国由来と伝わる石も含む多様な石を収集し、情報を交換している様子が見て取れる。

石亭が生きた時代は物産会がさかんに開催された時代であるが、石亭は物産会に飽き足らずに、石を中心的に扱う奇石会を作った。石亭と同時代の一七九七年（寛政九）に京都で開かれた奇石会の規約のなかには、次のような決まりがあったという[3]。

一、此会奇石を以て題すといへども、必ずしも珍奇玉石に止まるにあらず。草木介虫、其外器物の類にいたるまで、総て博識の一端にそなふべきもの、亦これを附するなり、

一、此会、翫石を以て主とし、旁衆物の品物を研し、有用を博むるにあり。故に毎物、各その産所を審にし、所以あるものは必其説を聞んことを要す。且又地方の産物は勿論、奇事異説都て見聞をひろむべきものは、毎回集記鏤刻して以て同志の欣賞に供へんとす、

この規約によると、奇石会は「珍奇玉石」にとどまらずに、「草木介虫」や「器物」も扱う会であり、「博識の一端」とするという目的があった。また、収集した品については、「産所」や「所以」を明らかにすることが要求された。単なる収集にとどまるものではなく、博物学的な研究をめざしていたといえよう。石亭も、奇石・珍石に加えて勾玉・鏃石や石器も収集しており、その成果はシーボルトによる博物学研究や、黒川真頼らによる明治期の日本の考古学研究に引き継がれたと

される[4]。

さて、明治期の浦賀商人の話に戻ろう。本論でも紹介した宮井清左衛門の「懐中日記」（「宮井新一家文書」）には、「石蔵老人」のエピソードを裏付ける記述が散見される。この日記によると、清左衛門は、一九〇〇年（明治三三）一一月一〇日、南画家・彫刻家の内海羊石から「石の台」を譲り受けた。さらに、一九〇一年四月七日、会津に出自を有する西浦賀田中町の茶商・陶器商の鹿目常吉から、「会津のシノブ石」を譲り受けている。また、一九〇二年一〇月一〇日、西浦賀宮下町の米穀商穴澤与十郎から「美濃養老の瀧の石」を貰い受けた。このように、文人や他の商人から入手するのみではなく、一九〇二年二月一四日には、宮井清左衛門家の廻船である清喜丸から「肥州姪の浜の石」を入手している。

これらは短い記述であるが、清左衛門は石の産地を書き留めている。清左衛門も、近世の奇石研究と同様に、産地や由来を把握した上で収集していたと考えられる。「懐中日記」から判明するだけでも、石の収集範囲は東北から九州におよんでいる。一九〇〇年前後も廻船による物資の移送拠点であった浦賀は、廻船のバラストとして石が持ちこまれたほか、珍石・奇石を収集することも可能な地であった。清左衛門も、自らの家の廻船清喜丸や浦賀町の商家を経由して、あるいは親交を有した文人を通じて、幅広い地域の石を入手することができたのである。

最後に、宮井清左衛門と同時期の西浦賀の有力商人臼井儀兵衛（大黒屋）の石にまつわるエピソードを紹介しよう。臼井儀兵衛は、一八九一年（明治二四）に愛宕山に中島三郎助の招魂碑を建てたことで知られている。この石は、大黒屋が支店を置いていた宮城県石巻から取り寄せた、稲井石という自然石であった[5]。この時の中島三郎助の顕彰が浦賀船渠株式会社の設立に結びついたとする説の評価はともかく、碑の作成には多くの文人や地域有力者が関わっており、除幕式は旧幕府海軍関係者と浦賀の有力者が集まる場となったことはたしかである(6)。

宮井清左衛門も臼井儀兵衛も、明治期まで廻船を所持していた有力商家であった。浦賀の商家にとって、石の収集は単なる趣味にとどまるものではなく、石に関する知識の交換を通した交流や石碑建立による顕彰活動へと展開するものであり、有力者・政治家や文人との結びつきを強める活動でもあったのである。

**注**

（1）浦賀志録刊行委員会編『浦賀志録　上』（横須賀市、二〇〇九年）二二〇頁。
（2）木内石亭著・今井功訳注解説『雲根志』（築地書館、一九六九年）一六七～一六八頁。
（3）斎藤忠『木内石亭』（吉川弘文館、一九六二年）。
（4）杉本つとむ『江戸の博物学者たち』（青土社、一九八五年）。
（5）山本詔一執筆『浦賀往来新聞』（第五号、二〇一八年八月二三日、神奈川新聞社横須賀支社発行）。
（6）横須賀市編『新横須賀市史　通史編　近現代』（二〇一四年）九九頁。

〔付記〕
本章執筆にあたり、宮井新一氏に貴重なご教示を賜りました。記して御礼申し上げます。

# 第三部　地域の記憶

# 第七章　一八八一年（明治一四）浦賀・横須賀行幸をめぐる地域の記録と記憶

椿田有希子

## はじめに

一八八一年（明治一四）五月一八〜一九日、観音崎砲台および横須賀造船所視察のため、明治天皇が浦賀・横須賀方面への行幸（以下、「一八八一年行幸」と略す）を実施した。

この行幸は、天皇が史上はじめて浦賀の地に足を踏み入れたという意味において、浦賀にとってきわめて重要な出来事のはずであるが、これまで十分に研究されてきたとは言い難い[1]。おそらくそれには、地域に一次史料がほとんど残っておらず、叙述の際には後年の編纂物＝二次史料に依拠せざるをえないという史料的制約が大きく影響しているものと思われる[2]。

しかし、詳しくは本文中で明らかにしていくが、浦賀で編まれた二次史料類を丹念に見比べていくと、年月を経るにつれて行幸のえがき方が少しずつ変化していることを見て取れるのである。むろん、それだから二次史料が一次史料に比べ信憑性に乏しいと主張したいのではない。そうではなく、なぜ変化が生じるのか、その理由を考えることこそが重要なのではなかろうか。

そこで本章では、行幸をめぐる地域の「語り」がいかに形成されてくるのかに着目する。一八八一年行幸に関する記録と記憶がどのような形で地域に定着していくのかを、行幸当時を起点に、一九二〇年代末、昭和初年の聖蹟顕彰の動きまでを視野に入れて検討したい。というのも、行幸時の様々な出来事のなかから地域の側が何に焦点をあてて後世に語り継いでいこうとするのか、いわば「記録・記憶の取捨選択」は、地域アイデンティティにも密接に関わると考えるからである。

こうした問題を考えるにあたって示唆に富むのが、明治天皇聖蹟に関する先行研究である。一九三〇年前後にさかんになる明治天皇聖蹟保存運動については、朴晋雨氏や北原糸子氏によって、天皇制イデオロギーの地域浸透・国民教化の一手段であったと指摘されてきた(3)。それに対して寺嵜弘康氏は、聖蹟顕彰を行う地域の側から実態を解明する必要性を提言し、神奈川県内における聖蹟顕彰碑建設の動きを、担い手たる地域の団体・個人に立脚し、いくつかの事例をもとに具体的に考察している(4)。また金子淳氏は、多摩地域（聖蹟桜ヶ丘）を事例に、明治天皇行幸から観光地・住宅地開発、そして商業集積地へと至る過程をたどり、各過程にはそれぞれの時代ごとの政治的意志が投影されていることを明らかにしている(5)。本章では、かかる寺嵜氏や金子氏の成果に学びつつ、この一八八一年行幸が地域に何をもたらしたのか、地域が行幸を語り継ぎ顕彰する背景にはいかなる意向が反映されているのかを、中長期的スパンで考えてみたい。

以上の問題意識から浮かび上がってきた本章の検討課題は、次のとおりである。まずは、できる限り当時の史料から一八八一年行幸の実態を把握する。それをふまえたうえで、浦賀の人びとがこの行幸をいかに語り継いでいくのかを、郷土誌や案内記、講演記録などをもとに、一九二〇年代末まで段階を追って変遷を検討する。以上の作業を通じ、浦賀にとっての一八八一年行幸の意義、ひいては浦賀の地域意識の一端を明らかにしたい。

## 第一節　一八八一年(明治一四)行幸と地域の歓迎行事

### (一)行幸の概要

本項では、行幸啓に関する宮内省の公式記録である「幸啓録[6]」を主に用い、一八八一年行幸に関する一連の流れを概観しておきたい(以下、本項での分析は、とくに断らない限り「幸啓録」による)。

行幸の実施が公表されたのは、五月一三日のことである。この日、宮内卿徳大寺実則は、「相州観音崎砲台幷横須賀造船所為　御覧、来十八日　行幸、御一泊被為在候旨」を左大臣・陸軍卿・海軍卿・参謀本部長・神奈川県令・警視総監・東京府知事・工部卿代理・近衛局に宛てて一斉に通知した。

ただしこれはあくまでも正式発表であって、宮内省は遅くとも前月半ばには行幸実施に向けて動き出していた。四月一九日に神奈川県から宮内省に対し、「浦賀観音崎地方へ五月一日頃御臨幸ノ由、右ハ御内決ナルヤ」との照会がなされ、それに対し宮内省が「浦賀観音崎へ臨幸之事未タ確定セズ、御治定アレハ直ニ申入ベシ」と返答していることからも、少なくともこの時点までには内々に関係各方面への調整に着手していたことがわかる[7]。

この頃には諸々の準備にも取りかかっていた。四月一九日には巡見ルートの下案が示され、四月二八日には宮内省役人が浦賀・横須賀方面へ出張し道筋などの調査を実施している。これを皮切りに、以後、供奉人員の選定、行在所（行幸時の天皇の宿泊場所）選定、視察先との調整、道中や現地で用いる調度類の準備等々が着々と進められていったことが、「幸啓録」から読み取れる。

こうした宮内省側の動きと並行し、地域の側でも行幸をむかえるべく準備を開始した。四月二六日に「横須賀町ヨリ浦賀町へ達スル往還道路橋梁修繕中牛馬幷諸車通行止ノ件」[8]が、続いて二八日には「横須賀湊町ヨリ汐留町ニ至ル道路橋梁」に関する同様の布達[9]が神奈川県から三浦郡役所に出されている。すなわち、四月下旬には行幸ルートの修繕工事に着手していたことになる。ちなみにこの工事は、五月一〇日には竣工した（一部区間を除く）。いかに急ピッチで準備を進めねばならなかったかがわかる。

では、浦賀町にはいつ頃、この行幸に関する情報がもたらされ、どのような手順で奉迎体制が整えられたのであろうか。県から三浦郡役所に対し行幸のタイムスケジュールが示されたのは五月一六日である[10]。しかしこれもあくまで正式発表であり、関係地域にはそれ以前に知らされていたことは疑いないが、残念ながら正確な日時は不明である。ただ、後年の回顧談には、五月初旬に行幸の報に接したとあるので[11]、その頃には一般の人びとにまで知れ渡っていたものと思われる。一八八一年行幸に関する浦賀町の公文書「御臨幸ニ関スル書類」[12]には、「調度品及梯子段」新設・「仮厩」建設・「人力車賃金」・「運搬費」・「御上陸場桟橋入費」に関する記載があることから、行幸に向けて町では西浦賀に新たな桟橋を架設し、御小休所（天皇の休憩場所）となる西岸学校[13]（西叶神社境内）の修繕や調度品の調達、厩の建設などを行ったことが判明する。

これら宮内省側・地域側双方の諸準備を経て、いよいよ五月一八日、行幸当日をむかえた（ルートおよびスケジュールは、図7―1・表7―1に示した）。供奉者は（現地に先着した者も含む）、皇族（有栖川宮熾仁親王・東伏見

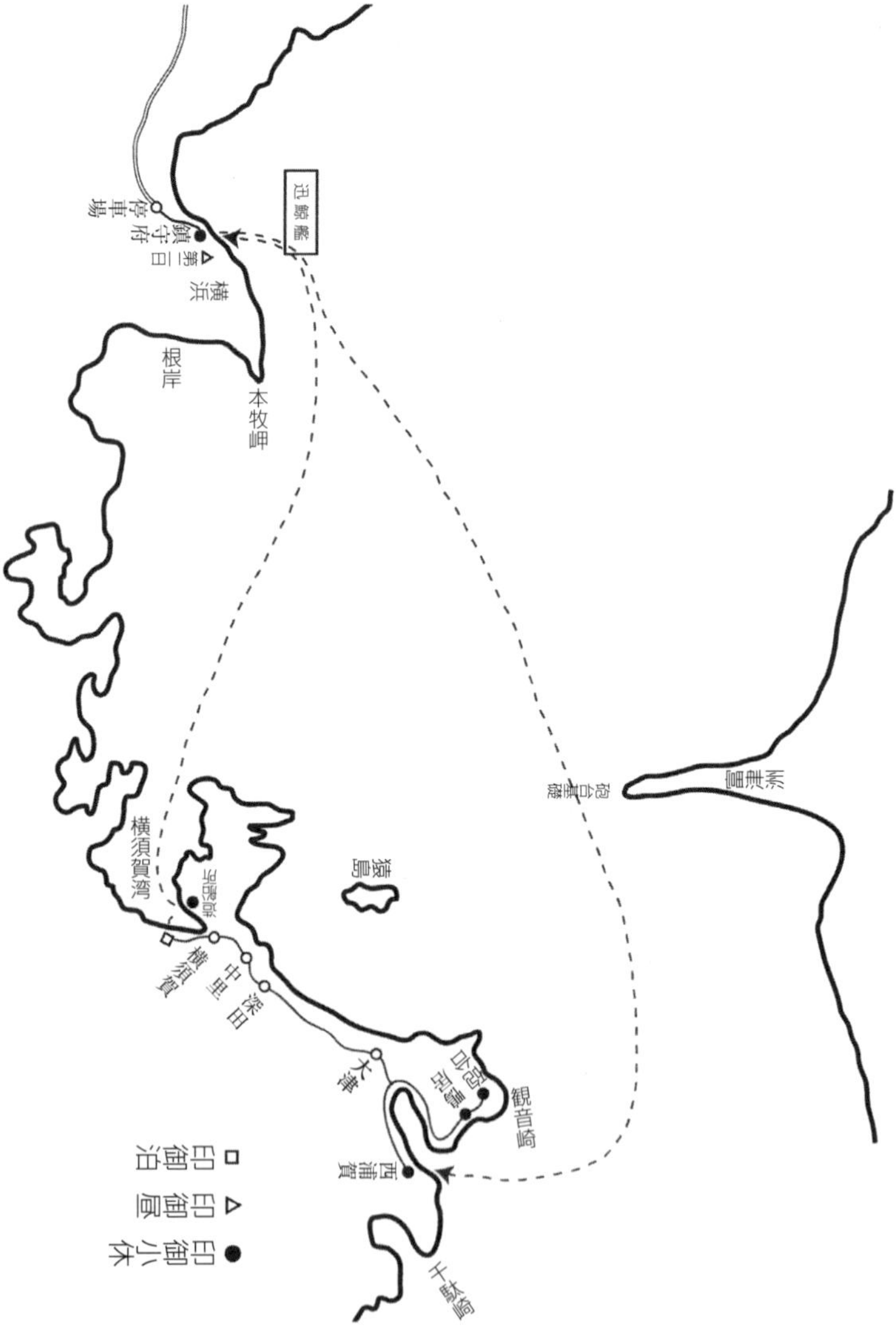


**図 7-1　1881 年行幸のルート**
出典：「明治十四年幸啓録　九」（宮内庁宮内公文書館蔵、識別番号 12-9）。

**表7-1　1881年行幸のスケジュール**

| 日時 | | 内容 |
|---|---|---|
| 5月18日 | 7：30 | 赤坂仮皇居出発　新橋停車場到着後小休 |
| | 〈8：10〉 | 汽車出発、横浜東海鎮守府へ　到着後小休 |
| | 10：00 | 迅鯨艦発艦、乗艦中に富津洲を遠見 |
| | 12：00 | 迅鯨艦内で昼食 |
| | 13：00 | 浦賀上陸 |
| | | 西岸学校にて小休後、乗馬にて浦賀海軍水兵分営構内を経由し観音崎砲台へ |
| | | 観音崎にて第一～第三砲台巡覧・海軍射的天覧(約3時間)、第三砲台築造地で小休 |
| | | 鴨居村高橋勝七宅にて小休 |
| | (16：30) | 鴨居村を出発 |
| | (18：00) | 横須賀到着、行在所(藤倉五郎兵衛宅)にて宿泊 |
| 5月19日 | 7：00 | 行在所を出発　乗馬にて横須賀造船所へ |
| | | 造船所巡覧→新波止場にて水雷火を天覧　造船所官庁にて小休 |
| | (10：00) | 迅鯨艦に乗船、横浜東海鎮守府へ |
| | (13：00) | 横浜到着、東海鎮守府にて昼食後、横浜停車場へ |
| | 〈13：55〉 | 汽車出発、新橋停車場へ　新橋停車場到着後、同所にて小休 |
| | (15：00) | 赤坂仮皇居到着 |

出典：「明治十四年　幸啓録　九」（宮内庁宮内公文書館蔵、識別番号12-9）、『明治天皇紀　第五』（吉川弘文館、1971年）、「神奈川県布達　明治一四年五月一七日付丙第一〇二号　三浦郡へ行幸御休泊割中時間御改正」（『明治一四年神奈川県日誌第一三号』神奈川県立公文書館蔵）。
注：(　)内の時刻は『明治天皇紀』、〈　〉内の時刻は「神奈川県布達」で補足した。

宮嘉彰親王・伏見宮貞愛親王をはじめ、右大臣岩倉具視、参議四名（大隈重信・山県有朋・西郷従道・山田顕義）、陸軍卿大山巌、海軍卿川村純義、宮内卿徳大寺実則、宮内省の役人、それに彼らの従者や夫卒らを含めると総勢二〇〇人弱であった。以下、「幸啓録」の記載から、明治天皇の足取りをたどってみよう。

明治天皇は一八日午前七時三〇分に赤坂仮皇居を出発し、新橋停車場から汽車で横浜に向かった。横浜の東海鎮守府からは艀船にて沖合に碇泊していた御召艦迅鯨に移乗し、海路で浦賀へと航行した。途中、富津沖にて艦内から海堡建設予定地の天覧を行い、昼食も航行中に済ませている。

午後一時、浦賀に到着。西浦賀に設けられた桟橋から上陸し、西岸学校にて暫し休憩したのち、馬に乗って観音崎へと出発した。観音崎では、約三時間にわたり第一～

第三砲台築造状況もしくは建設予定地を巡覧し、海軍射的を天覧した。観音崎からはいったん東浦賀方面に引き返し、鴨居村の高橋勝七方にて休憩したのち、大津村・深田村・中里村を経由し、行在所となる横須賀の藤倉楼（藤倉五郎兵衛邸）に到着。同地で一泊した。

翌一九日は午前七時に藤倉楼を出立。横須賀造船所を巡覧したのち、新波止場において水雷火を天覧。造船所官庁にて休憩後、艀船で迅鯨へと移乗し横浜へ向かった。東海鎮守府にて昼食後、[14]横浜停車場から汽車で新橋へ向かい、赤坂仮皇居に到着した。

この行幸をむかえるにあたり尽力した関係地域の人びとに対しては、様々な形で褒賞がなされた。五月一八日、藤倉五郎兵衛に対し「大銀盃三ツ組」と白縮緬一疋、それに金一〇〇円が「自費修繕且煙火等入御覧候ニ付」、浦賀での御小休所となった西岸学校には金五〇円が「協力費ヲ以テ修繕之廉モ有之ニ付」、同じく御小休所となった鴨居村高橋勝七には白羽二重一疋と金二〇円が「自費修繕之廉モ有之ニ付」、それぞれ下賜された。翌一九日には浦賀町・鴨居村・大津村・公郷村・佐野村・深田村・中里村の議員惣代や戸長、そして横須賀町の戸長・議員合計四四名が行在所において「今般行幸ニ付てハ御道筋等尽力之段奇特之旨」、宮内卿徳大寺実則から賞詞を受けた。ちなみに浦賀町からは、議員惣代細川敬三および戸長藤波保教代理逸見八三郎の二名が行在所へ出向いている。

その後八月に入ると、西岸学校で用いられた調度品類が下賜されるにつき「今後ノ御用弁ニモ尚可供タメ、可成保存」すべき旨が神奈川県から三浦郡役所経由で浦賀町に通達され、[15]テーブル・手桶・土瓶・柄杓が浦賀町に、修繕時に建物へ取り付けられた「階子段算板敷」と「玉座附簿縁」が西岸学校に、それぞれ下された。[16]

## （二）新聞記事にみる歓迎の様相

以上、前項では宮内省および神奈川県や浦賀町の公文書をもとに、一八八一年行幸のあらましを追った。しかし、公文書という性質上、行幸を出むかえる側に関する具体的な様相は、なかなか伝わってこない。そこで本項では、当時の新聞記事をもとに、浦賀や横須賀の人びとがいかにして行幸に接したのかをさぐってみたい。

まずは、行幸をむかえる人びとの様子を報じた記事を、行幸スケジュールに沿った形で新聞各紙から抽出していこう。五月一八日、西浦賀の西叶神社鳥居前に設けられた桟橋から上陸した明治天皇を、「水兵一小隊整列して捧銃の礼を執り、同港〔浦賀港〕生徒は教官と共に路傍に整列して」むかえた(17)。観音崎巡覧後、横須賀へと向かう二里半の道程は、「砂利を敷きて修繕十分に整」えられ、「御道筋ハ各村の消防人足が並列して非常を警め、横須賀の入口平坂にハ各村の戸長議員学校生徒等整列して奉迎」している(18)。そして横須賀では「同港の入口へ水兵が整列して水兵本部並びに造船所、碇泊艦の将校、町村議員らが奉迎し、また市中にてハ国旗と日の丸の挑《（堤）》灯を担《（ママ）》毎に掲げ、通御を拝み奉らんとて近郷近村より馳せ集りし老弱《（若）》男女の群集ハ、左ながら広き港内も埋るばかり」であった(19)。この日は「殊に天気晴朗(20)」であったことも幸いしてか、「同港未曾有の盛況を極め(21)」たという。

こうした祝賀ムードは行幸終了後もしばらく続いたらしく、横須賀では「造船所に於てハ還幸後一同へ休暇を賜ハり、官吏生徒諸職工人足までへ酒肴料を下され」たことにより、「市中ハさながら祭礼の如き賑ひ」だったという(22)。このように新聞各紙からは、高揚した祝祭的雰囲気のなかで人びとが行幸を歓迎したさまを見て取ることができる。

では、地域の人びとは、具体的にどのようにして天皇をもてなしたのであろうか。『郵便報知新聞』の記事を引用してみよう。

正午十二時半に浦賀港へ着せられ、小汽船に召替へられ地引網の漁を天覧あらせられ、浦賀宮下町の海岸より御上陸(23)

午後六時、行在所なる藤倉五郎兵衛方へ着御、同港碇泊各艦長に謁見を仰付られ、供奉の勅奏官に御陪食を仰付らる、此時行在所玉座前の海上に於て漁夫数十名が引網して漁業を天覧に供し、同七時頃より同所人民が沖に繋げる伝馬船にて烟火数十本を打揚げ、消防人足が角乗を演して天機を慰め奉る、畢て電気灯の点火を天覧に供す(24)

ここに登場するのは、浦賀および横須賀行在所前での網漁、そして行在所前における「烟火」（花火）と角乗の実施であるが、とくに漁の天覧に着目しておきたい。というのも一八八一年行幸時、漁が幾度も天覧に供されたとみられるからである。

浦賀港到着後と横須賀行在所到着後に網漁天覧が行われたのは先にみたとおりだが、観音崎巡覧後に鴨居村へと戻る途次でも「字三軒屋と称する海岸を御通行の際、再び漁夫の網漁を御覧あり(25)」、翌一九日早朝には行在所前の海岸にて「同港〔横須賀港〕市民の松本源兵衛外三人より、数十名の漁師に引網二張を引せて天覧に供へ」ている(26)。さらには造船所視察後、横須賀港から迅鯨に乗艦し帰途につく直前にも、「数多の漁舟御艦近に於て漁猟を天覧に供」したというのである(27)。これら新聞各紙の記事を全て信用するならば、二日間でじつに五回も漁が行われたことになる。

「幸啓録」では、地域の歓迎行事に関し、わずかに藤倉五郎兵衛が花火（「煙火」）を天覧に供したことなどを理由に下賜がなされたことを記すのみで（第一節（二））、漁については一切の言及がない。つまり、これらの網漁は宮内省の関与する公的なものではなく、あくまでも地域が「自主的」に執り行った歓迎行事ということになろうが、ではいったい何故、このように繰り返し漁を行う必要があったのだろうか。

ひとつには、地域の「名物」を是非とも天覧してもらいたいという人びとの強い願望があったものと思われる。この当時、地域の側の働きかけによってその土地の名物の天覧が実現した事例は、他の行幸においても見出せる。例えば一八八一年（明治一四）四月二八～三〇日、近衛兵対抗運動天覧のため実施された厚木・妻田行幸において、厚木町では四つの大凧を揚げたが、それは「元来この所ハ年々大紙鳶を揚るの風習ありて、名物とも云ふへきほどなれバ、今ど《度》行幸あらせ玉ふぞ千歳の一時なれと、大紙鳶を揚て天覧に供せんと力をこめて作りたるもの」(28)だったという。ここでの大凧にあたるのが、浦賀・横須賀においては漁猟だったというわけである。

とりわけ浦賀の場合、治者を漁でもてなした先例が存在する。遡ること十数年前の一八六三年（文久三）一二月、一四代将軍徳川家茂が軍艦にて上洛の途中に浦賀へ寄港した際、人びとは網漁を行い上覧に供した。すると家茂はスバシリ（ボラの幼魚）が水面をはねる様子をいたく気に入り、自らも手網ですくって興じたという。そして、獲れた魚はいったん将軍のもとに全て献上され、そこから供奉衆や東西浦賀町の人びとへと下げ渡されている(29)。推測の域を出ないが、このように漁猟のパフォーマンスによって治者の興味関心を引き、治者との間に一種の「つながり」を創出することに成功した記憶が地域に未だ残っていたからこそ、一八八一年行幸においても人びとは、競い合うように漁を行ったのではなかろうか。とくに浦賀の場合、近世を通じて幕領（近世中期以降は浦賀奉行支配）であり、浦賀奉行、ひいては徳川将軍恩顧の土地柄であるとの意識も強かった。[30] それゆえに明治維新後、治者の交代や世上の変化に適応するのは、おそらくそうたやすいことではなかったろう。しかも一八七二年（明治五）に廻船改めの特権が廃止されたことで、浦賀の経済は次第に衰退しはじめていた。[31] そうしたなかでむかえる行幸だからこそ、徳川将軍との交流の記憶に基づき同様の手法で天皇を歓迎することによって、将軍とのそれにかわる新たな「つながり」を獲得しようとしたのではなかろうか。

加えて横須賀の場合、もうひとつの背景として考えられるのが、この頃地域が直面していた、とある切実な事情である。五月一四日の『郵便報知新聞』は次の如く報じている。

相州横須賀港内夏島より海上一里の所ハ、故あつて明治八年〔一八七五〕以来漁猟を厳禁されしかバ、沖の魚まで此内へ逃入り喩喁游泳する状ハ恰かも錦魚屋の泉水を見るが如くにて、手捕へにもなるべきゆゑ、あハれ一網入れなバ愉快なるべしと誰しも淵に臨み魚を羨やみゐたるが、今度　行幸のあるを幸ひ、心きゝたる漁夫をして網を引かし　天覧に供すべしとの議が起りし処、漁して差支へある処なれバこそ是まで漁猟を禁じられしならめ、然るを一時の遊覧の為めに其禁を弛べるハ如何のものにや、但し爾後ハ全く其禁を解かるゝことにやといふ者あるより、未だ決定せざる趣に聞く[32]

当時東京湾では、海岸防禦のため観音崎などへの砲台建設が進行しており、その過程で民間人が立ち入ることのできない範囲が拡大していた。一八七七年（明治一〇）一二月には横須賀港近海夏島より東南の猿島に至る海面が海軍区と定められ、海軍省の所管となっている。[33]「故あつて明治八年以来漁猟を厳禁され」云々は、おそらくこうしたことを指すものと思われる。先に確認したとおり、横須賀港内では五月一八日夜に一回と翌一九日に二回、漁の天覧が実施されたとみられるが、その背景には行幸という絶好の機会に「便乗」し、天皇に漁を見せることで一種の既成事実を得、それによってあわよくば禁漁区域での漁の再開にこぎ着けたいという、当事者たちの淡い期待がこめられていたのではなかろうか（そうした期待の声を懸念したからこそ、「一時の遊覧の為めに其禁を弛べるハ如何のものにや」云々の反対意見があがったのであろう）。

本節（一）で確認したとおり、政府にとって一八八一年行幸の目的はあくまでも「相州観音崎砲台幷横須賀造船所為　御覧」すなわち軍事施設視察であって、それ以上でもそれ以下でもない。しかしむかえる地域の側は、それにとどまらない積極的な意味づけを施そうとしたのである。人々は様々な期待や思惑を込めつつ史上はじめての行幸を地域をあげて歓迎したのであり、そのことが端的に現れたのが、漁を天覧に供するという行為だったといえよう。

## 第二節　語り継がれる行幸

### （一）記録の形成と西岸学校の「名勝旧蹟」化

次に本節では、浦賀において、一八八一年行幸に関する記録と記憶がいかに形作られ定着していくのか、その過程を追っていくこととしたい。

管見の限り、一八八一年行幸に関する二次史料のうちで最も早い段階のものは、明治中期頃の成立と推定されている『浦賀中興雑記』である。行幸についての記述のなかで、浦賀にかかわる部分を以下に引用する。

零時三十分浦賀江着させ給ひ、此時碇泊の軍艦幷供奉ニて祝砲を放せり。畢て浦賀東岸人民ハ地引網の業をなして天気を慰め奉り、西岸ニハ岸浅く着船不便故ニ叶神社の海岸へ材木を以て新たに二、三十間長サの桟橋を架設して、浦賀町戸長・議員役場員・浦賀小学校教員及生徒等謹て奉迎す。又叶明神の花表際左りの方ニハ分営水兵等列を正して奉迎せり。偖聴て河岸に着させ給ひ、御乗馬にて西岸学校江入らせ給ふに、花表際より叶明神大門通り両側宮下往還ニハ奉迎の人々充満して錐を立るが如くなりし。同校ニ入らせ御小憩有らせ給ひ、再乗馬にて東海水兵分営御通御有り（東海水兵分営ハ浦賀築地古町ニ有りたりし）。鴨居村へ入らせ、高橋勝造〔七〕方にて御休憩有り。〔中略〕

議員戸長役場吏員等ハ礼服羽織袴にて奉迎す。此の日ハ前日も天気能、当十八日は最天気温暖之気候。拝観人近在より多在て浦賀町狭き往還人々充満して通行成りかたく大祭の如くなりし。猶主上鴨居村より浦賀へ通御御遊ばされたるときは、大ケ谷町にて奉送之時も又前々同しく大層なる人々多、芝生より大ケ谷迄充満せり。

西岸学校にて仮に玉座を設しハ入口之学校を通りぬけ正面の学校楼上なり。

暫時御休憩、御乗馬ニて谷戸通りより小林重五郎脇より水兵分営の西門より入らせられ、東の門江御通御遊はされ、大ケ谷町より梅山江掛らせられ鴨居村と入らせられたり。

（「二十三、明治天皇御臨幸の事」[34]）

西叶神社宮司感見宗之助によって編まれたとされる[35]『浦賀中興雑記』は、「東照宮御入国以来御支配之事」

にはじまり、近世の浦賀に関する様々な歴史的出来事について史料を引用しつつ叙述したのち、「明治天皇御臨幸の事」で末尾を締めくくっている。つまりは浦賀の人びとにとってこの一八八一年行幸とは、近世の終焉と新たな時代の到来を決定づけた、象徴的出来事でもあったといえようか。

さて、この『浦賀中興雑記』の記述を一八八一年当時の史料（「幸啓録」や新聞記事）と比較してみたところ、全体の流れに齟齬はない。のみならず、西浦賀に桟橋を架設した経緯や、人びとが奉迎するさまの描写などは、新聞記事などよりよほど詳しい。実際に行幸に接した記憶が比較的鮮明に残っているであろう時期に、地元の人物によって著された記録ならではである。この『浦賀中興雑記』によって、「一八八一年行幸をめぐる地域の記録」の原形がおおよそ定まったとみてよいだろう。というのもこののち、一九〇九年（明治四二）に完成した加茂元善著『浦賀志録』にも一八八一年行幸について述べた箇所があるが、(36) 内容・筆致とも『浦賀中興雑記』に酷似しているからである。

ここで注目しておきたいのは、漁の天覧に関する記述の淡泊さである（傍線部）。さきに第一節（二）で、地域の人びとが漁の天覧に様々な期待や思惑を込めたと指摘したが、要するにこの段階の「語り」ではまだ、そこにはあまり力点が置かれていなかったのである。では、この頃の浦賀にとって、一八八一年行幸における天皇と地域との「つながり」を象徴するものは、漁でないとすればいったい何なのか。それは、御小休所となった西岸学校の建物、さらにいえば御座所そのものであった。一九一五年（大正四）に発行された『大礼記念浦賀案内記』には、次のように記されている。

明治拾四年五月十八日午後一時二十分、西岸学校（現今浦賀小学校分教場）に明治天皇観音崎砲台御巡幸の節御着輦、御休憩あらせられ、午後二時御発輦あられたり。爾後、当時御休憩にあてられ給ひし室は玉座として旧形の儘保存し、出入を厳禁せり。

（「学事　尋常高等浦賀小学校沿革概要」[37]）

明治天皇御小憩所趾　明治十四年五月十八日明治天皇観音崎砲台へ行幸あらせられし時、御小憩所として宮下西岸学校を充てらる。現今の浦賀小学校の分教場にして、玉座の御跡をば列室[別]として鄭重に保存せり。

（「名勝旧蹟」[38]）

その後大正期にかけて西岸学校は、まぎれもなく浦賀にとって誇るべき「名勝旧蹟」だった。「名勝旧蹟」とはいえ気軽に見物などできるはずもなく、校舎二階の、御座所が設けられた教室への立ち入りは厳禁されていた。「御座所の光栄に浴した教室は常に御簾を垂れ七五三縄を張り廻らし、神聖なる場所として塵一つ止めぬ様」に管理され[39]、前を小学生が通るに際しても「敬礼をして通らなきゃいけなかった」ほどであったという[40]。行幸時に取り付けられた「階子段算板敷」や「玉座附薄縁」が下賜品として「可成保存」するよう命じられたこともあってか（第一節（二））、建物および御座所それ自体が神聖視されていたのである。

だからこそ、神聖性が汚されたと感じた場合、人びとは怒りを顕わにした。一八七七年（明治一〇）に二一〇〇円を投じて新築された西岸学校校舎であったが、九八年一一月には東岸・西岸両学校が併合され、現在の浦賀小学校の場所に尋常高等浦賀小学校が完成した[41]。その後も旧西岸学校校舎は浦賀小学校分教場として使用されていたが、次第に老朽化が問題となり廃止が議論されるようになる。おそらくは一九一〇年代の出来事と思われるが、三浦郡長某が西岸学校に出張し、分教場の廃止を地元有志に諮った。ところがその際に郡長は、「早晩分教場は廃止の運命にある事は承知はして居たのであるが、御座所のある校舎を取払はれる事が親にでも別れる様な悲しさ淋しさを感じて居た」浦賀の人びとの目の前で、こともあろうに「御座所のある室に靴の儘」入った。すると「之を見た有志は憤然色を作し、『郡長貴公は此所を何処と心得召さる、畏くも陛下の御座所で御座る玉座で御座るぞ、この御簾が貴公は目にはつき申さぬか、吾々が張つて置くこの七五三縄が目に見え申さぬか、身を以て範を郡民に示すべき郡長がそれで済むと思ひ召さるか、斯かる郡長の御指示には一切随ひ申すわけには参りませぬ』と言葉鋭く凛として云ひ放つた」ところ、「これには流石の郡長も一言の返す言葉もなく逃ぐるが如くに帰つた」。そしてその後に赴任してきたどの郡長も、分教場の廃止には手を付けなかったという[42]。いかに浦賀の人びとにとって西岸学校が、郷土の誉れの象徴として唯一無二の存在であったのかが垣間見えるエピソードである。

ただその一方で、『浦賀中興雑記』・『大礼記念浦賀案内記』とも、御座所にて休憩中の出来事については何ら触れていない。その他の、一八九〇年代から一九二〇年頃までに発行された郷土誌類についても同様である[43]。それはおそらく、たとえ老朽化しているとはいえ、この段階では西岸学校の建物すなわち明治天皇と浦賀との「つながり」を可視化する存在が依然として残っており、したがってそれ以上の「語り」はとくに必要とされなかったからではなかろうか。

## (二)記憶の掘り起こし

かくの如く鄭重に保存・管理され、地域アイデンティティの拠り所となっていた西岸学校であったが、いかんせん老朽化の進行は止めようもなかった。一九二三年(大正一二)九月の関東大震災で大破し、翌二四年四月の浦賀小学校新校舎落成を機に、ついに取り壊されるに至った[44]。

じつは、それと時期を前後して、一八八一年行幸にまつわる記憶の掘り起こしがはかられた形跡を見出すことができる。以下は一九二二年五月一八日、浦賀小学校で行われた浦賀町長川島平蔵[45]の講演である（長文のため、西岸学校での休憩に関する部分を中心に、抜萃して引用する）。

いよ〳〵十八日となりますと、丁度十一時半頃とも思はれる頃、陛下には海路御恙なく軍艦にてこの港へ御着きになりました。

さて御上陸となりますと、例の桟橋より御上りになり、御座所迄は僅のところですがお馬に召されて両の轡を御付の方にとらせられ、粛々と御進みになる様は、実に厳かに、なんとも云へない感がいたしました。

陛下は馬を御進めになり、丁度学校の前石段の際にて御下馬と〔な〕り、現在の行在所〔西岸学校二階御座所を指す〕にお入りになりました。

〔中略〕

そのうち陛下には御中食をお取りになる（尤も御供は宮内省より御廻しになりしもので、決して此の土地のものを御食しになつたのではありません）、この御休憩中に浦賀町にて港内に網を引き、新鮮な而も溌溂として居る大鯛を献上しました、さうして大きな器に入れた鯛数尾は、宮井清左衛門・三次六兵衛両君の手によつて二階に運ばれ、侍従職にお渡し申し、夫れより陛下の御前に供へられたのであります。さうしてこのお魚は光栄にも横須賀行在所に御送りになり、陛下の御嘉納を辱ふしたのであります。此の際陛下より御手許の金五拾円を下賜せられたのであります（此の包紙は現在宮井清左衛門方に保存せられ、金子は教育基金叶神社基本金となりし筈）

〔中略〕

あの分教場は今見るかげもない家となりましたけれども、実に明治に於ける紀念であります。さうしてあの世界的に有名な御名君の御臨幸の光栄に浴した家であります、全国小学校で陛下の御臨幸の栄ある学校は殆ど十指を以て数へるほどで、真に浦賀の名誉であります。どうか皆さんは、永久にこの記念すべき学校を忘れ去らぬ様にお願致します(46)

本人の弁によると、川島は当時二一～二二歳でこの行幸に接した。それから四〇年余という時間の経過により、やむを得ないことではあるが、いささか記憶の混同が生じている。たとえばここでは、明治天皇が西岸学校で昼食をとったとしているが、第一節(一)で確認したとおり昼食は迅鯨艦内で済ませてから上陸している。また、浦賀港内で網漁が行われたのも、実際には上陸前であり、西岸学校で休憩中の出来事ではない。しかし、そうした記憶違いを今ここであげつらうつもりは毛頭ない。

それよりもむしろ興味深いのは、傍線部の発言である。西岸学校で天皇をどのように接待したのかが、ここに至ってはじめて語られているのである(前節で指摘したとおり、管見の限りこれ以前の記録類には、休憩中の出来事に関する描写はない)。ここでは、浦賀港内で天覧に供した網漁によって獲れた鯛を、地域の者自ら御座所近くまで運び込んだこと、そしてその際に金五〇円が下賜されたことが、宮井清左衛門方で保管しているという包紙を物証としてあげつつ述べられている。第一節(一)で確認したとおり、この五〇円は「協力費ヲ以テ修繕之廉モ有之ニ付」西岸学校に与えられたものであった。しかし、この文脈で語られると、あたかも鯛を献上したことに対する褒美であるかの如く聴衆に受け取られたのではないかと感じられるのだが、穿ちすぎであろうか。もしくは川島自身、五〇円はまさしく献上に対して与えられたものだと確信していたのかもしれない。

ともあれ、いったい何故この段階になってはじめて、かかるエピソードが登場するのであろうか。それを考えるヒントは、講演の締めくくりの言葉にある。「どうか皆さんは、永久にこの記念すべき学校を忘れ去らぬ様にお願致します」。ということは裏を返せば、当時を知る人びとが次第に少なくなっていくなか、地域において一八八一年行幸の記憶が風化しつつあったということにほかならない（かかる呼びかけは、人びとの記憶が鮮明なうちは不必要であろう）。しかも、「真に浦賀の名誉」たる、「世界的に有名な御名君の御臨幸の光栄に浴した」学校が、いまや「見るかげもない」状態になってしまっている。そうした事態を深く憂慮し、なんらかの手立てを講じなければならないと思ったからこそ川島は、自らと同世代もしくは上の世代の人びとからの聞き取りなどによって記憶の掘り起こしにつとめ、後世へと語り継ごうとしたのではないか。その結果として講演の場ではじめて披露されたのが、上記のエピソードだったというわけである。

ここでは漁の天覧が、明治天皇と地域との「つながり」を担保する重要な要素として再浮上している。西岸学校が老朽化し、なんとかその時が来ないようにと願いつつも近い将来いずれは取り壊さなければならないことは、川島のみならず地域の人びとが常々感じていたところであろう。そうしたなかで、西岸学校の建物に代わりうる地域アイデンティティの拠り所を希求した結果として再発見されたのが、漁による収穫物を媒介とした天皇との交流という「誉れの記憶」だったのではあるまいか。

## (三)「明治天皇駐驆之跡」建碑と記憶の定着

現在、西叶神社社務所前に「明治天皇駐驆之跡」と刻された石碑が建っている。碑自体に題字以外は一切記されていないが、西叶神社所蔵「明治天皇御駐輦誌」中の「明治天皇御駐輦記念碑建設ニ就テ」と題された一文によって、建碑時期や揮毫者、除幕式の様子などが判明する。

顧レバ越ニ四十有八年ノ昔、乃チ明治十四年ノ五月十八日、世界無比ノ聖天子明治大帝観音崎砲台ニ行幸ノ際、西岸学校ニ御少憩遊バサレタル、当社ノ境内御遺跡ニ建碑ノ議定マルヤ、陸軍大将ニシテ現明治神宮々司タル一戸兵衛氏ノ揮毫（明治天皇駐輦之跡）ヲ請ヒ工ヲ急キ、其竣成シタルヲ以テ昭和三年四月十日金刀比羅神社ノ例祭ヲ兼ネ建碑奉告祭ヲ叶神社ニテ執行シ、定刻午前十時参列者一同碑前ニ着席、先ツ修祓ノ式ヲ行ヒ石渡町長ノ手ニ依リテ除幕セラル、一同最敬礼ノ後君ヶ代ヲ合唱、町長式辞アリテ此式ハ滞リナク終了シタリ、此日ノ参列者石渡町長ヲ始メ陸軍少将金子重砲兵学校長閣下、加藤県会議員、三浦郡聯合在郷軍人会長杤山氏、町会議員、各小学校長及生徒代表、学務委員、岡田消防組頭、叶神社氏子惣代、各字区長等無慮六十有余名ナリキ、式後社務所内ニ於テ祝賀会ヲ開ク、席定マルヤ氏子惣代三次六兵衛氏ノ挨拶アリ、来賓ヲ代表シテ金子陸軍少将閣下ノ祝辞アリ、尚同氏ノ発声ニヨリ浦賀町ノ万歳ヲ三唱シテ一同乾杯、次テ齋藤校長ヨリ、嘗テ浦賀小学校ニ於テ前町長川島平蔵氏ガ　明治天皇行幸当時ノ状況ニ就キ講演セラレシ記録ノ朗読ヲ傾聴、参会者一同ト共ニ其当時ヲ追憶シ、且ツ明治大帝ノ御盛徳ヲ偲ビ奉リツ、歓談、数刻ノ後一同退場セラレヌ[47]

西岸学校校舎が一九二四年（大正一三）四月に取り壊されたことは、本節（二）にて述べた。そこで「この光輝ある聖蹟が湮滅に帰せんことを憂へて、有志の間に記念碑建設の議起り、丁度御座所であつたその位置をトして高さ五尺五寸・幅一尺四寸・厚さ八寸の花崗岩の碑が建設せられた[48]」のである。題字は明治神宮宮司・陸軍大将一戸兵衛の揮毫によるもので、一九二八年（昭和三）四月一〇日に除幕式をむかえたこと[49]、そして式には浦賀町長石渡秀吉をはじめ官民の地域有力者が軒並み列席したことが、上記から判明する。このタイミングでの建碑となった理由は特段記されていないが、おそらくは二七年の明治節[50]制定、そして二八年一一月に昭和天皇即位大典が予定されていたことが大いに関係しているだろう。神奈川県内ではこの頃、各地で明治天皇聖蹟を顕彰する石碑もしくは木標の建設が相次いでいた[51]。かかる時代の潮流が、浦賀の建碑に際しても多かれ少なかれ影響をおよぼしたものと思われる。

なお、この建碑がいつ頃発案され、誰もしくはいかなる団体が主導して実行に移されたのか、いかほどの金銭が費やされたのか、町当局がどの程度関わっていたのかなど、具体的なことについては残念ながら不明とせざるをえない。「昭和三年浦賀町事務報告」では、浦賀町において「本年実施シタル事業」のひとつとして「明治大帝御駐輦跡記念碑ノ建設」があげられているのだが[52]、前後の時期の公文書を確認した限りでは、建碑費用を町の予算から支出した、もしくは何らかの事務を執り行った形跡を見出すことはできなかった。以上のことから勘案するに、町にとって重要な行事だという意識はおそらく間違いなくあったものの、立案から実施に至る一切はあくまでも有志によるもので、町当局は表だって関与しなかったのではないかと推測しておく[53]。

話を元に戻そう。傍線部をみると、除幕式に引き続いて行われた祝賀会の席上、本節(二)で紹介した一九二二年の川島平蔵の講演筆記を、浦賀小学校長斎藤篤太郎が朗読したとある。このときに斎藤が何を語ったのかは、加茂元善著『浦賀志録』補遺によって知ることができる。そのうち、前項で引用した川島の講演と対応する部分を以下にあげる。

五月十八日午前十一時頃海路御恙ナク御召艦扶桑ヨリ大桟橋ヅタヒニ御上陸アラセラレ、約一町程ナル御座所「旧浦賀西岸小学校」マデ御馬召サレ、両ノクツワヲ御付キノ方ニ取ラセ、天顔麗ハシク御進ミニナル御様子ハ実ニ厳カニ何トモ云ヘヌ感ニウタレマシタ、陛下ノ行在所ニ当テラレタ学校ハ二階デアツタノデ、階段ヲ用ヒズ校庭ヨリ直接二階ヘト橋道ヲ架設シ校門ノ石段際ニテ御下馬シ、御座所ノ玉座ニ玉歩ヲ運バレタ、〔中略〕陛下ニハ御昼食ヲ宮内省ヨリ御廻シニナツタモノニテ御済マシニナリマシタ、コノ御休憩中ニ於テ浦賀町民港内ニ網ヲ引キ得タ新鮮ニシテ溌剌タル大鯛数尾ヲ木製ノ大器ニ海水ヲ満タシ遊泳セル儘ヲ献上シコレヲ宮井清左衛門・三次六兵衛ノ両氏ニテササヘ二階御座所ニ運ビ侍従職ニ渡シ陛下ノ御前ニ進ゼラレシニ、陛下最モ御満足ノ体ニテコレニ近ヅキ御衣服ニ活鯛ノ飛バセル飛沫ヲナホサレシト拝承シマシタ、又赤鯛ハ光栄ニモ陛下ノ御嘉納ヲ辱フシタノデ横須賀行在所ヘ送附シタ、此ノ時陛下ヨリ御手許金五十円ヲ下賜セラレタルコトハ大ニ面目アリ恐レオホイコトデアリマシタ（此包紙ハ現ニ紺屋町宮井家ニ保存セラレ金子ハ教育基金及叶神社基本金トナリマシタ）

（「第十四節　明治天皇記念碑除幕式」[54]）

川島の講演と比較してみると、当然のことながら、細かい表現などの相違はさておき話の大要はほぼ同じである。しかし、鯛献上をめぐる部分だけはいささか様相が異なり、新たなエピソードが付加されていることがわかる（傍線部）。川島の講演が筆耕される過程で当該箇所が省かれた、もしくは、もともとの原稿には存在したものの講演当日何らかの理由で川島が話さなかった可能性もあるため断言はできないが、おそらくは「明治天皇と浦賀との交流の記憶」を補強し、より一層説得力を増す目的で斎藤が付け加えたものであろう[55]。

この除幕式には、西岸学校で明治天皇に茶を給仕した鹿目常吉も招待された。一八八一年行幸当時一三歳であった彼は、「御休憩ノ際御前ニ御茶ヲ進メ参ラセタ光栄者デアルコトヲ」語っている[56]。川島の講演の段階では、明治天皇の御座所そばまで接近した者は宮井清左衛門・三次六兵衛の二名であったが、ここにおいてさらにもう一人、浦賀の「誉れの記憶」を証する存在が新たに発見されたのである。

そしてなにより重要なのは、川島の講演筆記が除幕式で朗読された、そのこと自体である。川島の講演は町長としての公務の一環だったのか、それとも私人としてのものだったのかは定かではないが、よしんばそれが私的活動だったとしても、町長の発言である以上なにがしかの公的性格を帯びざるを得ないだろう。ましてや、先述したように現町長以下有力者が軒並み臨席したセレモニーにおいて、川島の講演がふたたび（しかも細部に補強が加えられつつ）披露されたのである。このことの意味はきわめて大きい。川島の講演で披瀝された「天皇と浦賀との交流の記憶」が、地域が認める公的なものへといよいよ昇華したことに他ならないからである。

なお、このとき斎藤が話した内容は新聞に掲載されたという[57]。さらには、川島の講演筆記が神奈川県教育会明治天皇聖蹟調査委員磯貝正の目にとまり、一九三七年には県教育会機関誌『武相教育』に全文が引用されている[58]。磯貝は、一八八一年行幸時の浦賀での出来事については「以上の談話に依つて詳細を尽して居る」と川島の講演内容を高く評価したうえで、鴨居の高橋家（行幸時の御小休所）から聖蹟調査委員某が前年の一九三六年九月に発見した日記帳の、一八八一年五月一七日の金銭出納欄に「魚櫃三円二十五銭」と記されていることを、西岸学校で明治天皇への鯛献上が実際に行われたことの傍証としてあげている[59]。こうして一九二〇年代半ばからなされてきた記憶の掘り起こしは、新たに発見されたいくつかの物証をともないつつ、ついには聖蹟調査委員の「御墨付き」をも得た公式の記録として確立・定着するに至ったのである。

# おわりに

以上、本章では、浦賀において一八八一年行幸時の出来事がいかに語り継がれ、どのような形で定着したのかを検討してきた。八一年行幸とは、政府にとってはおそらく数ある軍事視察のひとつにすぎなかったであろう。しかし、むかえる地域の側にしてみれば、明治天皇との「つながり」を得られるかもしれない、またとない好機であった。そして浦賀にとって、行幸時に御小休所となった西岸学校は、まさに明治天皇と地域との「つながり」を具現する存在として、長らく郷土の誉れの象徴だったのである。

ところが建物の老朽化により、西岸学校そのものに代わる地域アイデンティティの拠り所を模索せざるをえなくなる。その結果再発見されたのが漁を媒介とした天皇との交流という「誉れの記憶」だったのであり、それは「明治天皇駐蹕之跡」の建碑を経ることで、いよいよ公的な記録・記憶へと昇華したのである。

そもそも浦賀の人びとが、記録・記憶のあり方は時期によって少しずつ変化するにせよ、かくも明治天皇との「つながり」を希求しつづけたのはいったいなぜなのか。おそらくそれには、近代の浦賀がおかれていた状況が少なからず関係しているだろう。すでに指摘されているように、明治維新後の浦賀は番所の廃止などにより、政治的にも経済的にもかつての勢いを失っていた。そうしたなかで人びとの自負心を支えたのが、一方では本書第八章で明らかにしている「歴史のある街、造船の街　浦賀」という地域意識であり、また一方では本章で検討した如き、浦賀こそは明治天皇という「世界的に有名な御名君の御臨幸の光栄に浴」した誉れある地なのだという意識だったのではなかろうか。

では、こうした一八八一年行幸をめぐる記録・記憶はその後、いかに推移するのであろうか。今回はそこまで検討がおよばなかったが、このことを考える材料となりうる事例をひとつ紹介し、本章の締めくくりとしたい。

「明治天皇駐蹕之跡」碑の除幕式からわずか一ヵ月半ほどのちの一九二八年（昭和三）五月二四日、昭和天皇が陸軍重砲兵学校などを視察した帰途、浦賀の地を訪れた[60]。浦賀にとって一八八一年以来となる行幸である。それゆえ「浦賀町民は無上の光栄として感激[61]」し、「浦賀町各小学校生徒及横須賀中学校生徒、一般町民は夫々沿道所定の位置に堵列」し奉迎した[62]。じつはこの行幸に際して浦賀町は、鮮鯛・鮑・栄螺の献上を池田宏神奈川県知事を介して宮内省に願い出ている[63]。その結果献上は許可され、陸軍重砲兵学校での昼休憩時に天皇自ら「浦賀町長ヨリ献上ノ生魚鯛、鮑、螺蠑《（栄螺）》ヲ御覧」になった[64]。地元で獲れた海産物を天皇に献上するというこの行為は、一八八一年行幸時の鯛献上エピソードときわめてよく似ている。おそらく偶然の一致ではないだろう。

近いうちに浦賀方面への行幸が実施されるらしいとの情報が最初に新聞紙上で報じられたのは、この年の四月上旬から中旬にかけてであった[65]。四月といえば、繰り返しになるが浦賀で「明治天皇駐蹕之跡」除幕式をむかえたまさにその時期であり、祝賀会の席上で鯛献上エピソードを含む川島前町長の講演筆記が読み上げられ、「参会者一同ト共ニ其当時ヲ追憶シ、且ツ明治大帝ノ御盛徳ヲ偲ビ奉リツ、歓談[66]」したばかりである。その直後、浦賀は昭和天皇の行幸をむかえることとなったのである。町首脳らが、つい先日耳にしたばかりの一八八一年行幸の先例に倣って今度は昭和天皇を歓迎することで、ふたたび天皇との「つながり」を得ようと企図した可能性は十二分に考えられる（漁を天覧に供することこそしなかったが）。このことひとつをとっても、いったん公的に確立した「天皇と浦賀との交流の記憶」が、いかにその後も地域に影響をおよぼしたのかを窺い知ることができるだろう。

注

（1）一八七二年（明治五）四月二八〜二九日、明治天皇は軍艦龍驤試乗のため浦賀港に行幸しているが、このとき天皇は浦賀に上陸はしなかった（長浜つぐお『近代横須賀創設の先駆け達・シリーズNo.4　明治天皇行幸の軌跡　鎌倉・横須賀・浦賀』横須賀の文化遺産を考える会、二〇一〇年）。

（2）「『明治天皇駐蹕の碑』当時の歓迎の様子」（『浦賀文化』一一、二〇〇七年、無記名）は、横須賀市浦賀文化センター発行の広報紙に掲載されたコラム。前掲、長浜『明治天皇行幸の軌跡』では、一八八一年行幸について写真や図版を用いて概説的に紹介している。横須賀市編『新横須賀市史　通史編　近現代』（二〇一四年）では約半頁を割き、主に地域の負担について触れている。

（3）朴晋雨「明治天皇の「聖蹟」保存について」（『歴史評論』四七八、一九九〇年二月）、北原糸子「東京府における明治天皇聖蹟指定と解除の歴史」（『国立歴史民俗博物館研究報告』一二一、二〇〇五年）。

（4）寺嵜弘康「明治天皇聖蹟顕彰運動の地域的展開―神奈川県を事例に」（横浜国際関係史研究会・横浜開港資料館編『GHQ情報課長ドン・ブラウンとその時代―昭和の日本とアメリカ』日本経済評論社、二〇〇九年）。

（5）金子淳「「聖蹟」化と観光開発―明治天皇の史蹟から行楽地、そして住宅地へ―」（馬場憲一編著『歴史的環境の形成と地域づくり』名著出版、二〇〇五年）。

（6）「明治十四年幸啓録　九」（宮内庁宮内公文書館蔵、識別番号一二一一九）。

（7）同じ頃、各新聞も近日中の行幸実施を軒並み報じている。例えば四月二二日の『東京横浜毎日新聞』には、「聖上には近々相州浦賀へ行幸あらせらるゝ旨仰出されしよし承りぬ」とある。要するにこの頃には、行幸の情報が世上にも洩れ伝わっていたのである。

（8）「神奈川県布達　明治一四年四月二六日付丁第四六号」（『神奈川県日誌　明治十四年第十一号』神奈川県立公文書館蔵）。

（9）「神奈川県布達　明治一四年四月二八日付丁第四八号」（同前）。

（10）「神奈川県布達　明治一四年五月一六日付丙第九七号　三浦郡へ行幸観音崎砲台并横須賀造船所天覧」（『神奈川県日誌

明治十四年第十三号』神奈川県立公文書館蔵)。なお、この布達は横浜区役所・橘樹郡役所に対しても同文で出されている。

(11) 磯貝正「神奈川県下に於ける明治天皇聖蹟を調査して」(『武相教育』八八、一九三七年。一九四〇年発行の『武相教育行幸の阯　第八集』に無記名にて再掲)で紹介されている、浦賀町長川島平蔵の講演記録による。詳しくは第二節(二)を参照のこと。

(12) 横須賀市編『新横須賀市史　資料編　近現代Ⅰ』(二〇〇六年)一〇八〜一一六頁〈八七〉。

(13) 一八七一年、西叶神社別当感応院に設立された「郷学校」が発祥。なお、このとき東浦賀では、乗誓寺に郷学校が設立されている。七三年、新学制に基づく小学校となる。七四年、西岸郷学校から「西岸学舎」と改称(東岸郷学校は「東岸学舎」と改称)。七七年、東岸・西岸ともに校舎新築(前掲『新横須賀市史　通史編　近現代』第一編第五章第一節)。

(14) 『明治天皇紀』には、迅鯨の「艦内に於いて今朝漁夫の献れる鯛・藻魚等を調理せしめ、葡萄酒を添へて之れを親王及び大臣・参議・陸軍卿大山巌・東海鎮守府司令長官中牟田倉之助・宮内卿輔等に賜ひ、又賞味あらせらる」とあるが(宮内庁編『明治天皇紀　第五』吉川弘文館、一九七一年)、ここでは「幸啓録」の記載にしたがった。

(15) 前掲『新横須賀市史　資料編　近現代Ⅰ』一一八頁〈八九〉。

(16) 同前、一〇八〜一一六頁〈八七〉。

(17) 『東京横浜毎日新聞』(一八八一年五月二〇日)。

(18) 『郵便報知新聞』(一八八一年五月二一日)。

(19) 『読売新聞』(一八八一年五月二〇日)。

(20) 『朝野新聞』(一八八一年五月二一日)。

(21) 『東京横浜毎日新聞』(一八八一年五月二〇日)。

(22) 『郵便報知新聞』(一八八一年五月二一日)。

(23) 同前(一八八一年五月二〇日)。

(24) 同前(一八八一年五月二一日)。

(25) 『東京横浜毎日新聞』(一八八一年五月二〇日)。なお、『読売新聞』(一八八一年五月二〇日)には「今度新築に成りし砲台へ行幸の途中、同村〔鴨居村〕のお小休所高橋勝七より漁業を天覧に供ふ」とあるので、観音崎巡覧後の復路ではなく、鴨居村から観音崎へ向かう往路において漁の天覧が行われた可能性もある。

(26)『読売新聞』（一八八一年五月二〇日）。
(27)『朝野新聞』（一八八一年五月二一日）。
(28)『東京日日新聞』（一八八一年五月四日）。
(29) 椿田有希子『近世近代移行期の政治文化―「徳川将軍のページェント」の歴史的位置―』（校倉書房、二〇一四年）第七章「文久・元治上洛と地域・民衆」。なお家茂は、翌一八六四年（元治元）五月、帰路に浦賀へ再度寄港した際にも、数度にわたり網漁や地引網漁を上覧している。
(30) 同前、および椿田有希子「天保社参をめぐる地域の動向―相州三浦郡の事例から」（『市史研究横須賀』九、二〇一〇年。のち、前掲、椿田『近世近代移行期の政治文化』第五章）。
(31) 本書第四章「はじめに」。
(32)『郵便報知新聞』（一八八一年五月一四日）。
(33) 毛塚五郎『東京湾要塞歴史』（私家版、一九八〇年）。
(34) 浦賀古文書研究会編『浦賀中興雑記』（浦賀古文書研究会、一九八一年）七二～七五頁。傍線は筆者による。
(35)『浦賀中興雑記』には編著者の記載がないが、川島孝平氏は感見宗之助によるものと推測している（同前、「はじめに」より）。
(36) 浦賀志録刊行委員会編『浦賀志録　上』（横須賀市、二〇〇九年）五〇～五二頁。加茂元善は神奈川県巡査部長をつとめた人物で、職務のかたわら郷土研究に打ち込み、『浦賀志録』のほか『久里浜志録』・『北浦志録』という郷土誌三部作を著した（高橋恭一「浦賀志録―三つの志録の解説―」『三浦古文化』一一、一九七二年）。
(37) 尋常高等浦賀小学校職員懇話会編『大礼記念浦賀案内記』（信濃屋書店、一九一五年）四〇頁。
(38) 同前、八七頁。
(39) 前掲、磯貝「神奈川県下に於ける明治天皇聖蹟を調査して」。磯貝は神奈川県史蹟名勝天然紀念物調査委員兼神奈川県教育会明治天皇聖蹟調査委員であった（石野瑛「史蹟名勝天然紀念物の調査と保存事業」『史蹟名勝天然紀念物調査報告書　第十輯』神奈川県、一九四二年）。
(40) 横須賀市浦賀公民館編『浦賀地区「古老のはなし」』（一九七七年）五〇頁。「明治天皇御駐輦之碑」（一九七一年五月二〇日、鹿目常八氏の談）。
(41) 前掲『新横須賀市史　通史編　近現代』第二編第五章第一節1、横須賀市立浦賀小学校編『創立一〇〇周年記念資料

集　うらが』（一九九八年）。
(42)　前掲、磯貝「神奈川県下に於ける明治天皇聖蹟を調査して」。
(43)　一九一二年頃に書かれたと推定されている『浦賀町郷土誌』（編著者不明。『横須賀郷土資料叢書　第二輯』横須賀郷土資料復刻刊行会、一九七九年にて復刻）で一八八一年行幸について述べている部分を確認したが、『大礼記念浦賀案内記』「名勝旧蹟」の記述に酷似している。一八九八年頃と推定されている「三浦郡浦賀町誌史」（神奈川県立図書館蔵。奥付なし。年代推定は前掲『横須賀郷土資料叢書　第二輯』解説による）についても確認したが、同様の結果であった。一九一八年に三浦郡教育会が発行した『三浦郡誌』は、「各説」部分の「浦賀町」を浦賀小学校教員が執筆しているが（本書第八章第一節（二））、やはり同様に、西岸学校での休憩中の出来事については触れていない。
(44)　前掲、磯貝「神奈川県下に於ける明治天皇聖蹟を調査して」。
(45)　一八五七年（安政四）八月生まれ、一九二八年（昭和三）五月没。一八八一年四月浦賀町会議員、一八九七年浦賀町助役、一九〇五年七月から一九二三年一一月まで浦賀町長（前掲『大礼記念浦賀案内記』、神奈川県県民部県史編集室編『神奈川県史　別編1　人物』神奈川県、一九八三年、二四六頁）。
(46)　「明治天皇御駐輦誌」（西叶神社蔵）。傍線は筆者による。作成年および編著者は不明だが、内容から推測すると一九二〇年代半ば以降に、当時の西叶神社宮司感見彦治氏によって編まれたものと思われる。なお、この箇所は基本的に、前掲、磯貝「神奈川県下に於ける明治天皇聖蹟を調査して」の引用だが、講演年月日・会場は「明治天皇御駐輦誌」にしか記されていない。
(47)(48)同前。傍線は筆者による。
(49)　前掲、長浜『明治天皇行幸の軌跡』、前掲「『明治天皇駐蹕の碑』当時の歓迎の様子」では除幕式の日付を四月一日としている。それはおそらく、前掲、磯貝「神奈川県下に於ける明治天皇聖蹟を調査して」に「昭和三年四月一日除幕式が行われた」と記されていることと、のちに浦賀の古老（鹿目常八氏）が聞き書きのなかで、この磯貝論文の一部と思しき文章を読み上げている（前掲『浦賀地区「古老のはなし」』五〇頁）ことに起因するものと思われる。しかし、本文中で引用した「明治天皇御駐輦誌」には「金刀比羅神社ノ例祭ヲ兼ネ建碑奉告祭ヲ叶神社ニテ執行」したと明記されている。西叶神社で金毘羅神社例祭が行われるのは毎年四月一〇日であること（感見彦治著述・菊地武改訂編著『浦賀西岸叶神社誌』叶神社創建八百年祭実行委員会、一九八一年、六一頁）、西叶神社宮司編著と推定される「明治天皇御駐輦誌」が自社の例祭の日付を誤記する可能性はきわめて低いと思われることから（「四月一日」というのは磯貝の誤記、もしくは組版時の誤りであろう）、本章では「明治天皇御駐輦誌」の記述にしたがい四月一〇日とした。

(50) 明治天皇の誕生日である一一月三日を国家の祝日としたもの。新年、紀元節、天長節とともに四大節のひとつ。一九四八年廃止。

(51) 前掲、寺嵜「明治天皇聖蹟顕彰運動の地域的展開」、吉田律人「神奈川区に残る明治天皇の『聖蹟』」（『開港のひろば』一三六、横浜開港資料館、二〇一七年）。神奈川県教育会編『明治天皇神奈川県聖蹟地一覧表』（刊行年不明）、石野瑛『明治天皇と神奈川県』（武相学園、一九六一年）、および前掲、寺嵜「明治天皇聖蹟顕彰運動の地域的展開」の表2―1「神奈川県内明治天皇聖蹟地一覧」によれば、神奈川県内では一九二七年に温泉村宮ノ下（現箱根町）、二八年には浦賀のほか大磯町北本町（大磯宿小島本陣）・神明町（神明神社）・南浜岳海岸、横浜市神奈川区（神奈川宿石井本陣）、鎌倉町雪ノ下（現鎌倉市）、二九年には横須賀市諏訪町と湯本町畑宿笈平（現箱根町）にて建碑がなされている。

(52) 「昭和四年　町会書類　浦賀町役場」（横須賀市役所蔵）。

(53) ただし『浦賀志録』補遺「第十四節　明治天皇記念碑除幕式」に、浦賀町会議員で土木委員をつとめた宮井清一郎が記念碑の工事監督にあたったとあるので（前掲『浦賀志録　上』二三四頁）、町が完全に建碑と無関係であったとも考えにくい。この点についてはは今後の課題としたい。

(54) 同前、二三二～二三三頁。傍線は筆者による。

(55) 『浦賀志録』補遺には、「川島町長ノ講演記録ヲ朗読、更ニ講話セラレ」たとあるので（同前、二三四頁）、川島の講演にはない話を斎藤が付け加えた可能性は十分にあるだろう。

(56) 同前、二三四頁。

(57) 同前、二三四頁によれば、この『浦賀志録』補遺の「明治天皇記念碑除幕式」は、「新聞紙上ニ記載セラレタルモノ」だとある。ただし、掲載された新聞を特定するには至らなかった。おそらく『横浜貿易新報』ではないかと考えるが、一九二八年四～五月頃の『横浜貿易新報』は現存しない号も多く、特定は困難である。

(58) 前掲、磯貝「神奈川県下に於ける明治天皇聖蹟を調査して」。

(59) 磯貝は、明治天皇に茶を給仕した鹿目常吉の、「［西岸学校から明治天皇が］御出発の際廊下で鴨居の高橋家から大きな赤鯛を二匹飯台に入れて来たのを御覧遊ばされた」との回顧談を紹介したうえで、この話に登場する「飯台」がすなわち鴨居の高橋家の記録にある「魚櫃」だとしている（同前）。だが、川島の講演および斎藤の話では、西岸学校で献上されたのは浦賀港内で獲れた鯛だとされており、鴨居から運ばれてきたものではない。今となってはどちらが正確かを判断する術はないが、年月を経るにつれて当時を知る者の間でも記憶の錯綜が生じていたことは、少なくとも指摘できるだろう。

(60)　昭和天皇は同日、東京芝浦桟橋から駆逐艦灘風に乗艦。走水桟橋(当時浦賀町、現在は横須賀市)から上陸し、小原旧砲台・陸軍重砲兵学校・千代ヶ崎砲台を巡覧したのち、浦賀桟橋から再び灘風に乗艦し還幸している(「昭和三年幸啓録一」宮内庁宮内公文書館蔵、識別番号七二四九—一)。ただし浦賀を訪れたとはいえ、千代ヶ崎砲台から浦賀桟橋までは自動車での移動であり、しかも桟橋から灘風に乗艦して浦賀港を離れるまでわずか一〇分であった。それゆえ地域住民と何らかの接点を持つことは、まずなかったと思われる。

(61)　『東京日日新聞(全国版)』(一九二八年五月二五日、夕刊)。

(62)　『横浜貿易新報』(一九二八年五月二四日)。ちなみに、このとき浦賀で奉迎する群衆を撮影した写真が、『東京日日新聞(横浜横須賀版)』(一九二八年五月二五日)に掲載されている。

(63)　『横浜毎朝新報』(一九二八年五月二三日)。

(64)　前掲「昭和三年幸啓録　一」識別番号七二四九—一。

(65)　『横浜毎朝新報』(一九二八年四月六日)は、「五月中旬横須賀軍港へ行幸あそばされ、相州浦賀町観音崎の新式砲台を御覧、それより大津の陸軍射撃学校へお成り、新式兵器をも御覧あそばされることに内定した」と報じている。さらに同紙の四月一四日号では、陸軍重砲兵学校および浦賀町千代ヶ崎砲台への行幸が五月下旬に行われる模様で、横須賀鎮守府から県に内報があった旨を伝えている。

(66)　前掲「明治天皇御駐輦誌」。

コラム7

# 浦賀久比里町の宗円寺における農事講習会

大豆生田稔

## (一)農事試験場の設立と農事講習会

一八九〇年代には、農業生産の発達・多様化とともに、地域における農会の活動が活発化した。すでに八〇年代から、農談会などにより知識や技術の交換や、改良技術の普及が進んだが、九〇年代になると、郡レベルの技術改良の試みは郡農会などにより組織化され、さらに上部組織として県農会の設立がはかられた。

神奈川県における郡農会については、橘樹《たちばな》郡農会の設立過程が知られている(1)。同郡は多摩川や鶴見川の流域に位置して米作が展開したが、横浜や川崎、また東京に近く市場条件に恵まれ、野菜や果実などの商品作物栽培もさかんであった。このため、多様な作物の栽培技術への関心が高まり、一八八九年(明治二二)六月には、「農事の体験智識を交換し該業一般の改良進歩」を目的とする、橘樹郡農会の規程が作られている。その中心は、北綱島村(同年成立の大綱村に編入される)の飯田助大夫(快三)らの、地域の有力な耕作地主たちであった。

郡農会の設立が続いた一八九〇年代には、神奈川県農業協会が発足した。その仮事務所は帝国大学農科大学内に設けられ、会員は久良岐《くらき》郡二名、橘樹郡三名、都筑《つづき》郡二名、北多摩郡四名、南多摩郡四名、西多摩郡三名、鎌倉郡二名であった[2]。協会は機関誌として『神奈川県農業協会雑誌』を発行し、農事に関する質問を受け付け、回答を誌面に掲載して技術普及をはかった。会員は三多摩と、現在の県東部に限られたが、誌面には愛甲郡・三浦郡・高座郡・大住郡・淘綾《ゆるぎ》郡・足柄上郡地方に関する記事も掲載され、当時の神奈川県全域を対象に農業技術の改良・普及を促進したといえる。

神奈川県農会の発会式は一八九五年一一月に挙行された。創立にあたって、県農会創立委員長が、「県農会ハ郡農会成立ノ上ナラテハ、其議決ノ完成ヲ期シ難キ義ニ有之候ニ付テハ、郡農会ノ設立ハ実ニ目下ノ急務ト存候」と述べたように[3]、県農会の組織は、郡農会による技術改良の組織化と実践、およびそれらの連携が前提であった[4]。

ところで、一八九〇年代の三浦郡地方も橘樹郡と同様に、米や麦だけでなく野菜や果実の栽培がさかんで、また畜産も発達していた[5]。一八九六年(明治二九)五月二四日、三浦郡農会の第一回総会が衣笠村金谷の大明寺に開催された。当日は午前一〇時から三浦郡農会規則や、九六年度予算、経費賦課方法などが審議され、午後には県知事(中野健明)、県農事試験場長(矢崎亥八)、蚕業講習所技術官の演説があった[6]。

また郡内の町村にも農会の設立が進み、浦賀町には浦賀町農会が誕生した。「浦賀町農会規則[7]」

の第二条には、事業として二二項目が列挙されている(表コラム7—1)。米麦・養蚕・桑栽培・家畜家禽の改良、牛馬耕などの耕作技術の普及、種子の精選・改良、農談会や品評会の開催、農産物販売や肥料購入などの共同化、虫害対策など、農事全般におよんでおり、雛形などが参照されたようである。このように、町村農会・郡農会、さらに県農会と、行政組織に応じた農会組織が一八九〇年代半ばに形成されたのである。

**表コラム7-1　浦賀町農会の事業**

| | |
|---|---|
| ① | 米麦種子を「精撰」する |
| ② | 「種類」を改良する |
| ③ | 苗を「強健」に「仕立」る |
| ④ | 「移植」・「耕耘培養」の方法を講究する |
| ⑤ | 農具・肥料・種子・種畜などの売買・譲与・交換に「最モ経済ノ便」をはかる |
| ⑥ | 蚕種の「精撰」、貯蔵法の講究 |
| ⑦ | 桑樹の良種「撰定」、培養を「懇到」に。 |
| ⑧ | 桑園の増加 |
| ⑨ | 生糸に最も良好な種類の繭を飼養する |
| ⑩ | 蚕病の「予防撲滅」をはかる |
| ⑪ | 家畜・家禽の「種類」を「精撰」する |
| ⑫ | 耕地交換により「無用ノ畦畔」を廃し耕地区画を改良する |
| ⑬ | 農産物品評会を開催して「優劣を比較」する |
| ⑭ | 農談会を開催し「農業上の智識を交換」して学理・実験を講究する |
| ⑮ | 牛馬耕を「実施拡張」する |
| ⑯ | 農具を改良する |
| ⑰ | 虫害の予防・駆除方法を講究する |
| ⑱ | 山林の保護 |
| ⑲ | 「勤勉儲蓄」の方法を立てる |
| ⑳ | 「試作場」の設置 |
| ㉑ | 「統計材料」を収集する |
| ㉒ | そのほか必要事項 |

出典：横須賀市編『新横須賀市史　資料編　近現代Ⅰ』(2006年)307～308頁〈212〉。

## (二)農事試験場と講習会の開催

農会組織の形成とともに、農事試験場による、農学に基づく技術改良も地域に浸透しはじめた。一八九三年(明治二六)には、農商務省の「農事試験場」が西ヶ原(東京府北豊島郡滝野川村)に設立されるが、府県や郡にも農事試験場が設置された。神奈川県には県農会設立の翌年、九六年に県農事試験場が開場する。その下部には、郡農事試験場がおかれたが、「学理ヨリハ実地ノ方ヲ重ンジ」られたという(8)。

ところで、設立当初から神奈川県の農事試験場や農会は、農事改良の現場となる村々において、農事講習会を活発に開催した。当時、農事試験場に勤務した富樫常治は、「一般農家に対し農学の知識を与へ、根本的に農業を立て直ほせねばならぬとの事より、農学なる知識の注入に全力を傾注」したと述べている(9)。村々の「一般農家」を対象に、基礎的な「農学」の普及につとめたのである。県農事試験場は一九〇〇年頃から、短期と長期の講習会を開催し、特に短期講習は頻繁に開催された。三～五日ほどで栽培法を講じ、専門的な知識に乏しい農家に、基礎的な知識をわかりやすく説いたという。

また各郡農会も同じ頃、一般農家を対象とする講習会を郡内各地で開催している。三浦郡農会の事業報告書(一九〇五年度)によれば、一九〇六年一月から二月にかけて、郡内を二区に分け、それぞれ一〇日間の園芸講習会を実施している。

従来本会ノ開催セル乙種園芸農事講習会ハ明治三十九年自一月二十八日至二月二十日迄、即チ二十日間郡内第二区ニ分チ、一区ニ付十日間ツヽ開催セリ、講師ハ高橋本県農事試験場長及鈴木本郡農事試験場長ヲ聘シ、都合四十三名ノ講習修了生ヲ生セリ、又本会ノ斡旋ニヨリ丙種農事講習会ヲ開催セル町村農会ハ左ノ如シ

中西浦村、長井村、南下浦村

（「三浦郡農会明治三十八年度会務報告書」一九〇七年三月九日(10)）

この「乙種園芸農事講習会」に派遣された講師は、県農事試験場長、および郡農事試験場長であり、いずれも農事試験場の技術者であった。農会と農事試験場が一体となり、県下各地で、農事講習会が頻繁に開催されたのである。

## (三)宗円寺における農事講習会

浦賀町を構成する一八ヵ町のなかに久比里《くびり》町がある。近世には西浦賀村に属したが、一八七六年（明治九）に浦賀町が成立するとき同町が発足した。同地には、浄土宗の光明寺（鎌倉）を本山とする宗円寺がある。一五二八年（享禄元）、臼井惣左衞門の創建とされ、幕末から明治期に活躍した、浦賀を代表する商人・実業家である臼井儀兵衛（大黒屋）の墓所がある。

この宗円寺で開催された農事講習会のテキストが残されている。表紙には、活字印刷された借用証書用紙の裏紙が使用され、「農事乙種講習」との標題が認められ、さらに「久比里宗円寺ニ於テ

執行」とある[11]。表紙に続いて、くずし字の筆で記された和紙が綴られた簡便な冊子である。おそらく、講習会で使用された教材を書き写し、自用に供したものと思われる

作成された時期、講習会の日時などは一切不明であるが、表紙の題字から郡農会主催の農事講習と推測される。おそらく、本史料を所蔵する浦賀高坂町の白井家から、講習会への参加者があったものと推測される。「明治三十四年度（農会関係文書綴）[12]」には、「三浦郡農友会規則」が綴られているが、そこには、三浦郡農会による「乙種農事講習会」の修了者により「三浦郡農友会」が組織されるという条文がある。つまり、一九〇〇年頃から三浦郡農会主催の「乙種農事講習会」が開催され、受講者は講習に使用されるテキストを筆写して参加したものと思われる。また、同家には、一九〇九年一月二四日付の「講習証」が残るが[13]、交付されたのは同家の白井十女雄であり、発行者は県農事試験場富樫常治、および三浦郡農会技師鈴木寿一であった。

浦賀高坂町は浦賀湾西側の丘陵地帯にあり、明治期には畑地が広がっている。白井家は近世から名主をつとめ、明治期以降も浦賀町農会や三浦郡農会の役員として、地域の農業技術の改良や普及を担う存在であった[14]。

## (四)筆写された講習録

表紙をめくると、本文の冒頭に「農事講習録」と記されている。農事講習会の講義内容をまとめたものといえよう。最初の項目は「第一　稲作法」である。

第一　稲作法
稲ハ米を産する作物にして、普通作物中最広く農家に栽培せられ、其作附反別ハ実ニ我国総耕地の五割以上を占む、而して米ハ実ニ本邦人の日常缺くへからさる唯一の食料なる而已ならす、海外へ輸出し、作物中最重要にして前途大に有望の作物なり

日本農業における米作の位置を、広範に栽培され、「唯一の食料」であり、「最重要」作物としている。また「海外へ輸出」と記されている。米は一八八〇年代には多量に輸出されたが、九〇年代になると作柄により不足が深刻化する年もあり、さらに一九〇〇年頃からは、東南アジアなど海外から輸入が続くようになった[15]。しかしその後も、平年にも少量の、また豊作となれば一定量の輸出がなお可能であったから、このテキストの成立時期は、必ずしも明治中期頃とは特定できない。

まず、米の重要性が説かれたのち、農業や農学について、その特性が簡潔にまとめられる。すなわち、次の六点である。

①農業とは土地を利用して、「人類の生存に必要なる動植物を生産する術」である。
②農業は「一定の農地」から「最少の費用」で「最多の利益」を実現することを目的とする。
③農学とは「化学」（科学）を「応用」し、農業の「原理法則」を講究する「学」である。
④農学の目的は「農業の原理」を解明し、農業の改良発達をはかることである。
⑤国家が農業を重視するか否かは、「直に一国の盛衰興亡」に至大の関係を有する。
⑥作物は「人為の淘汰」によるものであり野生の植物より「其性弱きを常」とする。

農業とは何か(①・②)、に続いて、その原理として農学の存在が示される(③・④)。科学としての農学の存在を伝え、その普及がはかられたのである。また、⑤については、「国家」におよぼす「農業」の「効用」として、さらに四つの小項目が列挙されている。

(イ)農業ハ商工業に比し遙に国家を守る性質に富み立国の基礎たるに最適す
(ロ)農業ハ一国人口の配置をして平衡を得せしむ
(ハ)農業ハ強兵の根元なり
(ニ)農業ハ諸職業の本源なり

国家の社会的基盤に農業を位置づけ、その重要性が農本主義的に強調される。また⑥は、①〜⑤とは性格が異なる事項であり、一般農家に農学を説くにあたり、品質改良などの基本原理をわかりやすく説いたものと思われる。

すなわち、続く「第二」は、稲についての説明になるが、その種類・品種など、自然科学的な特性が論じられる。まず稲は、熱帯地方の原産であるが温帯地方にも適し、良質の米は熱帯地方よりむしろ「南部温帯地方」で産出され、寒冷地方では「良米」を産しないとする。また、稲が「最好む」のは、「繁茂」の季節には「空気稍湿潤にして高温」、「稔熟」の季節には「空気の乾燥し温度低くからさる」気候であるという。

それに続いて、稲の「種類」が次のように論じられる。

（　）稲ハ古く作られたれとも、其栽培なる事より種々品種を異にし其種類甚多し、作物にハ変化性と遺伝性あり、此両種を利用せは品種固有の性質を維持するを得へく、又一新品種を作出する事を得へし

（　）稲の種類〔「品質」を抹消〕中品質善良にして収穫多量なるハ何人も望む処なれとも、一般ニ二者併せ具ふるもの尠し、故に品質に重きを置くへく歟、収量に重きを置へく歟ハ其地方の風土と済レ経上事情により定むへきものにして、要ハ収量多くして割合ニ品質善良なるものを撰むにあり

（一）概ね早生ハ分蘖尠く収量劣り、晩生は分蘖多く収量も又多く、中生其中間ニ有り

（二）概して品質良きものハ早生、中性に多く、晩生ハ良しからさるの傾きあり

（三）分蘖多きものハ茎細く丈短くして粒小〔「尠」を抹消〕さく分蘖尠きものハ茎太く且長くして粒大なり

（四）品質良きものハ大粒若くハ小粒なるも、長ミ帯ふるもの多し

（五）芒有ものハ風に堪へる力強く、黒芒、赤芒のものハ旱魃強く、白芒のものハ湿りに強し

（六）品質良きものハ栽培に困難にして、悪しきものハ栽培容易なり

第二項目の冒頭には、誤記した「品質」を抹消して「種類」と記されており、これは、直後の「品質」を誤写した訂正と考えられる。また、「済レ経」などの誤記の処理もある。さらに、たびたび空白の（　）があり、数字などの写し洩れか、もしくは必要な項目のみを筆写したものとも思われる。

**表コラム7-2　品種(粳米)の紹介**

| | | 品質 | | | | |
|---|---|---|---|---|---|---|
| | | 善良 | 稍良 | 稍不良 | 不良 | |
| 収量 | 多い | ・荒木<br>・信州<br>・金子 | ・町屋<br>・須賀一本<br>・竹成 | ・〆張<br>・大石 | ・銀糯 | ・国富<br>・多古穂増 |
| | 稍多い | | ・関取<br>・幸蔵 | ・萩中<br>・天朝 | | |

出典：「農事乙種講習」(白井竜太郎家文書)。

ここには、稲の品種について基本的な事項が記されている。「品質善良」と「収穫多量」は両立しにくいこと、実際には収量が多く比較的品質がよいものを選種すべきこと、良質のものは栽培が難しいことや、早生・中生・晩生の別、分蘖《ぶんげつ》・芒《のぎ》、大粒・小粒などについて、要点が簡潔に記されている。

続いて、これまでの試験成績から「推考」した品種を、特性により分類し紹介したのち(表コラム7―2)、「講習録」は、種子、採種方法、種子交換、種子貯蔵法、選種と続く。次年度作の種籾を選ぶ選種(撰種)は塩水選についての解説であり、第一〇から第一二まで、三項にわたりその方法が具体的に示される。塩水の比重は、粳米は一・一三、糯米は一・〇八、水温は摂氏四度を最適とし、塩水を用いるのは塩が「得安く且価廉なるか故」であった。また、実際の方法として、桶などに塩水を作り、種籾を深い笊に入れて沈め、「再三之を攪拌」したのち、浮き上がったものを手早く掬い去り、沈んだものを笊とともに引き揚げ、清水で塩分を洗い流すと解説している。塩水選は当時、全国的に推奨された選種方法であり、橘樹郡でも、小字単位の組織である実行組合が、全農家を集めて実地指導している[16]。宗円寺で行われた講習においても、重要なテーマであったと推測される。

このテキストはさらに、苗代などの項へと続くが、全体は農学に基づく栽培法をわかりやすく解説した講義録になっている。丁寧に写し取られたこの「講習録」は、浦賀郊外の寺院で開催された当時の農事講習会の様子を伝えている。

注

（1）安藤哲『大久保利通と民業奨励』（御茶の水書房、一九九九年）補章二「神奈川県橘樹郡における初期農会の成立」、大豆生田稔「農業技術の普及と農会組織の形成」（横浜近代史研究会・横浜開港資料館編『横浜近郊の近代史―橘樹郡にみる都市化・工業化―』日本経済評論社、二〇〇二年）一五八頁。以下、橘樹郡農会については、前掲、大豆生田「農業技術の普及と農会組織の形成」による。
（2）一八九三年四月に、三多摩地方（北多摩郡・南多摩郡・西多摩郡）は神奈川県から東京府に移管された。
（3）安達安民宛て荒川義太郎書簡、一八九五年七月二〇日（『明治二十八年一月起　以下綴込　神奈川県農会設立書類　飯田助大夫控』「飯田助知家文書」横浜開港資料館、複製本）。
（4）なお千葉県でも、まず一八九三～九四年に、七郡において有志者により郡農会が組織された。九四年四月に県令「郡農会規則」が発布され、九五年に県下各郡に一〇の郡農会が設置されるに至る。こうして、一〇郡農会の代表が集まって県農会創立発起人が選出され、九五年八月に県農会が正式に成立した（千葉県史料研究財団編『千葉県の歴史　資料編　近現代4（産業・経済Ⅰ）』千葉県、一九九七年、四一四～四一五〈六九〉）。
（5）横須賀市編『新横須賀市史　通史編　近現代』（二〇一四年）六九頁。
（6）横須賀市編『新横須賀市史　資料編　近現代Ⅰ』（二〇〇八年）三〇六頁〈二一一〉。
（7）同前、三〇七～三〇八頁〈二一二〉。
（8）『神奈川県農会報』（第一号、一九八六年六月一日）。沢野農事試験場長、青山農商務省技師の演説。
（9）富樫常治『神奈川県園芸発達史』（養賢堂、一九四三年）一六頁。
（10）前掲『新横須賀市史　資料編　近現代Ⅰ』三一八頁〈二一七〉。
（11）「農事乙種講習」（「白井竜太郎家文書」三七―六八）。（四）は本史料による。
（12）（13）「白井竜太郎家文書」。農友会についても、前掲、大豆生田「農業技術の普及と農会組織の形成」第三節3を参照。

(14)　近代の浦賀町における農業の展開、および白井家については、吉村雅美・岩本和恵「農業からみる近代浦賀町の特質」(『歴史地理学野外研究』一四、二〇一〇年)を参照。
(15)　大豆生田稔『お米と食の近代史』(吉川弘文館、二〇〇七年)二七～四〇頁。
(16)　前掲、大豆生田「農業技術の普及と農会組織の形成」一五八頁。

# 第八章　地域意識の形成と歴史編さん事業—浦賀を事例に—

中村　崇高

## はじめに

神奈川県横須賀市浦賀は、「歴史のある街」として一般に広く知られている。また、住友重機械工業の浦賀ドックは、二〇〇三年に撤退したが、かつては「造船の街」としても著名であった。「歴史のある街」・「造船の街」という意識が、浦賀地域の再開発（「街づくり」）の基本コンセプトにもなっていることはいうまでもない。たとえば、一九八〇年代後半の再開発計画である「浦賀国際文化村」構想に際して、横須賀市は「歴史のまち」・「近世史上の歴史的遺産」[1]の活用を開発コンセプトにかかげている。

歴史とそれに関わる文化遺産を観光資源として活用しようという試みは、全国的にみて決して珍しいことではない。しかし、こうした試みが当該地域に居住している住民に受け入れられるためには、地域の歴史とその特質が理解、認識されていなければならない。すでに他の章で明らかにしているように、近世後期から明治初頭にかけての浦賀は、三浦半島の政治的・経済的中心地であった。こうした歴史が住民間に共有されているからこそ、浦賀では再開発計画の基本コンセプトとなりうるのである。それでは、「歴史のある街、造船の街浦賀」という地域意識はいかに確立されたのだろうか。本章は、明治後期から一九七〇年代にかけての浦賀における各種歴史編さん事業、および公民館活動の実態を検討し、地域意識の形成過程を明らかにする。

本章において「歴史編さん」とは、様々な史料を用いて自治体史のような書籍を刊行するという意味だけでなく、それにともなう諸活動も含んだ用語として使用している。なぜなら、その成果物である各種刊行物を制作するためには、事前の史料収集や研究活動が必須だからである。浦賀の場合、そうした活動を担ったのが、公民館に集った人材であった。

なお、戦後の歴史編さん事業に公民館が果たした役割については、自治体史のなかで触れられているか、公民館教育の分野における各館の事例研究が散見されるが、ほとんど存在しないといってよい(2)。また、浦賀地域における戦前と戦後の歴史編さん事業の意義についても充分検討されているとはいえない(3)。

そこで本章は、まず第一節で地域意識が形成される明治後期の歴史編さん事業について、その意義と特色を検討する。現在は広く知られているように、明治後期の浦賀は、浦賀奉行所の廃止などにより衰退していた。こうした状況のなかで、明治後期から一九一五年(大正四)の大正天皇即位礼の時期にかけて、浦賀に関する「案内記」・「郷土誌」が作成されることになる。この過程で、「歴史のある街、造船の街　浦賀」という意識が表面化し、徐々に一般化していくのである。

次に第二節では、戦後の歴史編さん事業と公民館活動の関わりについて明らかにしていく。浦賀公民館(現浦賀行政センター)は、横須賀市内ではじめて設置された公民館のひとつである。高度経済成長期の浦賀は、造船の街から都心のベッドタウンに変化し、このなかで、浦賀公民館は特色ある事業をいくつも展開していく。こうした事業を支えたのが、戦前の郷土誌研究の担い手やその影響を受けた人びとであった。その結果、「歴史のある街、造船の街　浦賀」という地域意識が、戦後の住民たちにも共有されることとなった。さらに、公民館で育まれた人材は、今なお浦賀の歴史編さんをリードし、街のイメージを内外に発信しているのである。そこで本節は、浦賀住民が設立した郷土史研究団体の活動を明らかにすることにより、「歴史のある街、造船の街　浦賀」という地域意識の確立過程を検討する。

## 第一節　明治後期の「案内記」・「郷土誌」にみる地域意識

### （一）「案内記」にみる地域意識

本節は、明治後期から大正期にかけて作成された「案内記」と「郷土誌」を素材として、その記述を分析することにより、戦前の浦賀における地域意識の形成過程を明らかにしていく。分析の前提として「案内記」と「郷土誌」について説明しておこう。

「案内記」とは、旅行客のために地方の名所旧跡を紹介した現在でいう旅行ハンドブックのようなものである。一方、「郷土誌」とは、郷土史研究の成果であり、児童向けの教材としても利用された。本項では一九〇八年（明治四一）出版の『三浦繁盛記』と一五年（大正四）出版の『浦賀案内記』の内容を検討していく。

『三浦繁盛記』は、公正新聞社の記者であった岡田緑風が著わした「案内記」である。[4] 題名に「三浦」の名が冠されているように、対象となった地域は三浦郡全域であるが、特に当時の横須賀市について詳細に記述されている。本書の特質は、その「例言」に記されているように、専門的な歴史や地理の説明を目的とするものではなく、旅行者向けの「栞」として発刊したことにあった。

本書は、大まかなる三浦半島の現状及び名所旧跡の所在地、その概要を記述して、旅客探勝の栞となすを主とし、敢て専門的に歴史若くは地理等を掲ぐるを目的としなかった、乃はち、材料の取捨選択、記事の繁簡等に於て読者の不満足を買ふ事あるは免かれぬ処である(5)

また、「在来の例によらず、旅客往還の道を転じて勝区を探るに便ならしめん事に努めた」と述べているように、あくまでも名所旧跡をめぐる旅行者の便を考えた編集方針であることを強調している。さらに、「郡内の古蹟を漁るの旁ら、各種の伝説を集め、殊に趣味ありと思へるは、荒唐無稽の者をも其儘に掲げて置いた、斯くの如きは詩歌の材料として尤も面白きものである」と説明しているように、文学などの参考資料としても位置づけている。あくまでも、郷土史研究とは一線を画したものであるという姿勢をとっているのである。

本書の構成は以下のとおりである(6)。

第一章　総論
第二章　三浦郡
第三章　横須賀市及其付近
第四章　浦賀町及其付近
第五章　三崎町及其付近

第六章　逗子、葉山付近
拾遺、三浦郡里程標、汽船発時刻賃銭、馬車発時刻賃銭、付録　三浦名勝花暦

本書で紹介されている市町村は、横須賀市・浦郷村・衣笠村・武山村・浦賀町・久里浜村・三崎町・北下浦村・南下浦村・逗子町・葉山町・中西浦村であり、それぞれの「沿革」・「戸数・人口」・「旅館」・「古跡」など、地域の歴史と現状、宿泊施設・遊興施設、名所旧跡が解説されている。こうした構成は、当時作成されていた「案内記」と特にかわりはない[7]。次に「浦賀町」に関する記述を詳しくみていこう。

本書は「浦賀町の沿革」を説明する前に、開国が日本社会に与えた影響について幾分感情をほとばしらせながら次のように述べている。

浦賀！浦賀と云ふ名を聞けば何人も先づ史的追懐の楽園に逍遙《さまよ》ふ、封建の旧思想と文明の新思想が始めて具体的に接触して、忽ち火花を散らさん計りのめざましい活劇に代つた、その日本文明の、蛍の様な口火は西の長崎に燃え始めたが、発して爆然たる音響となつたのは実に浦賀である、浦賀とペルリとは日本人の必らず連想する事実で、此の事実は我が文明史の頭初の頁に特筆さる可き花々しい文章である[8]

日本の近代の幕開けの舞台である浦賀、著者は筆致豊かにこれを表現している。その一方で、浦賀の現状については、次のように説明している。

誠とに浦賀の民は将に開かれんとする芝居の緞帳を引き揚げた光栄を担って居るので、彼等は同時に其

> の活劇の中に現はれた一個の俳優である、此の俳優、今は年老ひて漸やく激甚の競争界から除かれて居るが、尚ほ時勢の変化に伴ふ気運の老熟に依つて、曩日の盛名を維持し更に新らしい活劇に投ずる機会を覗つて居る、浦賀の土地が甚だしく寂れたのは已に過去の事実となつて、彼は他の方面に勃興す可き萌芽が現はれて居る

江戸時代に浦賀奉行所が置かれ、近代の扉を開く舞台となった浦賀が、現在は往時の勢いが存在しないと記しているのである。ただし、著者は「大に発展す可き使命を有して居る」と、再び昔日の勢いを取り戻すことに期待を寄せている。しかし、「我輩は屢ば浦賀に遊び、その都度に浦賀町の物寂びた光景を見て」と述べるように、勢いを失っていることを隠そうともしていない。

前述したように、「案内記」は旅行者向けのハンドブックであるため、彼らが「訪ねたい」と思わせるきっかけを与えることが重要である。したがって、著者は浦賀の現状を「衰退した街」と認識していても、一方で「将来性がある」という記述となっているのである。こうした姿勢は、「浦賀町の沿革」部分でも顕著に現れている。

「沿革」部分で著者は、戦国期から幕末の浦賀の繁栄ぶりをあらためて強調しつつ、現状を次のように分析している。

> 嘉永年間から明治の初年までの浦賀は日本の発達と密接の関係を有して居たので、爾来次第に昔日の繁栄を失なつた者《〔ママ〕》の、尚ほ何人の記憶にも深く染み込んで、其名を嘖々されて居る、現今は浦賀船渠会社を唯一の顧客として商業を営なみ、此の会社の張弛興廃は町の景気に大なる影響を及ぼして居る、只、茲は古

い土地だけに、旧家富豪少なからず、三浦郡中の大尽は、浦賀、鴨居に居ると云ってよい、此等の富豪が若し大なる活動を始むるとしたならば〔中略〕然り、若し大なる目を開いて土地繁栄策を講じたならば、浦賀の将来は決して悲観す可き者でないと思ふ[9]

浦賀船渠に依存しながらも、過去の繁栄を支えた旧家が多いため、適切な対策を講じれば、ふたたび勃興すると述べているのである。こうした記述姿勢は、「浦賀繁盛記」の特徴といえよう。ただし、注目すべきは、周辺住民が浦賀を「歴史はあるが現在は衰退し、浦賀船渠との関係のみで経済を成り立たせている」と認識していることである。

一方、『大礼記念浦賀案内記』（以下、『浦賀案内記』と略す）は、一九一五年に大正天皇の即位記念として「尋常高等浦賀小学校職員懇話会」が編集したものである。当時神奈川県師範学校長であった里村勝次郎が寄せた序文によると、「尋常高等浦賀小学校職員懇話会諸士、郷土誌を研究して教育の資料となすこと年あり。其の調査詳細にして而かも要を得たり。頃者之を加除訂正して浦賀案内記といふを著はし[10]」とあるように、『浦賀案内記』は、浦賀の小学校教員たちが教育資料とするために行っていた郷土誌研究の成果を旅行者向けにまとめたものである。また、発行元は、浦賀町田中の「書籍紙類・和洋文房具・漆器類各種」を取り扱っている山本佐兵衛氏経営の「信濃屋書店」である。つまり、『三浦繁盛記』が横須賀公正新聞の記者によって書かれたのに対して、浦賀町内で活動している人びとが編集した「案内記」なのである。

本書は一二八頁の四六判程度の大きさであり、旅行者の手に取りやすいサイズとなっている。表紙、序文、緒言、宮中における歌会始で紹介された和歌および「浦賀八勝」、「浦賀御船歌」、浦賀の写真を掲載している。本文の構成は次のとおりである[11]。

地勢、区域
交通、道路
産業
町政一班
学事
歴史沿革
社寺
名所旧跡
附近遊覧地
附録

本書が『三浦繁盛記』と異なるのは、①「学事」の項目を設けて、浦賀小学校・鴨居小学校・走水小学校・浦賀実業補習学校などの概要を紹介していること、②「附録」として「浦賀港輸出入貨物表」を掲載していることである。

①についてみると、各小学校の沿革概要を掲載しており、特に浦賀小学校の記述は詳しい。また、「浦賀町学童児童累年表」・「学齢児童不就学累年比較」など統計資料も豊富に引用されている。②についてみると、旅行者向けパンフレットである「案内記」に浦賀港の貿易統計を掲載しているのは、『浦賀案内記』だけである。こうした統計が引用されているのは、浦賀の重工業化に編著者である教員たちが興味を示していたからと考え

られる。教員たちは、浦賀船渠により街に「造船」という新たな特色を見出したのである。[12]

なお、統計などを引用する記述は、同時代の「案内記」よりもむしろ一九一二年発行の郷土誌である『浦賀町郷土誌』に近い。同書は、編著者がまったく不明だが、明治後期の浦賀町の現状をかなり詳しく解説している。[13]これを復刻刊行した『横須賀郷土資料叢書第二輯』の「解題」によると、本書の特徴は、①地勢を詳しく紹介していること、②戸数・人口の推移を歴史的に明らかにしていること、③浦賀の教育についての記述が細かいことであるという。『浦賀案内記』に、浦賀の現況に関わる記述および各種データが豊富に盛り込まれているのは、「序文」で述べられているように、本書が郷土誌研究の成果の一部を抜萃して公表されたからである。つまり、教員の日常的活動のなかで作成したものを元としたため、他の「案内記」とは少し性質が異なり、「郷土誌」的な要素が残ったのである。

次に浦賀町の現状についての記述をみていこう。本書の「歴史沿革」では、天正年間から幕末までの浦賀を概観したうえで、次のように現状を分析している。

嘉永六年六月九日北米合衆国の水師提督ペルリ隣地久里浜に来港するや、町民の驚愕啻ならず、此驚愕の叫びは忽ち帝国の全土に反響を与へて、大官、志士の来往頻繁となり、同港攘夷の論識に上下せられて殺気横溢せるものありき。実に嘉永年間より明治の初年にかけての浦賀港は、日本文明の発達に密接の関係を有し居たるなり。維新後一時衰頽せしが、浦賀船渠株式会社の設立と共に商工業漸く活気を呈するに至れり。[14]

『三浦繁盛記』の記述と同様に、開国の舞台となった浦賀を強調しながらも、一時期衰退しつつも、浦賀船渠の設立により、徐々に往事の勢いを取り戻しつつあると述べているのである。また、「昔日の繁栄を偲ばしむる」ものとして、「文化の頃ほひ、さる古老のものしたる旧記」を引用して、享保からの祭礼の様子を紹介している。こうした記述のもととなったのが郷土誌研究の成果の一部であることはいうまでもない。

以上、『三浦繁盛記』と『浦賀案内記』の内容について検討し、それらに現れている浦賀町の地域意識について明らかにした。これらは旅行者向けパンフレットであり、その記述が外部からの旅行者の目に触れて町のイメージを形成するものである。これらにみる浦賀町に対する現状認識は、おおむね次のようにまとめることができよう。つまり、①(江戸時代中期)浦賀奉行所が設置されて、交通の要衝として政治的・経済的に重要な位置を占め、②(幕末)ペリー来航により開国の舞台となり、③(明治初期から現在)経済的に衰退している、④しかし、浦賀船渠の設立により盛り返しつつある。注意したいのは、こうした認識を町外の人間だけでなく、「案内記」と「郷土誌」の編さんに携わった浦賀町の住民もまた持っていたことである。「歴史のある街、造船の街　浦賀」という意識の素地が、明治後期から大正前期にかけて表面化したのである。

## (二)郷土誌『三浦郡誌』にみる浦賀

本項は『三浦郡誌』を事例に、そのなかに描かれた浦賀にかかわる叙述の特質を明らかにする。本書は一九一八年(大正七)に、三浦郡教育会が大正天皇の即位記念として刊行したものである。その「凡例」によれば、編さん事業の開始は一四年一〇月であり、一七年三月に終了した。[15] なお、三浦郡教育会の会長には、三浦郡長が就任しており、その性格が官製の教育団体であったことはいうまでもない。

執筆の主体となったのは、「町村委員」となった三浦郡内の各町村長および小学校長であった。すなわち、後で述べるように、「各説」部分の「浦賀町」の執筆を担当したのは、浦賀小学校の教員であり、前項でみた『浦賀案内記』に引用された郷土誌研究の成果が反映されていると考えて差し支えないだろう。

本書編さんの目的を、三浦郡教育会長であった佐川福太郎（三浦郡長）は、次のように説明している。

> 大正四年（一九一五）秋十一月、車駕西幸して、親しく即位の大礼を行はせ玉ふ。時の三浦郡教育会長北野右一氏（現香川県綾歌郡長）役員に諮りて郡誌を編纂し、収むるに本郡の民風、治績、産業、史蹟、名所、人物を以てし一は此曠古の典儀を記念し、一は郷土の事績を開明し、地方の風教に資せんとす。蓋し郷土の史蹟を探求し、郷土の地理を紹介せんとするは、本会多年の宿望なりしなり[16]

郷土の歴史を解明することにより、郡内の教育に活用することが目的であると述べているのである。さらに佐川は、地方自治の発達には「愛郷心の涵養」が不可欠であり、これを実践するためには、「郷土の歴史を諒解して、自治体発達の事歴を知り、以て将来を期せしむるは、最も緊要の事に属す」とも述べている。つまり、三浦郡が主体となって編さんした『三浦郡誌』は、郷土を愛する心を養成し、自治体としての郡の発展を促すツールと位置づけられたのである。

次にその内容をみていこう。「凡例」によれば、『三浦郡誌』は当初、「本郡の民風、産業、史蹟、名所、人物に亘り詳細な記録を作成[17]」することを意図していたが、八〇〇頁近くの分量となり、経費の問題が生じたため、一九二頁に圧縮して出版することとなった。内容構成は次のとおりである[18]。

総説（三浦郡の地理・三浦郡の沿革・重要歴史年表）

各説（田浦町・浦賀町・久里浜村・衣笠村・葉山村・逗子町・北下浦村・南下浦村・三崎町・初声村・長井村・武山村・西浦村）

附録（人物誌・三浦氏の攻防・三浦氏系譜）

特徴的なのは、「附録」の「人物誌」で郷土の偉人が紹介されていること、三浦氏についての記述が厚いことであろう。

当初、人物誌は「各説」に収められていたが、紙数の都合により割愛し、物故者のみが掲載されることとなったという。その内容をみると、陽明学者であった中根東里、浦賀奉行与力の中島三郎助、同香山栄左衛門など二五名が取りあげられているが、そのうち一八名が浦賀出身者である。[19]浦賀ゆかりの人物が増えたのは、前述したように浦賀小学校における郷土誌研究が他地域よりも進んでいたからであろう。

また三浦氏についての記述が厚いのは、編さん顧問であった北村包直（横須賀市立高等女学校長）が、三浦党研究の第一人者であったからである。北村は、明治末期から三浦郡の郷土史研究をリードした存在で、『三浦大介及び三浦党』[20]を著し、三浦党の顕彰に尽力するだけでなく、のちに『横須賀志』・『浦賀町史要』・『横須賀市史稿』の編さんにも従事した。[21]このように、『三浦郡誌』は当時の郷土史研究の最新成果をも取り入れたものであったのである。

次に各町村の小学校が分担執筆した「各説」の浦賀町をみていこう。はじめに、「位置」・「面積」・「広表」・「区画」・「戸口」・「産業」・「地勢」の項目にしたがって記述され、さらに浦賀町を構成する各大字（江戸時代の各村）の歴史・名所旧跡が紹介されている。こうした記述方法は他町村でも同様であり、定型フォーマットが存在していたことがわかる。

「浦賀」の記述は、おおむね次のような構成となっている。[22]

①戦国時代から江戸時代初期。スペイン貿易の「開港場」として繁栄していた。

②江戸時代中期から幕末。干鰯問屋が軒を連ね、江戸内湾漁業の根拠地であり、かつ、一七二〇年(享保五)に浦賀奉行が設置され、繁栄をきわめていた。幕末には「外国防御の枢要地点」・「外交折衝の地」となった。

③明治維新後。廻船検査の廃止にともない市況が振るわなかった。海軍屯営(浦賀分営)の設置により一時盛り返すが、その移転により「爾後唯昔日の余勢を保つに過ぎざりき」という時期が続いた。

④一九〇〇年の浦賀船渠設立から現在。同社設立により景気回復の兆しが現れるが、日露戦後不況がふたたび町にダメージを与えた。現在は、第一次大戦の「造船界の大発展」にともない好景気が続いている。

①・②の部分については、(一)で分析した「案内記」の認識と同様である。ただし、注目したいのは③・④の部分である。

③で執筆者は、一八七三年(明治六)の「海軍屯営」の設置、八九年の移転が、町の景気に影響を与えたと述べている。これは「案内記」などではまったく触れられていないが、前述した『浦賀町郷土誌』のなかに同様の記述がある。[23] このことから、一九一二年発行の『浦賀町郷土誌』を『三浦郡誌』の執筆者である浦賀小学校の教員が参照していることがうかがえる。

また、④のなかで浦賀船渠の事業と町の景気が密接に連関していることを指摘している。つまり「歴史のある街」だけでなく、「造船の街」という意識も現れているのである。

以上、第一節では「案内記」と「郷土誌」から浦賀の地域意識について明らかにした。前者は観光客向けのパンフレット、後者は郷土誌研究の成果であり、それぞれの編さん目的は異なっていた。しかし、歴史編さん事業を通じて、戦後につながる「歴史のある街、造船の街　浦賀」という意識は、明治後期から一九一五年の大正天皇即位礼の時期前後に表面化し、徐々に形成されていくのである。そして、こうした意識は、戦後公民館活動により一般化し、確立することになる。

## 第二節　戦後の公民館活動と地域意識の形成

### (一)公民館活動と浦賀

本節は、アジア・太平洋戦争後の浦賀の様子を概観しつつ、公民館活動が「歴史のある街、造船の街　浦賀」という地域意識の定着に果たした役割を考察する。敗戦後の浦賀の基幹産業が、戦前から続いていた造船業であったことはいうまでもない。しかし、地域住民の構成は、高度経済成長期をむかえる一九五〇年代後半から六〇年代前半に大きく変化することになる。すなわち、一九六三年(昭和三八)〜七〇年にかけて立野・早稲田・京浜・臨海みかん台・腰越・鴨居に相次いで団地が建設され、浦賀(旧浦賀町)の人口は一九五一年の約一万八七〇〇人から七〇年には約四万三四〇〇人へと急増することになった。[24]

この要因は、団地の建設により、浦賀が京浜工業地帯の「ベッドタウン」となったからである。これにともない、浦賀に居住する人口の約四九％が「商工業・サービス従事者」に、約四五％が「工業従業者を中心とした勤労者階層」となった。つまり、高度経済成長期の急激な都市化により、地域外から新たな住民が流入してきたのである。こうした状況のなかで、「歴史のある街　浦賀」という地域意識形成に大きく貢献したのが公民館活動であった。

公民館は、一九四六年七月の文部次官通達により全国的に設置された社会教育施設である。公民館が設置されたのは、市民に民主主義への理解を求めるための「地域の民主的な社会教育機関(25)」としての機能を政府から期待されたからである。その後、四九年六月の「社会教育法」により、公民館が「実際生活に即する教育、学術及び文化に関する各種の事業を行い、もつて住民の教養の向上、健康の増進、情操の純化をはかり、生活文化の振興、社会福祉の増進に寄与する(26)」と、地域住民のための社会教育施設として明確に位置づけられることとなった。

これを受けて、横須賀市は一九五〇年八月、「社会教育委員会」を設置し、成人男女および青少年向けの施設を建設することとなる。その代表的なものが、ペリー来航開国一〇〇周年記念事業の一環として設置された横須賀市立博物館（一九五四年）であり、五一年設置の浦賀・田浦両公民館であった(27)。

浦賀公民館は、当時横須賀市役所浦賀支所として使用されていた旧浦賀町役場の町議会議事堂を転用し、開館した。開館当初の公民館は、各種学習会に使用可能なホールと茶室・図書室を備えており、浦賀公民館誌編さん委員会編『30年のあゆみ』によれば、成人教育講座の利用者は年間四〇〇〇人にのぼったという(28)。一方で、次のように公民館の専任職員が存在しないため、積極的な活動が困難な状況でもあった。

公民館活動の中枢的な存在である公民館職員は、開設当時から昭和38年までは支所〔横須賀市浦賀支所〕

の職員が兼務して、支所業務のかたわら公民館事業を行っていました。そのため、講座数や内容は限られたものとなってしまい、必ずしも地域全体の社会教育ニーズを充足させることはできない状況であったとも言えます[29]

しかし一九六三年、公民館に専任職員が配置されると、講座の内容が漸次充実していく。こうした状況のなかで、翌六四年に浦賀公民館ではじめて郷土史講座が開催される。この詳しい内容は不明だが、これを皮切りに、毎年連続で講座が開催されていくことになる。

浦賀公民館で郷土史講座がはじまったのは、公民館の状況の変化だけでなく、横須賀市域で歴史編さんに関わる各種事業が展開されていたからであろう。横須賀市においては、一九五〇年代に「横須賀郷土文化研究室」が、歴史研究・文化研究を担っていた。同研究室は、学術的な視点で研究活動を行っており、その成果を『横須賀市史』のなかの『史料目録』（横須賀市史、№1）、『外国船来航史』（同、№4）として発表していた[30]。その活動の中心にいたのが、戦前から三浦氏一族の研究を行っていた高橋恭一氏である。高橋氏は、一九五四年設立の「三浦半島研究会」の会長もつとめるなど横須賀市域の郷土史研究の第一人者であった。『横須賀市史』の成果や「三浦半島研究会」の活動は、のちに「横須賀史談会」や「横須賀史学研究会」に引き継がれることになる。つまり、横須賀市域で高まっていた歴史への興味関心が、浦賀公民館の事業展開にも影響したのである。

公民館は一九七一年に開館二〇周年をむかえることになるが、その記念事業として企画されたのが、①「歴史の町浦賀」のスライド制作、②「古老に昔を聞く会」の設立、③第二項で後述する「史料目録」の作成であった。これらの活動が、「歴史のある街」という地域意識の定着に果たした役割はきわめて大きい。そこでまずは、①と②の意義について検討していきたい。

①のスライド「歴史の町浦賀」は、管見の限りでは現在確認できていない。しかし、当時の公民館長の回想によると、「価値のありそうなものを先ず、どんどん写真に撮っていこうではないか[31]」という趣旨のもと、浦賀の現状記録に力点を置いたものであった。その過程で浦賀の「信濃屋さん(山本賢三氏)」に多大なる協力をいただいたという。当然のことではあるが、地域に古くから居住している住民の協力なしにこうした事業を進めることはできない。このスライド制作を通じて、住民の歴史への関心が高まったことは想像に難くない。

また、「古老に昔を聞く会」は一九六九年に準備会が設立され、翌七〇～七一年にかけて各地区で聞き取りが行われた。公民館は、その成果を『古老のはなし』として七七年に発行している。この序文のなかで、浦賀公民館長は浦賀の歴史と現状について次のように振り返っている。

近年わが国の産業経済の目醒しい進展と並行して、都市の近代化が進められ、首都圏のベッドタウンとして宅地造成が行なわれ、昔の閑かな景趣幽絶の地は一変して、人口五万有余の本市行政区画中、一、二位の大きな地域として発展しつつあります。
こうした都市開発の推移のなかにおいて、名所、古碑、旧跡等は次第に失なわれ勝ちとなり、祖先からの伝承等は時と共に薄れているのではないでしょうか。まことに淋しい思いがいたします。そこで、当公民館におきましては、古老の方々に集っていただき、昔の浦賀の風俗、習慣、云い伝えなどについて、いろいろとお話しをしていただき、これを記録して[32]〔後略〕

前述したように、浦賀の人口は、一九六〇年代から急激な増加の一途をたどっていた。こうした変化のなかで制作された『古老のはなし』を公民館は、「昔の浦賀の姿を理解すると共に郷土を愛するための一つの途《みち》しるべとなり」と館長が述べているように、住民に歴史を知ってもらいつつ、郷土愛を醸成する資料と位置づけていたのである。

『古老のはなし』の制作にも、スライド制作と同様に、浦賀にルーツを持つ住民が深く関わっている。テープ起こしを担当した武村久代氏は、浦賀公民館の元社会教育指導員であり、西浦賀の生まれであった[33]。公民館の開館二〇周年記念事業は、地域住民にとって浦賀の歴史の「深さ」を認識する機会となったのである。

なお、司会をつとめたのは、西浦賀出身の加藤勇氏であった。加藤氏が主催したのが、一九七一年七月に設立された「郷土の歴史をさぐる会」（以下、「さぐる会」と略す）である。この会が、③の「史料目録」の作成を担いつつ、各種講座を展開していくのである。

## （二）「さぐる会」の設立と地域意識

「さぐる会」は、西浦賀在住の加藤勇氏が設立した郷土史研究団体である。加藤氏は米・酒・塩などの問屋を営んでいた加藤家の出身であり（本書第四章第二節（一））、元横須賀市教育委員会教育委員長をつとめた郷土史研究家でもあった。西浦賀出身であるというルーツが、同氏を浦賀の地域史編さんに取り組むきっかけになったと考えられる。

「さぐる会」は、横須賀市浦賀公民館内に事務所を置き、参加者は年会費一〇〇〇円を支払い、「郷土の歴史をさぐり、郷土え〔ママ〕の愛情と理解をふかめる[34]」ことを目的としていた。この目的を達成するため、（a）各種調査研究と発表、（b）会報の刊行、（c）講演会・座談会の開催を企図していた。構成員は加藤勇会長以下三〇名だが、浦賀にルーツを持つ住民と、高度経済成長期に浦賀に転居してきた住民の比率は必ずしもつまびらかではない。しかし、あとで述べる月例会には、加藤氏だけでなく、第一項で述べた高橋恭一氏、川島孝平氏が「さぐる会」の顧問として、史料所蔵者の臼井靖晃氏（浦賀奉行組同心に関わる「臼井家文書」の所蔵者）なども定期的に参加している。すなわち、同会は横須賀市における歴史編さん事業の成果を参考にしつつ、公民館開館二〇周年記念事業を、古くからの居住者の立場で主体的に進めようとした団体と位置づけることができよう。

さて、ここで開館二〇周年記念事業と位置づけられた③の「史料目録」作成についてみていこう。浦賀公民館作成の「事業概要」によれば、本事業の目的は、「浦賀地区の自然民俗事績歴史等の記録保存及び古文書（風化いたみなどがひどい）解読調査保存のため、並旧浦賀町より保存の町史資料の整備調査のため[35]」とあるように、郷土史資料の整理・読解作業、保存措置にあった。この目的を達成するために、（a）浦賀町域の古文書および旧浦賀町史料の目録を作成し、その内容を翻刻するだけでなく、（b）「郷土の記録事業」として8mmスライドの「現代版　浦賀案内記」・「浦賀の四季」の作成を企図している。

（a）の事業は一九七二年（昭和四七）より開始され、「さぐる会」の加藤勇氏・高橋恭一氏・川島孝平氏が中心となり作業を実施し、翌七三年「浦賀の古文書及び公文書資料目録[36]」として刊行されることとなった。本目録には、旧浦賀町役場史料が、当時の一般的な古文書整理の分類項目にしたがって整理されている。公民館における学習活動が、地域資料の保存と公開につながったのである。

一方、（b）については一九七三年に「カラースライド（文化財）郷土8mm映画」として完成するが、残念ながら詳細な内容は不明である[37]。しかしここで注目すべきは、公民館が利用者の学習サークルである「さぐる会」に古文書解読・歴史映像の制作を委嘱していることである。社会教育は、浦賀公民館が次に述べるように、公民館が一方的に提供するものでなく、地域住民との協業によって成立するものである。

公民館で行われる社会教育活動は、本来、地域における社会教育ニーズに基づいて計画され、プログラム化されるものであります。つまり、公民館とその地域とは切っても切れない関係にあり、町づくりはもとより、文化財の保護や発見、そして、地域の産業、観光の振興に至るまで、地域に住む人々のために、社会教育の側面から援助をすべきものであります。[38]

浦賀公民館の場合、郷土の歴史に深い興味を持ち、かつ歴史編さんの知見を持つ人材の存在が、開館二〇周年記念事業を可能としたのである。前述した『古老の話』の「序文」において、公民館長は次のように浦賀の歴史を説明している。

本市における文化の発祥地ともいうべきこの浦賀は、風光明美にして気候極めて温暖であり、しかも、自然の良港と、山海の幸にも恵まれていたので、古代から人々の往来が盛んに行なわれ、随所に名所、古碑、旧跡、伝記等があります。

特に徳川幕府、この浦賀港をわが国における東海随一の良港として奉行所を設け、江戸入港の船舶に対する検問を行なう等、海上警備という重要な役割を果たしていたのであります。

明治維新に至り、廃藩置県となり奉行所は閉鎖となり、繁栄を極めた浦賀は一時的にはさびれはしたが、その後幾度かの変遷を重ね、今日の造船を主体とする各種商工業地域及び観光の町として発展してきたのであります。[39]

公民館の開館二〇周年記念事業は、「歴史のある街　浦賀」というイメージの一般化に寄与したのである。これ以降、浦賀公民館は地域住民とともに、「歴史」を軸とする各種事業を展開していくことになる。

## (三)二〇周年記念事業後の公民館活動

最後に、二〇周年記念事業終了後の「さぐる会」と浦賀公民館のその後の活動について明らかにしていきたい。二〇周年記念事業終了後の「さぐる会」の活動内容は不明な点が多いが、年一回の記念講演会と三回の月例会、不定期の理事会を開催していた(現在判明しているのは、一九七四年度と七五年度のみ)。一年に一回の総会では、前述した高橋恭一氏、川島孝平氏が講演者となっている。一九七四年度(昭和四九)の記念講演は、「NHK大河ドラマ勝海舟ブームとあわせ幕末における浦賀外交の位置づけと浦賀の文化について[40]」という趣旨のもとに、両氏が「幕末の浦賀と外交」について講演しており、一九七五年度もその続編をテーマとしている。

なお、一九七五年八月の理事会では、「異国船来航関係資料」の発見と研究、公開が課題であるとして、月例会のテーマを一八四六年(弘化三)浦賀に来航した「ジエムス・ビトル」(ジェームズ・ビッドル)に関わる内容に決定している[41]。これを承けて、同年一〇月の月例会では、高橋恭一顧問から「異国船渡来日記」のビッドルに関する説明があった。その成果は、「JAMES　BIDDLEの来航資料」として会員以外にも頒布されている。そのほかにも、浦賀地域の石造物調査などを実施しており、その活動は古文書の読解だけに限らず多岐にわたっている。

繰り返し述べてきたように、「さぐる」会は郷土史に通じた人材により維持され、発展してきた。したがって、地域住民を対象とした活動を展開していたが、きわめて専門性の高い会であった。しかし、そこに参加した会員たちは、この活動を通じて、「歴史のある街浦賀」という意識をより深めていく。こうした意識は、講座後に残された次のような感想からもことができる。

ＪＡＭＥＳ　ＢＩＤＤＬＥの来航について　高橋顧問〔高橋恭一氏〕は、ビットル提督の曾孫在日米軍顧問団長のウイリアム・Ｓ・ビドル陸軍少将のご見解が特に印象的であったことを述べられた。また、渡来日記本稿中町方記録者の一人加藤勇助は奇しくも本会会長〔加藤勇氏〕の数代前の先祖であるとか、郷土につながる歴史が脈々と私達につらなつていることを感じた。[42]

参加者は、ビッドルの活動を記録した「加藤勇助」が「さぐる会」会長の加藤勇氏につながっていると認識した時、あらためて地域の歴史に思いを馳せることになるのである。こうした思いは、公民館の運営方針にも影響を与えることになる。

浦賀公民館は、一九八一年（昭和五六）に開館三〇周年をむかえた。その際刊行した記念誌のなかに「浦賀公民館の特色と活動」として「歴史文化の保存と伝承へ」を取りあげ、公民館の役割を次のように説明している。

現在でも、これらの時代〔主に江戸時代から現代〕の建築物や文化財が町の中に残り浦賀独特のムードをかもしだしていると同時に、旧家から当時を偲ぶ古文書が発見されるなど、歴史学上では大変貴重な役割を果たしております。公民館としては、社会教育の立場から史跡や文化財を守り、これらのもつ意義をアピールしてゆくのも大きな役割となっています。[43]

こうした方針を承けて、開館二〇周年記念事業以降、浦賀公民館は「親子史跡めぐり」や「少年少女のための郷土史講座」、「古文書解読講座」など歴史を軸としたプログラムを多く展開してきた。さらに、今後の課題のひとつとして、次のように江戸時代浦賀が繁栄した記憶の「学びとり」とその継承を掲げている。

浦賀が、江戸と同じように繁栄したことを考えると、当時の町に住む人々や、商人は、自己本位に暮らしを営み、商売をしていたのではなく、いかに自分達の町の発展のために苦心努力を重ね、お互いが強い連帯意識をもって町づくりに励んでいたか、それを子ども達にどう教育していたのかが見えてきます。現代の我々にも地域を構成する一人として、学びとりたいことも多く、子育て、家庭教育の参考にもなるように思え、これらの点を明確にしてゆくのも今後公民館の大きな役割とも言えます[44]。

この課題に対応するため、公民館三〇周年記念事業として計画されたのが「浦賀文化センター」の建設である。同センターは元浦賀ドックの「表クラブ」跡地に一九八二年四月開館した。浦賀公民館『40年のあゆみ』によれば、センターの建設は公民館活動に大きな転機をもたらしたという[45]。なぜなら、浦賀公民館の分館として設置されるという形態が全国的にもめずらしかっただけでなく、地域住民の協力により、歴史的・文化的に価値の高い史料を常設展示できるようになったからである。

文化センターは、常設展だけでなく「特別展」も実施しており、一九八二年の第一回「海つきの村鴨居　漁具とその生活」からはじまり、浦賀奉行所の与力・中島三郎助や浦賀港と船にスポットをあてた展示を二四回開催している（二〇一七年現在）。こうした活動が、公民館の二〇周年開館事業を契機に表面化する「歴史のある街、造船の街　浦賀」という地域意識の確立と一般化に大きな影響を与えていることはいうまでもない。公民館とそこにつどった人材が、現在につながる意識を定着させたのである。

## おわりに

これまで、浦賀における「歴史のある街、造船の街　浦賀」という地域意識の形成過程について検討してきた。現在の「街づくり（再開発）」にはコンセプトが必要であり、浦賀の場合それが「歴史」と「造船」である。しかし「はじめに」で述べたように、地域住民が意識として共有していなければ、成り立ち得ないことはいうまでもない。浦賀では、こうした地域意識が、明治後期から一九一五年（大正四）の大正天皇即位礼の前後に表面化することとなった。

この時期の浦賀は、三浦半島の政治・経済の中心地という立場を喪失していた。このような状況のなかで浦賀住民が編集した「案内記」と「郷土誌」のなかでは、①江戸時代中期以降、浦賀奉行所が置かれ、経済的に繁栄していたこと、②幕末に開国の舞台となり、近代の扉を開いたこと、③浦賀船渠の存在が町の景気を左右していたことが強調されている。すなわち、「案内記」と「郷土史」編さん事業が、「（現在は衰退しているが）歴史のある街、造船の街」という意識を表面化させていくのである。

こうした意識が、広く住民たちの間で共有されるようになるのは、高度経済成長期である。そこで重要な役割を果たしたのは、浦賀公民館の活動であった。その活動の担い手は、戦前の郷土誌編さんにたずさわった人材とその影響を受けた人びとであった。つまり、公民館活動の根底には、戦前に培われた「歴史のある街」・「造船の街」という意識が存在していたのである。

そして、浦賀公民館の開館二〇周年(一九七一年)は、こうした地域意識が再認識され、共有化される契機となった。二〇周年に実施されたスライド制作や古老へのヒアリング、古文書調査、およびその後設立された「郷土の歴史をさぐる会」の活動を通して、公民館活動の担い手は、自分たちの祖先が歴史的な出来事に立ち合っているのを目の当たりにし、「歴史のある街、造船の街」という自己認識を深めていくことになる。

一九八一年の浦賀公民館三〇周年に際しては、全国にも類をみない公民館分館である「浦賀文化センター」が設立され、そこでは浦賀の歴史を題材とする特別展が現在もなお開催されている。「歴史のある街、造船の街」という地域意識は、歴史編さん事業により明治後期に表面化(形成)された。そして、戦前の郷土誌編さんの担い手とその影響を受けた人びとが参加した戦後の公民館事業を通して、一般化(確立)されていくのである。

なお、浦賀船渠のあとを受けた住友重機械工業の浦賀ドックは、二〇〇三年に閉鎖された。その跡地利用をめぐる議論のなかでも歴史と造船をコンセプトに掲げた再開発構想が持ち上がっている。このように、「歴史のある街、造船の街　浦賀」という地域意識は、街の将来像にも影響を与えているのである。

注

(1)「浦賀地域整備計画委員会、浦賀地域総合開発懇談会会議報告書」(神奈川県立公文書館所蔵歴史的公文書「平成元年度　活力あるまちづくり促進事業(浦賀港周辺)」H7—086—02のうち)。

(2)横須賀市における公民館活動については、横須賀市編『横須賀市史』(一九八八年)三七三〜三七四頁。

(3)戦前の歴史編さん事業については、前掲『横須賀市史』のなかで触れられている。また、横須賀市郷土史研究会編の「『浦賀案内』『浦賀町郷土誌』『武相名所杖』『みうらの名所』の解説」(『横須賀郷土資料叢書　第二輯』)のなかでは、明治後期に作成された「案内記」の内容が紹介されているが、地域意識の形成という視角で史料を分析していない。

(4) 前掲『横須賀市史』三七四頁。
(5) 岡田緑風『三浦繁盛記』(横須賀公正新聞社、一九〇八年)の「例言」を参照。以下の引用は本史料による。
(6) 同前、「目次」を参照。傍線は筆者による。
(7) 前掲「浦賀案内」「浦賀町郷土誌」「武相名所杖」「みうらの名所」の解説」を参照。
(8) 前掲、岡田『三浦繁盛記』六二〜六四頁。以下の引用は本史料による。
(9) 同前、六五〜六六頁。
(10) 尋常高等浦賀小学校職員懇話会編『浦賀案内記』(信濃屋書店、一九一五年)のうち「浦賀案内記序」。なお、戦後の「信濃屋書店」店主は、公民館活動のなかで登場する山本賢三氏である。現在もご子息の山本詔一氏が経営を引き継がれており、浦賀の歴史について数多くの研究成果を発表されている。
(11) 同前のうち、「浦賀案内記目次」を参照。傍線は筆者による。
(12) 加藤晴美・千鳥絵里「浦賀湊の景観及び機能とその変容過程―西浦賀を中心として―」(『歴史地理学調査報告』第一二号、二〇〇六年三月)。
(13) 前掲「浦賀案内」「浦賀町郷土誌」「武相名所杖」「みうらの名所」の解説」九〜一四頁。
(14) 前掲『浦賀案内記』五八頁を参照。以下の引用は本史料による。
(15) 神奈川県三浦郡教育会編『三浦郡誌』(横須賀印刷、一九一八年)のうち「凡例」。
(16) 同前、佐川福太郎による「序」二〜三頁を参照。以下の引用は本史料による。
(17) 前掲『三浦郡誌』のうち「凡例」を参照。
(18) 同前のうち「目次」を参照。傍線は筆者による。
(19) 同前のうち「人物誌」(一五九頁)を参照。以下の引用は本史料による。
(20) 北村包直『三浦大介及三浦党』(一二三堂書店、一九五二年)。
(21) 前掲『横須賀市史』四四九頁。
(22) 前掲、三浦郡教育会『三浦郡誌』四九〜五一頁。以下の引用は本史料による。
(23) 前掲「浦賀案内」「浦賀町郷土誌」「武相名所杖」「みうらの名所」の解説」一二〜一三頁。
(24) 浦賀公民館誌編集委員会『30年のあゆみ』(横須賀市浦賀公民館、一九八一年)二頁。
(25) 同前、一一頁。

(26) 一九四九年法律第二〇七号「社会教育法」第二〇条。
(27) 前掲『横須賀市史』六八六～六八九頁。
(28)(29) 前掲『30年のあゆみ』一二頁。
(30) 前掲『横須賀市史』六九一～六九二頁。
(31) 横須賀市浦賀公民館編『浦賀地区「古老のはなし」』(一九七七年)の「はじめに」。信濃屋については、注(10)を参照。
(32) 同前、「発刊のことば」を参照。
(33) 前掲『30年のあゆみ』二三頁。
(34) 「郷土の歴史をさぐる会々則」(神奈川県立公文書館寄託「加藤家文書」I―一―一―一―一)。
(35) 「〔浦賀地区郷土史資料制作準備会関係書類〕」(同前、I―四―三九)を参照。
(36) 横須賀市浦賀公民館編『浦賀の古文書及び公文書資料目録』(一九七七年)。
(37) 横須賀市浦賀公民館編『40年のあゆみ　浦賀公民館誌』(一九九一年)の「年表」を参照。
(38) 前掲『30年のあゆみ』一四頁。
(39) 前掲『浦賀地区「古老のはなし」』「発刊のことば」を参照。
(40) 「昭和四九年度事業報告書」(前掲「加藤家文書」I―一―一―一―一五)を参照。
(41) 「昭和五〇年度事業報告」(同前、I―一―一―一―一六)を参照。
(42) 前掲「昭和四九年度事業報告書」。
(43) 前掲『40年のあゆみ　浦賀公民館誌』一四頁。
(44) 前掲『30年のあゆみ』一五頁。
(45) 前掲『40年のあゆみ　浦賀公民館誌』一二頁を参照。

コラム8

# 二冊の『神奈川県誌』

中村　崇高

## はじめに

浦賀町ハ古ノ浦河ニシテ、今ノ横須賀軍港ノ開設以前ハ、東海唯一ノ港湾タリ、其カ往事ノ記録ヲ徴スルニ、此地得度ヨリ行程十七里アリ〔中略〕斯地ハ舟幅〔輻〕湊ノ地ニシテ、戸口櫛比シ、民家四百五十烟、皆商賈ニ従フ(1)

冒頭の引用は、一八九九年（明治三二）、小幡宗海が編さんした『神奈川県誌』（以下、小幡編『県誌』と略す）の浦賀に関する記述である。本書は、第八章で紹介した三浦郡教育会編『三浦郡誌』とは異なり、神奈川県全体を範囲として編まれた郷土誌のひとつである。

よく知られているように、戦前の郷土誌の多くは、沿革・戸口・地勢・名所・旧跡など、ある一定の項目に基づき、郡・町村を記述単位として構成されていることが特徴である。こうした構成に影響を与えたものとして、明治政府の命により一八七三年頃から全国で編さんが開始された『皇国地誌』がある。[2]これは、各町村を最小単位として、前述した項目にそって全国画一的に作成されたものである。

一方、明治前期に創出された、新たな行政区画である「県」を範囲とする郷土誌も全国的に存在している。神奈川県では、前述した小幡編『県誌』があり、また一九一三年に神奈川県が編さんした『神奈川県誌』（以下、神奈川県編『県誌』と略す）が刊行されている。[3]両書の共通点であり、最大の特徴は、すでに指摘したように「県」という新たな行政区域を対象として歴史がまとめられていることにある。しかし、神奈川県のこの二冊は、同名であるが興味深い相違点も存在する。

これまで戦前の郷土誌は、主に郡・町村単位のものが各地の自治体史の資料編などで紹介されてきた。[4]しかし、県を範囲とした郷土誌については、その刊行の意義も含めてほとんど言及されてこなかった。ここでは、二冊の『神奈川県誌』の共通点と相違点を紹介したうえで、戦前の神奈川県における郷土誌編さんの意義も考えていきたい。

## （一）小幡編『県誌』

小幡編『県誌』は、一八九七年（明治三〇）から一九〇一年までの間に六集刊行された『神奈川文庫』のなかに収録されている。第一集は『世界誌』、第二集は『日本誌』と続き、神奈川県を中心に取りあげたものが、第三集の小幡編『県誌』である。[5]編者である小幡宗海の経歴には不明な点が多いが、第一～六集の奥付によると山梨県東八代郡の出身で、当時神奈川県橘樹郡保土ケ谷町に寄留し、『神奈川文庫』の編集にあたっていたようである。(6) なお、小幡は一八九四年に、山梨県下の自然・歴史・民俗・古跡名勝などを網羅した、『山梨鑑』という郷土誌も編さんしている。(7) こうした経歴から、郷土誌研究に従事していた人物と考えられる。

小幡編『県誌』の「緒言」において、編者は次のように、神奈川県における郷土教育の一環としてこれを編さんしたと述べている。

曩者ハ、世界誌及ヒ日本誌ヲ編シ、之ヲ同好ニ頒ツ、其数ヤ万有余冊、然リ而シテ机上ニ繙カレ、筐底ニ潜マリ、其境堺ハ異ナリト雖、県下教育ノ一助タルヤ必セリ候(8)

さらに、限られた紙数のなかで神奈川県下の全町村を紹介しようとしたため内容に粗密があるとしたうえで、その編集方針を「要スルニ意ヲ旧事ニ尽シテ、力ヲ近代ニ省ケリ、復タ只タ編者ノ心嚮而已」と述べている。つまり本書は、明治維新以前の「旧事」の紹介に重きを置き、明治以降、すなわち「近代」の出来事をほとんど扱っていないのである。

次にその構成をみていこう。小幡編『県誌』は、郡市を単位として、「第一編　横浜市」から「第十二編　足柄下郡」までを置き、その下位の項目として、「各町村区画」・「各町村誌」を設定している。「各町村区画」では、字名・郵便局・警察署の所在地を、「各町村誌」では各地の名所旧跡を説明する形をとっている。(9) 冒頭に掲げた一文は、浦賀町の「浦賀ノ分合及ビ鰯問屋」に関する部分で、そのほかに「撥尾魚ノ漁獲及ヒ水飴ノ製造」、「浦賀湊ノ往事」、「浦番所跡及其役務」、「御蔵蹟及ビ浦島大輔ノ遠裔」などがトピックスとして取りあげられている。

本書の特徴は、第一に、「旧事」を中心にすえるという編さん方針のため、ペリー来航から明治以降の記述がほとんどみられない点である。浦賀町の項目をみると、源頼朝の時代に湊が開かれたこと、享保期に下田から浦賀番所が移設されたことを説明しているが、明治以降の浦賀の様子、特に番所廃止後に町が衰退していったことなどについての記述は皆無である。

第二に、本書が教育上の目的、すなわち補助教材として編さんされているという点である。なお、一八八〇年代後半から九〇年代にかけて、神奈川県内では、個人や郡が主体となり、児童用の各種教材が編さんされていた[10]。小幡編『県誌』は、こうした流れのなかに位置づけられるものといえよう。

第三に、本書が、『皇国地誌』のように郡ごとに「町村の歴史」をまとめるという記述形式を踏襲しながらも、明治期に定められた「県」という新たな行政区域でそれらを包括しようとしている点である。こうした編さん方法は、本書の最大の特徴である。

## (二)神奈川県編『県誌』

ここでは、一九一三年(大正二)に刊行された神奈川県編『県誌』の特徴を検討する。「序」を寄せた大島神奈川県知事が、「県治の趨勢を明らかにし、施政の参考に供するの目的[11]」と述べているように、本書の刊行目的は県政の参考資料として活用することにあった。さらに「凡例」にも、「本誌は神奈川県内の地理県勢等に就き、其の大要を記録し、施政上の参考に資する為めに編纂したるものなり[12]」と記されているように、本書は、当時の県下の概況を把握することを目的とした刊行物ともいえよう。

なお、関東大震災により公文書が消失したため、本書の編さん過程を詳しく示す資料はほとんど存在しない。ただし、同書の「序」と「凡例」から、編さん経緯をまとめると次のようになる。一九一二年六月、神奈川県会で神奈川県編『県誌』の編さんが承認され、県庁に委員会を設けて資料の収集にあたった。資料収集は、県庁の各部課が行ったが、沿革部分については、「旧記に拠れるもの多しと雖も又古老の口碑によりて新たに記録した[13]」と述べられているように、古老の口伝などを新たに聞き取り、参照したという。

さて、神奈川県編『県誌』は、「第一章　沿革」・「第二章　地理」・「第三章　名勝旧跡」・「第四章　県勢」・「第五章　慈恵救済」・「第六章　篤行家」から構成されている[14]。「第一章　沿革」は、国号および郡名の由来と横浜開港までの歴史を、「第二章　地理」は神奈川県の面積・人口などについて述べている。「第三章　名勝旧跡」は、県下の歴史的建造物・遺跡などを取りあげ、それぞれに簡単な解説文を付している。

本書のなかで、特に注目すべき章が「第四章　県勢」である。この章は、「外事・財務・自治・交通及土木・港湾及築港・教育・神社・宗教・兵事・商業・工業・農業・蚕糸業・畜産・林業・水産・度量衡・警察・衛生」の各節からなっている。それぞれの節には、各種統計などが引用されており、読者はこの部分を読むことにより、「県勢」の「現状」を適確に把握することができるのである。

続く「第五章　慈恵救済」は、日本赤十字社神奈川県支部の活動などについて紹介している。

「第六章　篤行家」は、教育事業などで功績のあった人物を列挙している。
本書は『皇国地誌』など郷土誌と同様の項目を設定しているが、現在でも各県が作成している「県勢要覧」のような、行政の基礎資料・参考資料としての性格を持ったものと位置づけることができよう。

神奈川県編『県誌』の叙述の特徴は、第一に、県庁所在地である横浜に関する記述が各町村と比較して厚いことである。その理由はいうまでもなく、横浜が開港場であり、かつ県庁所在地として政治・経済の中心都市だからである。逆に、浦賀町に関する記述の分量は非常に少なく、わずかに「第四章　県勢」の「港湾及築港」のなかで「浦賀港」が、また「工業」のなかで浦賀船渠株式会社が紹介されているにすぎない[15]。つまり、小幡編『県誌』のように、すべての郡や町村の記述をもとにして「県」全体を描き出すという形式をとらず、「県」から管下の郡・町村を、その重要性に応じて俯瞰するという記述になっているのである。

第二の特徴は、「第一章　沿革」のなかの「第二節　沿革史要」に如実に現れている。つまり第二節は、古代からはじまり、源頼朝の鎌倉幕府設立からその滅亡まで、さらに室町期の関東公方と関東管領の抗争、それに続く後北条氏の時代までを詳しく解説したのち、江戸時代初期の県下の諸藩についてごく簡単に説明している。そして、開港に至るペリー、ハリスと幕府の交渉について詳述したうえで、開港場となった横浜の重要性について次のように述べている。

明治維新の改革は国内の形勢を一変し、横浜は世界の開港として駸々長足の進歩を遂げ、港口を出入する船舶は舳艪相接し、年々の貿易は誠に幾億万を算し、我邦の対外貿易史上に於て実

に一新紀元を画する地となれり(16)

また、「第四章　県勢」においても、県の成り立ちを「第一節　総説」に記したうえで、「第二節　外事」として、やはり、横浜の外国人居留地の様子を紹介している。このように、神奈川県編『県誌』からは、「県」成立の契機となる、開港をめぐる歴史的な事象を重視し、さらに横浜がその中心地であるという強い意識がうかがえるのである。

## おわりに

神奈川県において、一八九九年(明治三二)、および一九一三年(大正二)に編さんされた二冊の『県誌』について、その内容と特徴を明らかにしてきた。二冊の共通点は、第一に、『皇国地誌』などで採用された項目を基本に叙述されていることである。また第二に、町村の沿革、名勝・旧跡など歴史的事実の紹介を軸に地域を描き出そうとしたことにある。つまり、この二点においては、二冊ともに、近世以来編さんされてきた郷土誌と同様の性格があるといえる。そして第三に、明治期に出現した新たな行政範囲である「県」を対象としていることがあげられる。二冊の『県誌』の刊行からは、一八九〇年代前後から一九一〇年代にかけて、「県」というまとまりが徐々に定着していく過程を読み取ることも可能であろう。

次に二冊の相違点をみていこう。第一に、小幡編『県誌』は、町村単位の記述が中心であり、神奈川「県」の沿革などについての記述がまったく存在しないのに対して、神奈川県編『県誌』は、

「県」から町村を俯瞰して叙述していることでる。したがって、当然、記述の薄い町村や、取りあげられない町村が出てくることになる。

第二に、より重要な相違点として注目したいのは、小幡編『県誌』が、江戸時代以前の「旧事」に強い関心を示していたのに対して、神奈川県編『県誌』は、そのような歴史的事実を紹介しつつも、県域設定の特質をふまえて、随所に横浜が「県勢」の中心であるという意識を顕在化させていることである。たびたび指摘しているように、後者は県政の参考資料として編まれたものであり、『皇国地誌』などとその項目は共通しているが、当時の「現代的」な問題に基づいて歴史を捉え直している。それはつまり、ペリー来航という近代日本の夜明けとなった出来事が、「現在」の横浜、ひいては「現在」の神奈川県につながっているという意識である。そこにうかがえる、「開国の舞台」である神奈川県という認識は、第八章で紹介した『浦賀案内記』・『三浦郡誌』のなかにも現れている。神奈川県編『県誌』には、こうした県民意識が顕在化しているのである。

**注**

(1)　小幡宗海編『神奈川県誌』(神奈川文庫事務所、一八九九年)一三五～一三六頁。

(2)　『皇国地誌』は、一八七三年六月の「皇国地誌編輯例規」に基づき全国各地で編さんが開始された。本書の項目は、村名・彊域・管轄沿革・里程・地勢・地味・税地・古跡・名勝・物産など二〇項目以上にわたる(藤沢市文書館編『藤沢市史史料集(十一)村明細帳・皇国地誌村史』一九八六年、「はじめに」)。なお浦賀町の『皇国地誌』は、神奈川県立図書館協会郷土資料編輯専門委員会編『神奈川県皇国地誌残稿　上巻』(一九五八年)の一〇三～一〇八頁に掲載されている。

(3)　神奈川県編『神奈川県誌』(神奈川県庁、一九一三年)。なお、管見の限りではあるが、例えば国立国会図書館デジタルコレクションに掲載されている戦前の『県誌』の刊行年代をみると、一八九〇年代から徐々にその数を増やしはじめ、一九一〇年代～二〇年代に編さんのピークをむかえている。

（4）例えば、横須賀市域および旧三浦郡内に関する郷土誌については、横須賀市編『横須賀市史』（一九八八年）三七三～三七四頁を参照。また、浦賀町の『郷土誌』である『浦賀町郷土誌』は、横須賀市の郷土史研究団体が翻刻・出版している。

（5）『神奈川文庫』に収録されているのは、第一集『世界誌』（一八九七年）・第二集『日本誌』（同年）・第三集『神奈川県誌』（一八九九年）、第四集『神奈川県図』（一九〇一年）、第五集『百家明鑑』（一九〇〇年）、第六集『神奈川文庫拾遺』（一九〇一年）であり、編者はすべて小幡宗海である。

（6）小幡『県誌』六三二頁。

（7）国書刊行会ＨＰ中の『山梨鑑』に関する説明（二〇一八年一二月二八日閲覧。https://www.kokusho.co.jp/np/result.html?writer_id=10619）。

（8）小幡『県誌』、「緒言」。傍線は筆者による。

（9）同前、「目次」。

（10）前掲『横須賀市史』三七三～三七四頁。

（11）神奈川県編『県誌』、神奈川県知事大島久満次による「序」。

（12）同前、「凡例」。傍線は筆者による。

（13）同前。

（14）同前、一八八、四〇四頁。なお、「第三章　名所旧跡」のなかには、浦賀番所など浦賀町の旧跡は取りあげられていない。

（15）同前、八二頁。

（16）同前、一六頁。

# あとがき

大豆生田稔

本書の出発点となる、浦賀の港や町を社会経済史的に検討する共同研究がはじまったのは二〇一五年のことであった。当時、本書の執筆者である上山和雄、西川武臣、伊藤久志、大豆生田稔は横須賀市の市史編さん事業に携わっており、同年は事業が終了する時期にあった。

横須賀の市制百周年(二〇〇七年)を記念する横須賀市史編さん事業がはじまったのは一九九九年のことであり、二〇〇二年には『市史研究 横須賀』が創刊された。その後、近世~近現代については、二〇〇四~二〇〇五年度から、近世および近現代の資料編の刊行がはじまった。資料編の刊行に続いて、通史として『新横須賀市史　通史編　近世』(二〇一一年)、『同　通史編　近現代』(二〇一四年)も刊行された。市史編さん事業は、二〇一三年度までに、資料編・通史編のほか別編、年表や資料所在目録などの成果を生んだ。

このように、本共同研究は市史さん事業が終盤にさしかかった時期に発足したが、その目的は、市史編さん終了後も、収集した資料を活用して地域史研究を継続していくことにあった。また、市内にはなお、旧家の文書などの未整理資料が確認されており、有力な浦賀商人として、また地域で多様な活動を展開した加藤家の文書も、当主加藤達男氏から提供された。新資料の収集・整理や研究など、なお未着手の課題が残されていたのである。

このため、市史編さん関係者だけでなく、新たに、横須賀や浦賀の地域を対象に研究を続けている若手の研究者にも呼びかけ、市史編さん事業終了後も研究を継続していくことが、近現代部会において提議され了承された。

こうして、新たに浦賀の「加藤家文書」などを活用しながら、また横須賀市域のなかでも、近世以来独自の地域的特質がある浦賀を対象として、「浦賀社会経済史研究会」が発足した。港町浦賀には、交易史・商業史・社会史などを通じて、世界史~日本史~地域史を繋ぐ興味深いテーマが想定された。そのまとめ役は大豆生田がつとめることになった。市史編さん事業の終了間近であったが、資料収集や研究は永続的なものであり、横須賀や浦賀などの地域史研究の継続・発展は、市史編さん事業の次期への発展につながるものとの期待があった。また、次代へ地域史研究を継続するためには、このような作業が必要であるとの認識もあった。

研究会の会員には、前記の上山(近現代部会・部会長)、大豆生田(同・委員)、西川(近世部会・委員)、伊藤(事務局)のほか、市史編さん事業の協力者で、幕末の浦賀地域を対象に研究をすすめていた椿田有希子も加わった、また、筑波大学の歴史地理学研究室による横須賀・浦賀の野外実地調査報告などに、すでに研究成果を次々と発表していた加藤晴美、吉村雅美も参加することになった。さらに、軍港都市や神奈川県地域の研究をすすめている神奈川県立公文書館(当時)の中村崇高も加わった。

こうして最初の研究会が二〇一五年五月に開催された。以後、次のように、年間二~三回のペースで研究会を開催し、それぞれのテーマに即して研究成果を報告し、質疑・応答を繰り返した。

・第一回(二〇一五年五月一六日)

大豆生田　稔「浦賀港出入港商品の変化（一八八〇年代～一九三〇年代）―『大日本帝国港湾統計』、『神奈川県統計書』による―」
・第二回（同年一一月二一日）
伊藤久志「明治末年における浦賀港の変容と卸商人」
・第三回（二〇一六年三月二一日）
椿田有希子「一四代将軍徳川家茂の浦賀来航と地域・民衆」
・第四回（同年七月三一日）
西川武臣「ペリー来航前後の造船技術の近代化―浦賀奉行所での軍艦建造を中心に―」
・第五回（二〇一七年一月八日）
中村崇高「浦賀再開発計画と地域住民―浦賀の歴史編さん―」
・第六回（同年五月二一日）
加藤晴美「東浦賀における干鰯問屋の経営変容―橋本家を中心として―」
・第七回（同年一〇月八日）
上山和雄「『明治五年　番号印鑑帳』の紹介」
・第八回（二〇一八年一月七日）
吉村雅美「明治期の西浦賀商人と廻船―宮井家と清喜丸を中心に―」
・第九回（同年五月二〇日）
大豆生田「（論文集）構成案」の検討、各章の概要の報告と調整ところで、本研究会の共同研究と並行して、清文堂出版による『軍港都市史研究』（Ⅰ～Ⅶ）のシリーズ刊行が、同社の松田良弘氏の編集により二〇一〇年にはじまっていた。上山、大豆生田は、それぞれⅣ「横須賀編」、およびⅦ「国内・海外軍港編」の編集を担当し、伊藤、中村はⅦに収録される論文を執筆した。Ⅳ・Ⅶと二冊の刊行が続いた二〇一七年は、共同研究の報告がほぼ一巡する時期に重なっており、これまでの研究成果を論文集の形にまとめることを、検討しはじめていた。

本研究会の成果を論文集の形にまとめて刊行していただけないか、本研究会での研究報告の成果を携えて清文堂出版の松田良弘氏にお願いにうかがったのは、同年秋のことであった。各報告の内容や全体の構成などを検討していただき、同社からの刊行をお引き受けいただいたのは、まことに幸いであった。二〇一八年五月の研究会では、全体像を検討し、同年夏から各報告を論文の形にまとめて執筆するとともに、各章に関連する「コラム」を新たに付して構成することになった。こうして同年末には、ほぼ原稿が出揃った。

このように、本共同研究は長期にわたる市史編さん事業の成果を出発点としており、まずはじめに、横須賀市史編さん室、同室を受け継ぐ市史資料室のご協力に深く謝意を表したい。

ところで、市史編さんの事業開始当初から、その終了後には、収集資料を引き継ぐ組織の必要性が認識され、担当課による他市の調査をふまえて市史資料室の設置が計画され、編さん終了間近の、副市長も出席する編さん委員会において市史資料室の設置が議決された。収集した膨大な資料を保管し、市民に公開し、さらに次代に生かす機能を果たす資料室である。しかしこの構想は、当時の吉田雄人市長の意向により廃止となった。膨大な収集資料と蓄積された情報の散逸が懸念されたため、市内の郷土史団体や、軍港都市史研究会、首都圏形成史研究会、地方史研究協議会などの協力により資料室の復活が陳情され、のちに請願によって、市史資料室が設置されることになった。

横須賀市立中央図書館のなかにその部屋が用意されたが、スペースはきわめて限られ、市史編さん室からの資料の円滑な移動は果たされなかった。また、長く市史編さん業務に携わり、直接資料収集・整理を担当してきた職員も現場を去ることになった。こうして、長期におよんだ市史編さん事業の成果として蓄積した、市民の貴重な歴史的財産といえる資料や諸情報の整理・保存・公開などの機能の整備は、徐々に選んではいるが、なお遅々としている情況にあるといわざるをえない。

本書の刊行に当り、最終的に確認したい資料の一部についても、残念ながらそれを果たせなかったものがあることを付記しておきたい。横須賀や浦賀の歴史的遺産を後世に引き継ぐためにも、長い市史編さんの過程で収集された諸資料・諸情報を一括して整理・保存し、広く市民に公開する機関が一日も早く設立されることを祈念している。

最後に、年々きびしくなる出版事情のなかで、本論文集の刊行をお許しいただいた清文堂出版株式会社の前田博雄社長、編集を担当され、終始、多方面におよぶ多くの重要な指摘を頂戴し、丁寧な作業を続けていただいた松田良弘氏に、執筆者一同、深く感謝の言葉をささげたい。

二〇一九年九月

椿田有希子（つばきだ　ゆきこ）
1974年生　神奈川県立公文書館非常勤嘱託
〈主要著書・論文〉
『近世近代移行期の政治文化―「徳川将軍のページェント」の歴史的位置―』
（校倉書房、2014年）
「19世紀における将軍権威の再構築と地域・民衆」（『歴史学研究』第976号、2018年）

中村　崇高（なかむら　むねたか）
1979年生　株式会社出版文化社シニア・アーキビスト・東洋大学非常勤講師
〈主要著書・論文〉
「近世・近代移行期における真岡町の町政と在郷商人」
（大豆生田稔編『近江商人の酒蔵経営と北関東の地域社会：
真岡市辻善兵衛文書からみた近世・近代』岩田書院、2016年）
「郡役所廃止と海軍志願兵制度の転換」
（大豆生田稔編『軍港都市史研究Ⅶ　国内・海外軍港編』清文堂出版、2017年）

## 執筆者紹介（掲載順）

西川　武臣（にしかわ　たけおみ）
1955年生　横浜開港資料館館長
〈主要著書〉
『幕末・明治の国際市場と日本』（雄山閣出版、1997年）
『横浜開港と交通の近代化』（日本経済評論社、2004年）
『ペリー来航―日本・琉球をゆるがした412日間』（中公新書、2016年）

上山　和雄（うえやま　かずお）
1946年生　國學院大學名誉教授
〈主要編著書〉
『北米における総合商社の活動　1896-1941年の三井物産』（日本経済評論社、2016年）
『日本近代蚕糸業の展開』（日本経済評論社、2016年）
『軍港都市史研究Ⅳ　横須賀編』（編著、清文堂出版、2017年）

伊藤　久志（いとう　ひさし）
1978年生
〈主要著書・論文〉
『近代日本の都市社会集団』（雄山閣、2016年）
「横須賀海軍工廠における工場長の地位」
（大豆生田稔編『軍港都市史研究Ⅶ　国内・海外軍港編』清文堂出版、2017年）

加藤　晴美（かとう　はるみ）
1980年生　筑波大学非常勤講師
〈主要著書・論文〉
「大崎下島御手洗における遊廓と地域社会―ベッピンとオチョロ舟の生活文化」
（小口千明・清水克志編『生活文化の地理学』古今書院、2019年）
「明治前期米沢における貸座敷の存立―貸座敷経営と娼婦の身売りを中心として―」
（『歴史地理学』274号、2015年）

吉村　雅美（よしむら　まさみ）
1982年生　日本女子大学文学部准教授
〈主要著書・論文〉
『近世日本の対外関係と地域意識』（清文堂出版、2012年）
「近世日本における対外関係の変容と「藩」意識」（『歴史学研究』第937号、2015年）
「菅沼貞風の「鎖国」認識再考」（『史艸』第58号、2017年）
「江戸における大名家の交際と書物・知識受容―松浦静山と蓮乗院を中心に―」
（浪川健治編『明君の時代―十八世紀中期～十九世紀の藩主と藩政』
清文堂出版、2019年）

**編者**

大豆生田　稔　（おおまめうだ　みのる）

1954年生　東京都出身　東洋大学文学部教授

〈主要編著書〉

『近代日本の食糧政策―対外依存米穀供給構造の変容』（ミネルヴァ書房、1993年）

『お米と食の近代史』（吉川弘文館、2007年）

『近江商人の酒造経営と北関東の地域社会―真岡市辻善兵衛家文書からみた近世・近代』（編著、岩田書院、2016年）

『防長米改良と米穀検査―米穀市場の形成と産地（1890年代～1910年代）』（日本経済評論社、2016年）

「軍港都市横須賀の財政―一九〇七年～一九三六年―」（上山和雄編『軍港都市史研究Ⅳ　横須賀編』清文堂出版、2017年）

『軍港都市史研究Ⅶ　国内・海外軍港編』（編著、清文堂出版、2017年）

港町浦賀の幕末・近代

―海防と国内貿易の要衝―

2019年11月16日発行

編　者　大豆生田稔

発行者　前田博雄

発行所　清文堂出版株式会社

〒542-0082　大阪市中央区島之内2-8-5

電話06-6211-6265　FAX06-6211-6492

ホームページ＝http://www.seibundo-pb.co.jp

メール＝seibundo@triton.ocn.ne.jp

振替00950-6-6238

組版：六陽　印刷：朝陽堂印刷　製本：免手製本

ISBN978-4-7924-1449-8 C3021

## 軍港都市史研究Ⅰ 舞鶴編

―増補版―

坂根嘉弘編

初版の日露戦後の舞鶴港、軍港と地域経済、軍事拠点と鉄道、「引揚のまち」としての舞鶴、近代以降の舞鶴の人口、戦後舞鶴と海上自衛隊の関係等に東西舞鶴合併の補論や各巻推薦文を加えた待望の増補版。八六〇〇円

## 軍港都市史研究Ⅶ 国内・海外軍港編

大豆生田稔編

海軍工廠の小工場の職工、鎮守府・要港部の災害対応、海軍志願兵制度の改革に加え、フランスの各軍港、ドイツのキール軍港のハンザ同盟期以来、ロシアのセヴァストポリ軍港の有為転変もたどっていく。八二〇〇円

## 近世日本の対外関係と地域意識

吉村雅美著

平戸藩松浦家を舞台に、十七世紀前半のイギリス・オランダ商館設置当時の記憶や唐船打払い、異国船出没から地道な海上警備を含む辺境の「武」を担う機関としての「藩」意識の芽生えを描出する。八七〇〇円

## 帝国日本と地政学

―アジア・太平洋戦争期における地理学者の思想と実践―

柴田陽一著

英米・独の両系統の地政学史に加え、京都帝国大学の小牧実繁、満洲国建国大学、南満洲鉄道の三系統の地政学を比較したもう一つの太平洋戦史。第十七回人文地理学会学会賞（学術図書部門）受賞。九六〇〇円

価格は税別

清文堂
URL=http://seibundo-ph.co.jp E-MAIL=seibundo@triton.ocn.ne.jp